発達支援のための

生涯発達心理学

前原武子【編】 *Maehara Takeko*

ナカニシヤ出版

はじめに

　わが国では少子化と高齢化が同時に進行し，個々人は超高齢社会の中でモデルのない人生を模索しながら生きています。人口動態的な変化だけでなく，社会の政治・経済，自然環境，科学技術など，個人を取り巻く状況が大きく変化し，個々人は複雑で多様な課題に直面することになります。たとえば，高齢者にとって，定年退職後の長い人生をどう生きるかは大きな課題になります。成人した子どもは，自分の子どもの養育だけでなく，支援を必要とする高齢の親をどう支援すればいいのか苦慮します。また，学校で男女平等思想や自己実現の価値を学んだ若い男女は，職場で，あるいは家庭で伝統的な価値観や生活様式とどう折り合いをつけて生きていけばいいのか，大きな課題に直面するはずです。はたまた，子どもたちは一人っ子か二人きょうだいという中で子ども同士群れて遊ぶ喜びを味わうことなく，対人関係の問題に困惑しています。

　それぞれの世代が人生の節々で直面する課題は，古い世代が経験した課題だけでなく，人類がかつて経験したことのない新しい課題であったり，複雑多様です。したがって，大きく変動する生活環境の中で効果的に生きるためには，人生で直面する課題の本質を見極め，課題解決のために，家族や周りの人たちとの協働がますます必要になるはずです。

　本書は，人生の節々を基にして，多くの人が直面する主な課題を取り上げ，発達的特徴を考察し，課題解決の糸口を提示する目的で編集されました。発達心理学の内容をすべて網羅することは本書の目的ではありませんが，いくつか重要な事項をコラムで補足的に取り上げました。また，各章の最後の節では，発達のつまずきとその対処について取り上げる構成としました。大学で学ぶ学生が長い不透明な人生の意味について，また，中年期にある読者は子育てや職業などの多重役割を担うことの意味について，そして高齢期にある読者はやがて来る自分の死に向き合うことの意味について，多面的に考えるさいに本書が役立つならば，編者・執筆者にとって，この上ない喜びです。

最後に，この本の出版にあたって，ナカニシヤ出版の宍倉由高氏および山本あかね氏には有益な助言と温かい励ましをいただきました。心からお礼申し上げます。

編　　者

目　次

はじめに　*1*

序　章　生涯発達心理学が伝えるもの……………………………………*7*

第1章　人間の発達をどう理解するか……………………………………*15*
1. 生涯発達心理学の基礎概念　*15*
2. エリクソンの（新）発達理論　*21*
3. 研究方法　*27*
4. 発達支援の問題　*31*

第2章　人間としての出発（乳児期）……………………………………*37*
1. 身体・運動の発達　*37*
2. 見る・聞く（知覚の発達）　*41*
3. 人に対する信頼感の発達　*46*
4. 気質の持続性と変化　*52*
5. 乳幼児健康診査　*55*

第3章　集団の一員としての出発（幼児期）……………………………*63*
1. 基本的生活習慣の自立　*63*
2. ことばを使う　*67*
3. 誘惑への抵抗　*71*
4. 遊　び　*76*
5. 習癖（くせ）　*80*

第4章　仲間とともに（学童期）……………………89

1. 仲間関係の発達　*89*
2. 知的発達　*95*
3. 学　業　*100*
4. 意欲的に学ぶ　*107*
5. 広汎性発達障害，注意欠陥／多動性障害，学習障害とは？　*112*

第5章　大人への助走（青年期）……………………119

1. 性的発達　*119*
2. 知的発達　*124*
3. 自分づくりの旅　*129*
4. 集団不適応　*134*

第6章　人生の再吟味（成人前期・中期）……………………143

1. 夫婦の関係　*143*
2. 親役割　*149*
3. 職業生活　*153*
4. 成人中期の危機と自我同一性の再生　*160*
5. 家庭生活と職業生活　*164*

第7章　人生の集大成へ（成人後期）……………………173

1. 高齢社会への発展　*173*
2. 高齢期における変化　*180*
3. 社会とのかかわりの変化　*186*
4. 人生の統合と絶望の狭間で　*189*
5. 高齢期における問題　*194*

コ ラ ム

1. お父さん，大好き　*61*
2. 保育所育ちの子どもたち　*62*
3. 模倣から自律へ　*86*
4. 育児という文化　*87*
5. 父親の家庭関与が子どもに及ぼす影響　*117*
6. しつけと道徳性の発達　*118*
7. 相反する気持ちがあっていい　*141*
8. 高校生と祖父母との関係　*142*
9. 離婚予測指標　*170*
10. 育児は育自：親になることによる発達　*171*
11. 祖母支援規範と祖母役割に関する韓国と日本の比較　*200*
12. 認知症という生き方／小澤勲による提言　*201*

序 章
生涯発達心理学が伝えるもの

> これから，主なライフイベントについて考えてみましょう。ライフイベントとは，生涯において出会うさまざまな出来事のことです。まず，今までに出会ったライフイベントについて考えてみましょう。小学校へ入学したとき，ワクワクした気持ちをもちましたか？ 新しいお友だちを作るために，どんな工夫をしましたか？ アルバイトをして初めてお金を稼いだとき，何に使いましたか？ 次に，これから出会うであろうライフイベントについて考えてみましょう。どんな職業に就きたいと思いますか？自分は結婚すると思いますか？ 子どもは何人くらい欲しいですか？ 愛する人を失ったとき，それをどのように乗り越えますか？ そして自分の老いや死をどのように受け入れますか？
> これらが，生涯発達心理学が追い求めている問いです。

　生涯発達心理学とは，人の受胎から死までの恒常性と変化を研究する心理学である（前原，1996）。それは，乳幼児期の発達・青年期の発達・成人期の発達を単に寄せ集めたものではない。生涯の全体像を視野に入れることで，個々の人々の生き方を，新しい視点から問い直すものである。それでは，生涯発達心理学の視点とはどのようなものであろうか。

[1] 生涯発達心理学の視点

　人の人生を生涯という長い時間軸で考えるとき，その個人差や可塑性の大きさに気づく。バルテス（Baltes, 1987）は，多数の生涯研究を論評し，生涯発達心理学を特徴づける理論的観点を表0-1のようにまとめた。一人ひとりの人生はさまざまな方向へ広がっており（多方向性），人生のどんな時点においても変化があり（可塑性），何かを失っては新たに何かを得る（喪失と獲得）。さらに人生は，どの時代どの社会で生を受けるのか（歴史的要因）により異な

表 0-1 生涯発達心理学を特徴づける理論的観点 (Baltes, 1987 東・柏木・高橋訳 1993)

概念	各観点の内容
生涯発達	個体の発達は生涯にわたる過程である。どの年齢も発達の性質を規定する上で特別の地位をもたない。発達の全過程を通じて、また生涯のあらゆる段階において、連続的（蓄積的）な過程と不連続（革新的）な過程の両方が機能している。
多方向性	個体の発達を構成する変化の多方向性は、同一の領域内においてすら見出される。変化の方向は行動のカテゴリーによってさまざまである。さらに同じ発達的変化の期間において、ある行動システムでは機能のレベルが向上する一方で、別の行動システムでは低下する。
獲得と喪失としての発達	発達の過程は、量的増大としての成長といった、高い有効性の実現へと単純に向かう過程ではない。むしろ発達は、全生涯を通じて常に獲得（成長）と喪失（衰退）とが結びついておこる過程である。
可塑性	個人内での大きな可塑性（可変性）が心理学的発達において見出されている。したがって個人の生活条件と経験とによって、その個人の発達の道筋はさまざまな形態を取りうる。発達研究の重要ポイントは、可塑性の範囲とそれを制約するものを追究することである。
発達が歴史に埋め込まれていること	個体の発達は、歴史的文化的な条件によってきわめて多様でありうる。いかにして個体の（年齢に関係した）発達が進むかということは、その歴史上の期間に存在している社会文化的条件と、その条件がその後いかに推移するかによって著しく影響される。
パラダイムとしての文脈主義	個々の発達のどの特定の道筋も、発達的要因の3つのシステムの間の相互作用（弁証法）の結果として理解することができる。3つの要因とは、年齢にともなうもの、歴史にともなうもの、そしてそのような基準のないものである。これらのシステムの働きは、文脈主義に結びついたメタ理論的な原理によって特徴づけられる。
学際的研究としての発達研究	心理学的発達は、人間の発達に関係する他の学問領域（たとえば人類学、生物学、社会学）によってもたらされる学際的文脈の中で理解される必要がある。生涯発達的な見方を学際的態度に対して開いておく理由は、「純粋主義的」な心理学的観点だけでは、受胎から死に至る行動発達のごく一部分しか描き出すことができないからである。

り、置かれた状況によっても変化する（文脈主義）。そのため、人の生涯を理解するためには、心理学だけでなく、生物学・社会学・生態学など多様な学問分野の共同作業（学際的研究）が必要になる。たとえば、冒頭で考えたライフイベントを振り返ってもらいたい。一人ひとりが、異なる人生を思い描いたのではないだろうか。同じ小学校入学というライフイベントでも、ワクワクしながら始めた者もいれば、不安でしょうがなかった者もいるだろう。結婚をすると考える者がいる一方で、生涯独身と予想する者もいるだろう。生涯発達心理学の視点からながめるなら、人の生き方はさまざま（多様）であり、変化に富

む（可塑性）ことに気づくだろう。

[2] 新しい障害の概念

人の生き方の多様性や可塑性を重視する視点は，発達心理学の分野だけではなく，障害および発達障害に関する分野にも現れてきている。たとえば，障害の定義は，これまで世界保健機構（WHO, 1980）の第1版「国際障害分類」（International Classification of Impairments, Disability and Handicaps：ICIDH）で示されてきたが，2001年に第2版「生活機能・障害および健康の国際分類（国際生活機能分類）」（International Classification of Functioning, Disabilities and Health：ICF；WHO, 2001）に改訂され，そのとらえ方が大きく変化してきている。この2つの分類の主な内容を表0-2に示した。

ICF改訂の特徴は，第1に，対象とする範囲を，個人の心身機能および身体構造に加え，日常活動や社会参加も含めていることである。第2に，障害の有無により人を分類することを否定し，個人の健康状況と健康関連状況の度合いを記述することを目的としていることにある。第3に，障害を医療モデルと社会モデルからとらえ，両者の統合を求めていることである。医療モデルでは，障害を個人の問題としてとらえ，病気・外傷やその他の健康状態から直接的に生じるものであり，専門職による個別的な治療を必要とするものとみる。一方，社会モデルでは，障害を主として社会によって作られた問題ととらえ，障害は諸状態の集合体であり，その多くが社会環境によって作り出されたもので

表0-2　国際障害分類（ICIDH）と国際生活機能分類（ICF）の概念　（WHO, 1980, 2001）

	1980年の国際障害分類	2001年の国際生活機能分類
分類の視点	障害をマイナス面のみで分類	生活面でのプラス面を加えて分類
3つのレベル	・障害の状態像を一方向性の作用で示す ・機能障害→能力障害→社会的不利 ・障害と病気を区別して分類し社会的不利を位置づけたが，社会的不利を被る原因は個人の機能障害や能力障害が原因という方向性がある	・健康の状態像を相互作用で示す ・心身機能・身体構造－活動・参加 ・能力を心身機能・構造，活動，参加でとらえ，この3次元ごとに機能障害，活動制限，参加制約の問題が生じるという相互作用性がある
表現方法	障害者（disabled person）	障害を伴う人 （person with disability）
モデル	医療モデル	医療・社会統合モデル
背景因子	（特に考慮点なし）	環境因子および個人因子を重視

表 0-3 発達障害の理解の視点 (岡本, 1993；中村, 2005)

視点	視点の内容
全体性	一人の人間としての把握。特定の理論で現象を把握してもそれは一部であり，一部の理解を絶対化して発達障害児・者の全体像を評価し，特定のラベルを貼り，本質をとらえたとすることには問題がある。発達障害児・者の全体像へ近づく努力が必要
関係性	従来の発達障害理解は固体論的視点に立った個体の究明が中心であったが，人間の行動は対人関係上で展開されるのであり，発達障害児・者理解は関係的視点をもたない限りその本質を見失う
状況性	関係はなんらかの状況を背景として働く。発達テストを受けるときのような実験的状況からの理解だけでなく，家庭での日常生活状況での理解，学校生活状況での理解，発達障害児・者が育っている社会・文化的状況での理解から捉える必要がある
時間性	発達そのものが時間的変化の一種だが，短期間で横断的に人の平均的傾向との関係で理解するだけでなく，個々の発達障害児・者を時間的に長期に理解する必要がある。

あるとみる。改訂では，この医療モデルと社会モデルを統合し，双方の立場から支援する必要性を強調している。第4に，背景因子を個人因子と環境因子でとらえたことである。能力低下の原因が，単にその人固有の問題（個人因子）に帰属するのではなく，物理的・社会的・制度的な多くの環境因子によっても影響を受けるものであることを示している。まとめるなら，ICFでは，従来の健康対障害という二分論の立場や，能力や障害を個の所有物とみなすような個体能力論の立場を否定し，個人の生涯に焦点を当て，個人の機能・構造・活動・参加を阻害する制限・制約を取り除き，障害の有無にかかわらず個人が自己の人生を主体的に生きられるような支援をすることを目的としているのである。

同様に，発達障害の概念も変化してきている。岡本（1993）は，発達障害の理解の視点として，表0-3に示しているような，4つの視点を挙げている。最近では，発達の遅れや歪みは，決して固定したものではなく，適切な学習環境等の環境整備をすることにより，発達は促進され，歪みが緩和されると考えられるようになってきた（中村，2005）。また，発達の遅れを多側面でとらえ，運動・認知・社会適応の3領域の発達が全般的に遅れているものを全般性発達障害（例：ダウン症）として，いずれかの側面で発達が不ぞろいであったり歪んだりするものを広汎性発達障害（例：自閉性障害）としてとらえるようになった。ここでも，人の生き方の可塑性および多方向性を重視した視点が用いられている。

[3] 生涯発達の視点から障害を考える

　スラウフ（Sroufe, 1997）は，障害を発達の視点から取り組む必要性を指摘し，発達臨床（developmental psychopathology）という分野を展開している。彼に従うなら，発達臨床とは，障害の原因と変化の過程を，個人要因・社会的要因・発達要因の影響を含めて解明することを目的とする。障害を引き起こした要因は何か，個人の発達に伴い障害はどのように変化するのか，遺伝および神経系，社会や環境は障害にどのような影響を及ぼすのかということがこの分野の研究対象となる。さらに彼は，DSM-IV（The Diagnostic and Statistical Manual of Mental Disorders-IV；精神疾患の分類と診断の手引き）の視点のように障害を個人に内在する「病気」ととらえることを批判し，障害という状況は，個人の特性・発達段階・周りの環境がそれぞれ適応または相互作用した結果であり，加齢に伴う変化——すなわち「発達」——ととらえることができると主張する（Sroufe, 1997）。人生の初めから最後まで障害を抱えることがある一方で，心身の制約は変わらなくても周りの環境が変わり，障害が取り除かれることもある。初めは障害がなくても，老いに伴い障害が生じることもある。発達臨床の視点では，このような変化は誰の人生のどの時点でも起こりうるし，異常な人生と正常な人生の区別はなく，多様性の一つととらえる。この考え方は複雑ではあるが，上述したバルテス（Baltes, 1987）の生涯発達の視点と符号する点が多い。

　また生涯発達心理学は，障害と無力感の関係にも新たな視点を提案している。人は"高齢になる"または"障害を抱える"と，身体および心理的機能が低下し，思うようにならない状況を体験する。この場合，従来の心理学によれば，自らの努力や能力が結果に影響を及ぼさないため，個人は無気力状態に陥ると解釈されてきた（Seligman, 1975）。しかし，生涯発達心理学の研究が進み，高齢となり障害を抱えても，主体的に生活を営む者が多いことが明らかとなり，このような現象を解釈するための新たな理論が求められるようになった。そのような中，ロスバウムら（Rothbaum *et al.*, 1982）が提案した二次的統制の概念に注目が集まってきた。二次的統制とは，現在の状況を受け入れ，状況に自らを適応させる方略や過程を表す概念である。たとえば，障害や高齢により思うようにならない状況に置かれても，状況を受け入れ，できない

表 0-4 発達支援の方向性 (古澤, 2002；中村, 2005)

発達支援の方向性	方向性の概念
①人間の主体性回復への発達支援	今日の社会で人は他者からの指示によって行動せざるをえない状況に追いやられ，主体的に生きにくくなってきている。家族や職場，公共社会等での自己と他者の人間関係にも同様のことが起こってきている。人生を物語る（ナラティブ）ことを通しての自己確認こそ，人が主体的に生きるという課題についての方向性を見出すための支援を提供できる
②生涯的視点に立つ発達支援	人間の発達の予測を立てる時点を頻繁に設けて，支援を繰り返していこうとする。継続的な支援体制を組むことによって事象を根気よく見つめながら支援していく
③複数文脈による発達支援	ミクロの状況をマクロな状況へと視点を拡大する発達支援の方向性。たとえば，親子関係はミクロの視点からは二者システムととらえられるが，マクロの視点からは文化・社会・歴史という大きな文脈の中でとらえて支援が可能となる

ときは周りに支援を求めたり，できないことを無理に望まなければ，自らの人生を自分で決定していくことが可能となる。これに対して，自らの理想や目標に合わせて，現在の状況を努力および能力により変えようとする方略や過程を一次的統制と呼ぶ。思うようにならない状況においても，一次的統制しか用いることができないと，状況と個人の理想を適応させることは不可能となり，個人は無力状態に陥ると考えられる（Brandtstädter & Rothermund, 2002）。この一次的統制が，従来の考え方を代表する概念である。ヘックハウゼンら（Heckhausen & Shulz, 1995）は，この二つの統制と生涯発達の関係に注目し，子どもの頃は一次的統制が発達するのに対して，高齢になるほど二次的統制が発達することを示唆している。思うようにならない状況に対して，柔軟に適応していく知恵は，生涯発達心理学者（たとえば Baltes & Staudinger, 2000）が提案する英知（wisdom）と符号するところが多い。

それでは，どのように発達を支援していったら良いのだろうか。古澤（2002）は，現代社会における発達支援のあるべき方向性を表 0-4 のように示している。ここでは，①自己の人生の物語を生きる主体的な発達を支援する方向性，②自己の人生を展開する時間的存在としてとらえる生涯発達の視点から支援する方向性，③関係存在としての発達をミクロからマクロに視点を拡大する発達支援の方向性，の 3 方向が挙げられている。このような発達支援では，個人と環境との関係が良好に進むような支援が行われ，障害や病を抱えつつも

自らの人生を主体的に生きられるような支援がなされる。今後の発達支援は，「生涯発達という時間軸を基本として，その過程における発達課題と生じやすい心理障害，それらへの心理的支援方法」（下山, 2001）を見出していくことが大切なこととなると考えられる。

wedding

第1章
人間の発達をどう理解するか

1. 生涯発達心理学の基礎概念

[1] 発達という概念

　人は生まれ，やがて年を重ね，そして必ず死ぬ。その間に，どんな人間でも，生物学的過程と社会的経験によって変化していく。そと目に見える変化や，直接に外から見えないような変化もたくさん起こり続ける。獲得（成長）だけでなく，喪失（衰退）という変化もある。こうした変化，つまり受精から死に至る人間の行動の恒常性と変化を記述し，説明する心理学が生涯発達心理学（life-span developmental psychology）である。それは，人の一生を網羅して研究するというより，たとえ特定の一時期であれ，生涯発達の視点を重視して研究するということである。研究の目的は，生涯発達の一般的原理についての知識，発達における個々人間の差異および類似性についての知識，そして発達の可塑性あるいは可変性の程度および条件についての知識を得ることである（Baltes, 1987）。

　かつてハーロック（Hurlock, 1964）は，発達を完態（完全な形態）という目標に向かって進む秩序と一貫性のある一連の前進的な系列であると定義した。青年期を最終地点とする進歩的・上昇的変化を意味する概念として理解されたのである。無力と思われた子どもが，人間らしいさまざまな特質を習得し有能になっていく様子は，見る者を愉快にさせる。それだけの理由でもなかろうが，誕生から青年期を経て20歳代までの人生よりも，50歳以上の成人期に生じる体系的な変化については，あまり記述されていない。

この時期の生物的変化の多くは衰退を示すもの，退歩的・下降的変化として記述され，長い間，発達の概念に含まれることはなかった。しかし，最近では成人期以降の変化についての意味づけがなされたり，高齢になっても何らかの獲得が可能であるという知見が報告されるようになった。今や，加齢を衰退という一方向的な変化としてとらえるのではなく，適応能力における変化として理解する。たとえば，職業における役割や親としての役割は，成人期における適応能力の発達につながるものであり，あるいは女性の閉経や，配偶者の死，退職のような喪失的な経験であっても，それを個人がどのように意味づけるかによって新たな適応能力の獲得を期待することができよう。すべての成人がすべての次元で発達し続けることはないにしても，成人の人生における潜在的発達を排除する根拠は何もない。

[2] 可塑性への関心

可塑性（resiliency）とは，同一の個人が条件の違いによって異なる発達をする個人内の可変性，発達の潜在能力を意味する。発達的変化の可能性に関する問題は，これまでも発達心理学の大きな関心事であった。

古くから「三つ子の魂百まで」とか「スズメ百まで踊り忘れず」といわれる。精神分析学のフロイト（S. Freud）によれば，人間の性質と脆さは幼児期に性的衝動が社会的・文化的な力によって抑圧されることに起因するという。ノイローゼをはじめ成人期にみられるパーソナリティの問題は，幼児期に起きた出来事からだいたい理解できるという。この理論は，幼少期の経験によって生涯発達の可能性が制約される場合があることを指摘している。比較行動学（ethology）における臨界期の事実から人間の初期経験の重要性が強調されることもあった。

一方，かつて「神童」とよばれた人が，その後「ただ」の人になる事例も少なくない。人間がいかに可変的であるかを示す事例は，人間が「狼的」にも「人間的」にもなりうることを示した野生児の記録（Singh, 1942）にもみることができる。ケーガンとモス（Kagan & Moss, 1962）は，89名を対象に誕生から約30年にわたり，パーソナリティの安定性の問題を検討した。その結果，比較的安定する側面と変化する側面があることを見出した。たとえば，攻撃性

は男性で安定的であるのに対し，女性では変動的であった。一方，依存性は男性で変動的であるのに対し女性では安定的であった。また，達成への意欲は男女ともに5,6歳頃から安定していた。この研究によれば，個人の傾性は社会的・文化的環境によって影響されるものであり，しかし，個人の傾性が社会的期待と一致する場合に安定し，一致しない場合に変動することになる。

知能の発達についても，社会文化的環境によって大きく変化しうるものかどうか，知能の可塑性に関する問題が活発に論じられてきた。バルテス（1987）は，図1-1に示すように，知的発達を異なるパターンに分けて考えることを提案した。すなわち，一つは流動性知能（fluid intelligence: より速く，より多く問題を解決する能力。従来「知能」という枠組みで代表された知的活動）であり，それは20歳前後をピークにその後低下する。それに対して，結晶性知能（crystalized intelligence：人生における重要だが，不確かな出来事について判断し解決する能力。いわゆる知恵）は，加齢につれて伸び，老年になっても衰退しないことが予想される。高齢者は，長い人生の過程でさまざまな問題を経験することによって，人生にかかわる複雑で多くの矛盾を含むような問題に対しても，その問題の本質をつかみ，短期的な問題か長期的な問題かを判断し，解決の選択肢を適切に吟味することができるはずだという。知能の可塑性をめぐる問題は，さらに，高齢者の流動性知能が訓練によって高まるかどうか実験

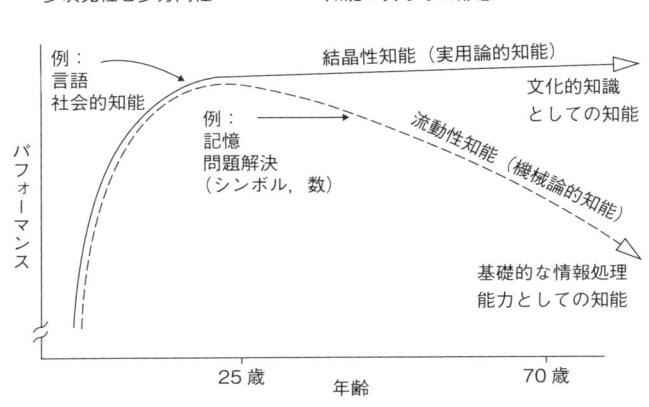

図1-1　知的活動の年齢に伴う変化（Baltes, 1987）

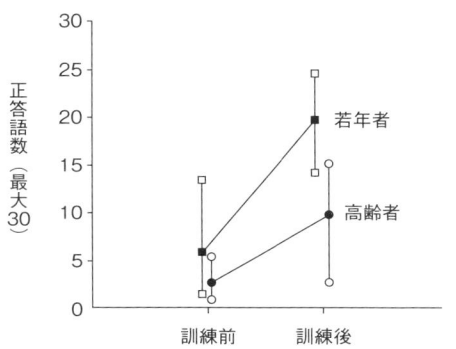

図1-2 記憶の熟達化訓練における年齢差（Kliegl *et al.*, 1989）

的に検討されてきた。たとえばクリーグルら（Kliegl *et al.*, 1989）は、20歳代前半の若年者と60歳代後半から80歳代前半の高齢者に記憶術を使って単語を覚える訓練を行った。図1-2からわかるように、訓練前では若年者の方が平均して正答語数は多いものの両群で重なりが大きい。訓練によって両群の成績がともに大きく伸びるとともに重なりがほとんどなくなり、年齢差がはっきりしてくる。訓練によって年齢差が拡大したのである。老年期に入っても依然として大きな可塑性が存在していたが、若者の方が新しいスキルを学習する能力が高いことが示されたわけである。これは加齢による可塑性の限界を示すものである。

［3］生涯発達段階と発達課題

人生の過程で、ある時期において前の時期とも後の時期とも異なる飛躍的な変化を示す場合がある。その時期を基準にして、いくつかの段階を区分したものが発達段階である。ハヴィガースト（Havighurst, 1953）は、人生のそれぞれの時期に達成されるべき「発達課題」があること、それは人が社会の一員として健全で幸福な成長をとげるために期待される役割であること、次の段階の課題を達成するためには前段階の課題を達成しておく必要があることを重視し、発達を生涯段階における発達課題の達成という適応過程として考えた。各発達課題は、生物学的な適応と社会的期待に基づいてリストアップされている。次節でみるエリクソン（E. H. Erikson）も生涯発達の視点に立ち、心

理社会的発達の段階を提唱している。ニューマンとニューマン（Newman & Newman, 1988）は，ハヴィガーストやエリクソンを参考にして，発達課題を表 1-1 のように示した。

表 1-1　発達課題（Newman & Newman, 1984 福富訳 1988）

人生段階	発達課題
乳児期（誕生〜2歳）	1. 社会的愛着 2. 感覚運動的知能と原始的因果律 3. 対象の永続性 4. 感覚的・運動的機能の成熟
歩行期（2〜4歳）	1. 移動能力の完成 2. 空想の遊び 3. 言語の発達 4. セルフコントロール
学童前期（5〜7歳）	1. 性の同一視 2. 具体的操作 3. 初期の道徳性の発達 4. 集団遊び
学童中期（8〜12歳）	1. 社会的協力 2. 自己評価 3. 技能の習得 4. チームプレイ
青年前期（13〜17歳）	1. 身体的成熟 2. 形式的操作 3. 情動の発達 4. 仲間集団における成員性 5. 異性関係
青年後期（18〜22歳）	1. 両親からの自立 2. 性役割同一性 3. 道徳性の内在化 4. 職業選択
成人前期（23〜34歳）	1. 結婚 2. 出産 3. 仕事 4. ライフスタイル
成人中期（35〜60歳）	1. 家庭の経営 2. 育児 3. 職業の管理
成人後期（61歳〜）	1. 老化に伴う身体的変化に対する対応 2. 新しい役割へのエネルギーの再方向づけ 3. 自分の人生の受容 4. 死に対する見方の発達

[4] 発達の規定要因

発達を規定する要因が年齢によって異なることについて，バルテス（Baltes, 1987）は次のように整理している。

①標準年齢的要因：歴年齢に深く関連している生物学的，環境的要因である。生物的要因は歴年齢と関係が強く，たとえば思春期や更年期などに関してかなり予想ができる。環境的要因は就学や退職などとの年齢規範的な社会化が含まれる。

②標準歴史的要因：年齢よりも歴史的時間およびコーホートと関連する歴史的文脈と結びついた生物学的，環境的要因である。バブルや経済不況，戦争，疾病，社会の文化的変化，社会における人口統計学的および職業的構造の変化などを含んでいる。

③非標準的要因：多くの人が経験するような出来事ではないが，特定の個人にとっては重要な意味をもつ生物学的，環境的要因である。転職，失業，転居，疾病，事故，離婚，重要な他者の死去，宝くじにあたるなどが含まれている。

このような3つの要因は相互に関連しながら，生涯発達に影響を及ぼすのであるが，その影響力は図1-3に示されているように一生を通じて一様ではない。幼児期や児童期においては，誰もが経験するような誕生や，入学・卒業などの標準年齢的要因の影響が最大である。その後，標準年齢的要因の影響は減少し，他方，特定の文化の中で生活する人々が共通に経験するような標準歴史的要因の影響が増加していき，青年期において，その影響力が最大となる。ま

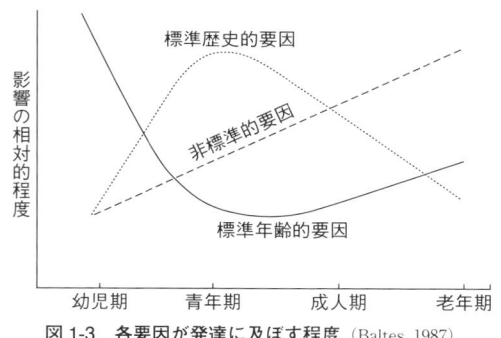

図1-3　各要因が発達に及ぼす程度（Baltes, 1987）

た，個人個人に独自な影響を及ぼす非標準的要因は年齢とともに影響力が増加し，成人期以降の人生後半には，最も重要な要因となる。

2. エリクソンの（新）発達理論

これまで一般的に理解されているエリクソン（Erikson & Erikson, 1997）の発達理論とは，人生を8つに区分し，時間軸におけるライフサイクルに沿った心理社会的課題とそこからもたらされる徳（人生の強さ）を示したモデルが中心であった。ここでは彼らの理論から心理社会的課題とステージに特有な発達を阻害する要因とかかわりを取り上げる。また，エリクソンらは80歳代で「老年期」を書いたが，90歳を前にして彼らは「ライフサイクル，その完結」を再構想し，終末期である第9段階を提起している。この最終ステージで示された人生の最後の危機とは，そして獲得される徳とは何であろうか。

[1] エリクソンの心理社会的発達の理論

心理社会的発達の8段階とは，幼児期から成人期を経て老年期に至るまで絶えず延び続ける社会的半径の中での相互的なかかわり合いに必要な力を生み出すものである（図1-4）。エリクソンの発達漸成図の「漸成（Epigenesis）」という用語は，発達の時間的空間的性質を表現している。図表の対角線をなす四角います目には，各段階で優勢となる心理社会的課題（危機）の一組が示されている。連続する発達段階の中で，過去の解決されなかった葛藤や緊張を再び経験するというのである。各段階には，一見正反対にみえる2つの性向が提示されているが，それら2つは「同調傾向」と「失調傾向」とよばれており，この2つの相対するものの力動的均衡と比率によって，発達の方向性が示されるという（西平, 1993）。同調（syntonic）とは，「環境に調和した情緒反応を示す人間の状態」を表すが，「適応的」「調和的」という肯定的な意味を示し，一方，失調傾向（dystonia）とは，不適応的という否定的な感じを意味している。ここで重要なことは，これら2つの要素は「外界」や「環境」とのかかわりの結果，どちらかの要素に傾いてしまうというものではなく，むしろ「徳」という自我の強さを獲得するために，その両方の要素が必要だということであ

								統合 対 絶望 英知
老年期								
成人期							生殖性 対 自己没入 世話	
成人前期						親密性 対 孤独 愛		
青年期					アイデンティティ 対 混乱 忠誠			
学童期				勤勉性 対 劣等感 才能				
幼児期後期 (遊戯期)			自発性 対 罪悪感 決意					
幼児期前期		自律性 対 恥と疑惑 意志						
乳児期	基本的信頼 対 基本的不信 希望							

図 1-4 心理社会的人生段階（Erikson & Erikson, 1997 を改変）

る。それぞれの発達段階でより特徴的に浮かび上がる課題（危機）を経験することで内的葛藤が起こるが，そのステージにあった方法で解決することが重要となる。

ところで，エリクソンら（Erikson & Erikson, 1997 村瀬・近藤訳 2001）は，漸成的発達の段階ごとに機能するパターンを提示するとき，人が自分の人生に「生き生きとかかわる」機会を少なくするような「悪性の発達」と「悪性傾向」を指摘している。これについて，彼らは臨床的に推察し，「非同調的な傾向を弱めてしまおうとするあまり，同調的な方に重きを置きすぎ発達させすぎる傾

表 1-2 各段階における不適応と悪性傾向の性質

適応をもたらさない傾向	適応をもたらす力			悪性傾向
Ⅰ（感覚的不適応）	信頼　　希望		不信	（退行）
Ⅱ（恥知らずなわがまま）	自律性　意志		恥・疑惑	（強迫）
Ⅲ（残忍性）	自発性　決意		罪悪感	（抑制）
Ⅳ（狭い技巧）	勤勉性　才能		劣等感	（不活発）
Ⅴ（狂信）	アイデンティティの凝集　忠誠		役割の混乱	（放棄）
Ⅵ（無差別）	親密性　愛		孤独	（排他性）
Ⅶ（過剰な拡大）	生殖性　世話		停滞	（拒否）
Ⅷ（無遠慮）	統合　英知		絶望	（侮蔑）

向がある場合，その結果として何らかの不適応（神経症的）が起きる。反対に，同調的な傾向の喪失をおそれるあまり非同調的な方を誇張しすぎる場合は，その結果，悪性傾向（精神病的）へと向かう」と言及している。不適応とは，再適応によって正すことが可能であるが，悪性傾向への「流れ」は行き詰り，より過激な矯正が必要となるという（表1-2）。

[2] 各発達段階における課題
1）乳児期
　乳児期の段階の自我にとって適応的・調和的なのが「信頼」の感覚であり，それが不適応的な場合は「不信」の感覚となる。この2つのバランスが人生に対する最も基本的な展望である「希望」の土台を創りあげる力となる。そして，この力を目覚めさせるのが「母親的養育者」であるという。つまり，このステージで学習されなければならない基本的な心理社会的態度とは，子どもが自分の母親の姿を通して自分の世界を信頼できるようになることである。そしてこの子どもの欲求と世界（外界）との間には対応関係があることを学習することを「基本的信頼」という（Evans, 1967 岡堂・中園訳 1981）。また「不信」を感ずることを学ぶことも同様に重要であり，人はある状況で，そこがどれくらい信頼でき，どれくらい不信を抱かねばならないかを見分けることが必要とされる。エリクソンは危険に対する準備態勢（レディネス）や不安の予期という意味で「不信」という言葉を用いている。そこから得られる徳（virtue）が「希望」であり，希望とは「固体発生の諸段階で発達していく人間的関心事に対する全体的な見通し」のことを意味している。

　この段階では，世話が適当でないときに示す乳児の反応（泣いたり怒ったり）の，抵抗は適応的であるが，一方，養育拒否にあったり，世話をしてもらえない子どもは悪性の退行の形に向かう。この退行では，「生存は可能であっても希望が弱くて生きる支えにならない」とされ，この時期にネグレクトなどの虐待にあった子どもたちは「希望」という見通しが得られず，成長が止まってしまう状態だと理解できる。

2）幼児期前期
　2番目は幼児期初期の段階で，「自律性」と「恥・疑惑」の性向であり，こ

の2つの感覚がともに「意志」の基礎的な力の萌芽を育てる助けとなるという。2～3歳頃の子どもは，自分の意志をもって環境に働きかけるようになる。それは，遊びの中でも際立ってくるが，まだつかめないおもちゃを引っ張り，思い通りにいかないと投げてみたり，手が届かない物にも必死で近づこうとする。自分の身体（筋肉）と行為をコントロールできるようになると自律心がうまれ，一方それらのコントロールに失敗すると恥の感覚に陥り，自分の意志に対して疑惑の感覚を経験する。この段階で経験する恥や自己嫌悪の感覚は，自己コントロールや「自由な選択を行使するための確固たる決断力」となり，意志の限界の認識の基礎となるとされている。幼児期の不適応に相当するのは，親が幼児の行動を限度なく許容したり，過保護的にかかわりすぎる場合であり，子どもは自己のコントロールを超えて環境に支配的にかかわるようになる。それが，潜在的な不適応傾向としての「恥知らずなわがまま（ウイルフルネス）」とよばれるものである。一方，恥と疑惑の感覚が強化された結果は，強迫的な重度の自己疑惑に陥るとされている。

3）幼児期後期

　3番目の段階は，「遊戯期」といわれ，「自発性・主導性」の感覚と「罪悪」の感覚との間の葛藤を経て，「目的」を心に描くことを決意させるのだという。4歳から学校にあがるまでの子どもはより広い生活環境の中で，いきいきとした空想を描きながら遊び，自発的に学びかかわる。

　この時期の子どもの活動性が自分や周りの人に対して危険を伴うようなものであると，親から厳しくその活動を抑制される。また挑戦的な親に対してのことばや態度は，主導権をとろうとする表れであると理解され，度をすぎると主導権をとられてしまい，その結果として子どもは自発性や自由な空想，活動に対して罪悪感を覚えるという。子どもは拡大する自我や空想を抑制したり再方向づけして，健全な自発性を維持しながら，新たな自分の目標を見出すことが可能になる時期であるとされている。

　この時期に，「自律」の感覚と「罪悪感」に共感できる能力とのバランスがとれないと，「罪悪感のない残忍性」や挑戦的な自己拡大を促進してしまう。一方，罪悪感を強めてしまうような，親からの厳しい叱責や過度な禁止を受けると，強すぎる自己抑制に陥るという。

4）学 童 期

　4番目の段階は「潜在期」ともいわれている。心理社会的な特性（課題）として「勤勉性」と「劣等感」があり，それらが相互に作用することで，「コンピテンス（能力・有能感）」が生まれるとされる。このステージの子どもには大きな好奇心が存在し，本来学びたい，知りたいという動機がそなわっているとされる。学童期では，同調的な性向である勤勉性，すなわち，人がその文化のなかで要求される技術（スキル）を学び，生産的になること，と劣等感，すなわち技術を習得しようとして失敗した結果の非同調的な感覚を経験する。コンピテンスは，学校や社会に参加するための基礎となる。この時期では，学校教育にあって，学習意欲とその準備性（レディネス）とのバランスをとることが大切である。バランスがとれない場合，勤勉性は不適応傾向としての「狭い技巧」に変わるという。エリクソンらは，「教育的経験を本当の意味で拡げてやることによって再適応が可能である」としている。

5）青 年 期

　5番目の段階は青年期である。この時期では，「アイデンティティ（同一性）」の感覚の発達と，「アイデンティティの拡散・混乱」の両方を経験し，「忠誠心」を発達させる。「アイデンティティ」の発達とは，幼・児童期までに経験してきた変化する多様な自己像を，青年期における役割選択と社会のイデオロギー的価値への傾倒を通して，自己という永続的な感覚に調和させていくことを意味している。この時期に出現する「忠誠心」とは，「誰かに導いてもらいたいという欲求を，親的人物から助言者や指導者に向け替えたもの」であり，ゆえに青年期ではイデオロギーを彼らに伝える助言者や指導者を熱心に受け入れるのだという。青年期では，社会の諸動因に葛藤し内的な秩序のなさで混乱するが，社会の中で，ある種のイデオロギー（イデオロギー的枠組み）に傾倒し熱中するエネルギーを有している。若者がある見方を深めて集団にかかわり，そこから仲間意識をもち感化されることによって，肯定的なアイデンティティを発達させることが可能になるのであろう。一方，集団や仲間に過度になじもうとして，あるいは拒否される恐れから，無批判に集団やイデオロギーに傾倒しがちであり，その結果として，「狂信」（ファナティシズム）といった不適応や，他者に対する著しい拒否に至ることが危惧されている。

6）成人前期

6番目の命題は「親密性」と「孤立」である。親密性とは，仕事や性愛や友情を育み，青年期までに確立したアイデンティティを失う恐れを感じることなしに，相互の同一性を融合し共有できるようになることである。そして，「孤立」とは，人と距離をおき，また誰からも目を向けられない状態にあることの恐怖の感覚を指す。これら「親密性」と「孤立」の対立関係を解決して獲得される力が「愛(ラブ)」である。愛とは，「分割された機能に生得的に存在する敵意を永遠に抑制して相互に献身すること」，そして，「成熟した利己的ではない愛」であり，二人の提携的な関係の中で犠牲や妥協をしながら，相互の信頼を形成していくプロセスである。この段階の不適応の危険性は，特定の相手との連携を深めない，無差別の「愛し方」であり，一方悪性のものは，「自己を隔離する憎悪に満ちた排他性」であるという。

7）成人期

7番目の命題は「生殖性」と「自己耽溺と停滞性」である。「生殖性」とは，「子孫を生み出すこと，生産性，創造性を抱合するもの」である。一方，「自己耽溺と停滞性」とは，自己のみに関心を向けて愛他的行動がとれない状態で，「生殖的活動」に参加しない場合の感覚であり，生産的で創造的な人たちにも決して無縁な感覚ではないという。そしてこれらの葛藤から現れる徳は，「世話(ケア)」である。この力は，人や物や観念という生み出されたものに対する広い関心である。つまり，このステージでは，パートナーとの間に愛を育み，子どもを生み育てること以外にも，創造された文化や価値を大切にして次の世代に継承する責任を担っている。この段階の不適応は，相手に対する過剰な世話と自分が抱え込める能力を超えた関心であるとされる。一方，悪性傾向は，人や社会に対しても関心がないという全般的な拒否性である。

8）老年期

8番目の命題は「統合」と「絶望」である。このステージを生きる人々は「統合」という永続的な包括の感覚と，それに対して「絶望」，すなわち恐怖と望みがないという感覚との間の緊張のバランスをとることが課題となる。最後の力，「英知」とは，「死そのものを目前にしての，人生そのものに対する超然とした関心」であるが，老化の影響や身体的精神的機能の衰えにもかかわら

ず，それまでの段階で獲得した力を再統合して次世代に伝えることでもある。

　エリクソンは，この「英知」という概念に満足していなかった。その理由は，英知ということばが老人にとってあまりにも厳しい成就を意味すると考えたからである。しかし，そうだとしても，老年期においてのみ真の英知が「恵まれた」人々に発達しうると述べている（Erikson *et al*., 1986）（老年期の発達課題については，第7章3節，4節を参照）。

[3] ライフサイクル，第9段階「老年的超越」の提起

　近年，老年期は一括りにできないほど長くなり，人生の終末期で起こる変化を含めた第9段階が提起された。それは，80歳後半以降の死に至る最終ステージを示しており，そこでは「保持」と「開放」という2つの要素が挙げられているが明確な理論には至っていない。この段階は，身体的心理的そして社会的側面において多くの喪失を経験する時期であり，「失調的」要素が発達の可能性を握っている。それは，第8段階の「絶望」がつきまとう中，ライフサイクルの最初のステージの「基本的信頼感」が厳しい試練の時期を支えるが，人生の葛藤に向き合うことにより，「老年的超越（gerotranscendence）」へ至るとされている。「老年的超越」とは，もともとスウェーデンのウプサラ大学のトルンスタム（Törnstam, 2005）が用いた概念であった。「老年的超越とは，メタ的な見方への移行，つまり物質的・合理的な視点からより神秘的・超越的な視点への移行」を意味している。それは宗教的信念や行為とは関係なく，ターミナル期の人が示す心の平穏に近いものであるという。また「老年的超越」とは，自己を超越するという「究極の解放」でもあるが，そのためには残された感覚を通して，触れ交流し活動することが必要であるという。最終ステージでは，ケアを受け入れ，また必要であれば助言する，そのような相互依存を信頼することが必要であり，コミュニティにおける世代間のつながりが強調されている。

3. 研究方法

[1] 研究の3つの方法

　発達の研究は，実験的に，相関的に，あるいは事例的になされる。

1）実験的方法

　特定の行動に影響する要因について明確にするために，事象（独立変数）を操作し，その効果（従属変数）を測定する手続きをとる。例を挙げよう。バンデューラ（Bandura,1965）は，子どもが他人の行動を注意して見ることによって多くの行動——攻撃行動・分配・満足遅延・協働——について学習することを実証してきたが，ここでは攻撃行動を扱った有名な実験を紹介しよう。子どもに暴力シーンのフィルムを5分間見せる。フィルムの内容は，大人の大きさのプラスチック製の道化人形に，登場人物のモデルが言語的に，かつ身体的に攻撃行動をとるものである。この研究で操作された独立変数はモデルが行った攻撃行動に対する最終シーンの違いであり，報酬が与えられるか，罰が与えられるか，何も与えられないか，の3つの条件であった。フィルムを見た子は実験室に連れてこられ，10分間一人残される。部屋にはたくさんの玩具があり，子どもは誰もいない部屋で攻撃行動をとるかどうか判定者により観察記録される。模倣的攻撃行動の頻度が従属変数となる。

2）相関的方法

　相関は2つないしそれ以上の変数間の相互関係を意味する。子どもの学業成績は親の年収と関連するか，小学生のときの学習意欲は成人になってからの職業意欲と関係するのか，幼少期の攻撃的性格は大人になっても変化しないのか，といった関心は相関的方法で研究される。相関的方法の特徴はすべての被調査者を同一の条件のもとで観察することにある。相関関係の方向と大きさは相関係数によって示される。方向は係数の正と負で示され，大きさは係数の絶対値で示される。最も強い関係は＋1.0ないし－1.0で示され，いずれの場合にも2つの変数は完全に相関しており，一方の変数値を他方の変数値から決定することができることを意味する。係数が小さくなるにつれ，関連性の大きさも弱くなり，0.0の値で，2つの変数の独立性を示すことになる。係数の値を百分率のように理解するためには，大まかに相関係数を2乗した値を目安にすればよい。

　実験的研究と異なり，相関的研究は変数間の関係を明らかにするものであり，必ずしも因果関係を明らかにするものではない。たとえば，子どもの問題行動の多さと父親による体罰の多さとの間に関連性がみられたとする。この結

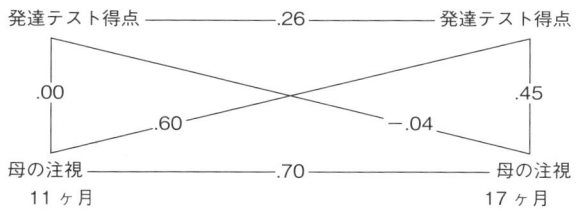

図 1-5　子どもが 11 ヶ月時と 17 ヶ月時における発達テスト得点と母親の注視（数字は相関係数）（Clarke-Stewart, 1973）

果から，子どもの問題行動は父親の体罰が原因だと理解することは誤りである。なぜなら，子どもがたびたび問題を起こすから，親が体罰をすることになるのかもしれないし，あるいは社会経済的な背景といった他の要因が親と子の両方に影響しているかもしれない。このように相関研究は，原因と結果を特定することはできないまでも，しかしながら，親と子の両変数は共変するのだから，一方の生起が他方の生起を予測するための情報を提供してくれる。また，実験的研究と違って，多くの変数間の関係を研究することができるという利点もある。

さらに相関的方法から因果関係を調べるために，異なる時点で変数間の相関を比較する方法がある。クラーク-ステュワート（Clarke-Stewart, 1973）は，子どもが 11 ヶ月と 17 ヶ月のときに，子どもの発達テストと母親が子どもに注意を向ける度合いを測定した。図 1-5 に示すように，11 ヶ月時点での母親変数が 17 ヶ月時点での子どもの発達テストに影響することがわかる。

3）事例研究法

個人を組織的に記述する方法であり，他の方法が使えない場合に有効である。しかし，得られた情報を一般化するのは困難である。科学的な方法として有効な情報の収集を行った研究はピアジェ（J. Piaget）にみることができる。彼は，自分の子どもを観察し，記録し，子どもの自然な思考様式をたどると同時に，時折，介入的実験を行い，また自分の子どもだけでなく他の子どもにも質問を浴びせながら，思考の仕組みを明らかにしていったのである。このようにして，ピアジェは思考の発達について理論化し，児童心理学の発展に大きな貢献をした。

また，事例研究法は単一被験者に実験的方法を用いることによって，行動に及ぼす要因を明らかにすることができる。

[2] 時系列研究

時間的変化を検討するために，縦断的研究（longitudinal study）と横断的研究（cross-sectional study）がある。

縦断的研究では，同一の個々人を異なる年齢時点で繰り返し観察ないし検査を行う。乳幼児期に観察される特性は大人になっても変化しないのか，親に虐待された子どもは，親になったとき子どもを虐待するのか，早期教育の効果はいつまで持続するのか，親の養育態度によって子どもの知的発達を予測することができるか，といった問題に答えることができる。しかし，長期にわたって，同一人にくり返し接触することは困難であり，コストもかかる。また検査の反復実施による歪みも出る。それに対して，横断的方法は同一時点で異なる

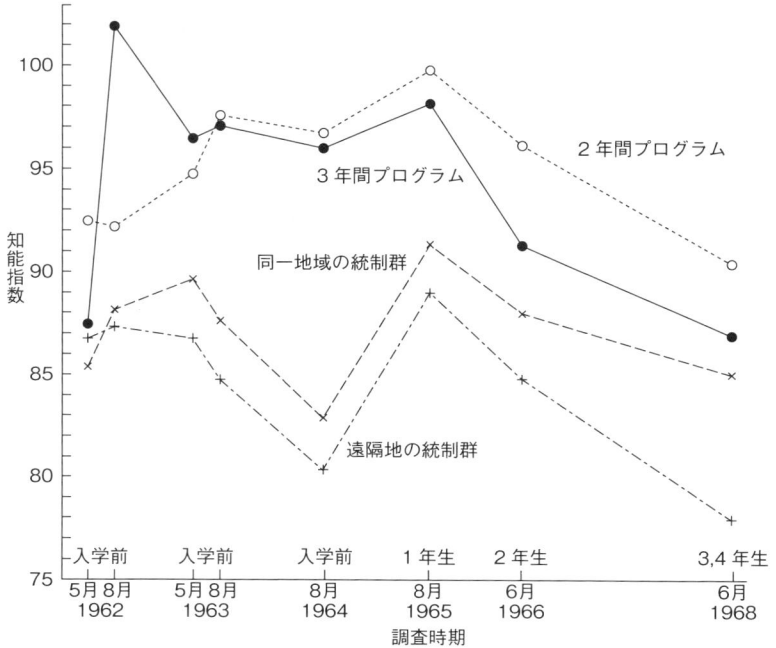

図1-6　各時期の知能指数 (Gray & Klaus, 1970)

年齢の個々人に焦点を当てるものである。そこには縦断法が抱える難問はないが，年齢の違いを見出しても，それは社会的背景によるジェネレーションの違いを反映する可能性がある。

　発達の研究では個々人の特性ないし行動の安定性や変化を検討するだけでなく，社会的要請に応えるために特別の介入を行い，その効果を検討することもなされてきた。かつてアメリカでは国を挙げて子どもたちの学力向上を目指すプログラムが多数組まれたが，その一つにヘッドスタートプログラムがある。グレイとクラウス（Gray & Klaus, 1970）は，恵まれない子どもたちが就学前教育として2年間もしくは3年間のプログラムに参加した実験群と，実験に参加しない子どもたち（同一地域に居住する子どもたちと遠隔地のコミュニティに居住する子どもたち）では知能指数の変化に異なる特徴があることを報告している（図 1-6）。

[3] 諸研究方法の結集

　発達の研究方法はそれぞれ長所と短所をもっており，一つの方法から結論を導くことはできない。できるだけ多くの情報を結集することによって，一貫した証拠を発見することができる。たとえば，子どもに及ぼすテレビ暴力場面の影響について研究する場合をみよう。初期の研究は単なる事例報告であり，そこでは個々の子どもがテレビの暴力シーンを模倣することが報告された。次に，相関的研究が行われるようになり，子どもの攻撃的な行動の量と，彼らが家庭で視聴するテレビの暴力量との間に正の相関関係があることを明らかにした。そして次に，実験的研究が行われ，テレビの暴力番組が子どもたちの攻撃行動を増加させることを明らかにした。このように，多くの研究が一貫した結果を見出すなら，暴力番組が攻撃行動の引き金になることを結論づけることができる。

4. 発達支援の問題

[1] 臨床発達心理学の誕生

　われわれは誕生から人生の最後を迎えるまで，さまざまな問題や障壁に直面

する。それを乗り越える過程が人生であるといっても過言ではない。しかし，解決できずに立ち往生する場合があることも現実である。発達心理学は，人生で直面する課題を明確にし，その対処法についても提案を怠ってきたわけではないが，発達上の問題を抱えながら人生を送るということの意味を深くとらえることに真剣ではなかった。今日，子どもにも，大人にも，発達上の問題が噴出している現状は，これまでの発達心理学では対応できなくなっていることを反映するものであろう。そこで，新たな学問領域として「臨床発達心理学」が台頭してきた。

臨床発達心理学とは「人の生涯にわたる生物・心理・社会的側面からなる生活文脈の場の中で起こりうる，さまざまな兆候・問題・障害を包含した（インクルージョンの視点をもった）時間的・発生的な過程から，人間の心的機構の解明を行い，また，そのことを通して，具体的な発達支援の方法論の検討を行う人間探求の領域」（柏木・藤永，2002）であるとされている。発達過程のさまざまな問題や障害を通して，人間の心理的メカニズムを明らかにし，さらにより適切で効果的な問題解決への支援を考える必要性からスタートした学問領域である。

[2] 発達支援の対象

長崎（2002）は，WHO（世界保健機構）による国際障害分類（ICF）に基づいて，発達支援の対象児を次のように説明している。WHOでは，能力を心身機能・構造，活動，参加の3つの次元と背景因子（個人因子と環境因子）でとらえ，その次元ごとに，問題が生じている側面として機能障害，活動制限，参加制約という概念が用いられている。従来，障害は個人の問題としてとらえられてきた「医学モデル」と，障害は社会の問題としてとらえられてきた「社会モデル」が対立的に語られることが多かったが，ICFモデルでは生物学的，心理・学習的，社会・文化的のそれぞれの次元から評価し，支援を行っていこうとしている。図1-7に示されるように，発達支援の対象児としては大きくは3つに分けられるという。

①自閉症，知的障害児，学習障害（LD）児，注意欠陥多動性障害（ADHD）児など心身機能・構造に何らかの問題が仮定される場合である。

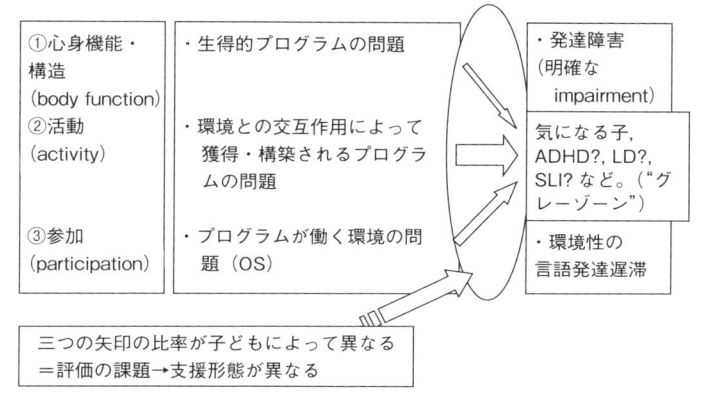

```
┌─────────────┐  ┌──────────────────┐       ┌──────────────┐
│①心身機能・  │  │・生得的プログラム│       │・発達障害    │
│  構造       │  │  の問題          │  ╲    │ （明確な     │
│ (body       │  │                  │   ╲   │  impairment）│
│  function) │  │                  │    ╲  │              │
│②活動       │  │・環境との交互作用│     ╲ │気になる子,   │
│ (activity) │  │  によって獲得・構│ ═══▶ │ADHD?, LD?,   │
│             │  │  築されるプログラ│     ╱ │SLI? など。("グ│
│             │  │  ムの問題        │    ╱  │レーゾーン")  │
│③参加       │  │                  │   ╱   │              │
│ (partici-   │  │・プログラムが働く│  ╱    │・環境性の    │
│  pation)    │  │  環境の問題（OS）│       │  言語発達遅滞│
└─────────────┘  └──────────────────┘       └──────────────┘
       ┌──────────────────────────────────┐
       │三つの矢印の比率が子どもによって異なる│
       │＝評価の課題→支援形態が異なる     │
       └──────────────────────────────────┘
```

図1-7　「生物・心理・社会モデル（WHO, 2000）」による発達評価（長崎，2002）

②環境性の言語発達遅滞や被虐待児など，心身機能・構造には特別に障害は仮定されず，家庭や育児・保育環境に何らかの問題が仮定される場合である。また，家族・社会システムの大きな変化の中で支援を必要としている「子育て支援」の対象の母子などである。

③①と②を併せもつ，あるいはそれらの相互作用による場合である。クラスの中で，集団活動についていけない，コミュニケーションがうまくとれない，などさまざまな心身機能・構造の障害がまったくないともいいきれない，また，一方で，養育者の育児態度や家庭環境等の環境的な要因も否定できない，といった場合である。このような子どもは「気になる子」とか「グレーゾーン」などと近年よばれることもある。保育現場，教育現場ではこのようなケースが増加しているといわれている。

[3] コンピテンスとソーシャルサポート

発達支援を考える際の重要な視点は，人間の発達が可塑的であることと，そして，社会的・文化的相互作用によって発達が進行するということである。それぞれコンピテンスとソーシャルサポートに対応させて考えることができる。

1）コンピテンス

コンピテンス（competence）とは，ホワイト（White, 1959）の動機づけ理論によれば，環境との「効果的な」相互作用の能力を意味する。人は，自分が置

かれた状況との主体的・能動的なかかわりを通して、自分の行動がどれほど効果的であるかを確認する。自分が何もしなければ状況は変化しない、自分がそれなりに努力を払えばそれなりの成果が得られる、その成果はまさに自分の努力による、といった因果律が成り立ち、効力感（a feeling of efficacy）を実感し満足する。ホワイトは、その満足感が能動的行動を動機づけることになると考え、イフェクタンス動機づけ（effectance motivation）あるいはコンピテンス動機づけ（competence motivation）とよぶことを提案した。例として、ピアジェ（Piaget, 1948）による自分の子どもについての記述が挙げられた。

> 見たものを手でつかめるようになったあと、私はガラガラに結びつけた紐を右手にもたせ、その紐を十分つかめるように少し巻きつけてやる。しばらくのあいだ何も起こらない。しかし、最初に手が偶然動いてガラガラが揺れると、彼はこれをみてハッとし、あたかも手ごたえと効果を感じているかのように、右手だけで激しく引っ張って揺らす。そのあとたっぷり15分は声をあげて笑いながらこの動作を続けた。

この乳児は、ガラガラと紐との関係がわかった喜び、ガラガラを動かすことが自分にできるという、自分の能動的な行為の「手ごたえ」に対する満足感、つまり効力感の喜びを表現している。効力感は、いわば自己成長の喜びである。しかしながら、現実には、効力感やコンピテンスには個人差がある。発達の過程で、コンピテンスが育てられたり、その発達の芽が摘まれたりするのである。何らかの原因によってコンピテンスが低下した人を支援する際には、能動的、柔軟的存在としての人間観に立ち、相手が自己の有効性を経験し、満足感が得られるように動機づけることが重要である。

2）ソーシャル・サポート

ソーシャル・サポート（social support）とは、他者からさまざまな形で受け取る援助を意味する。人生のどの時期においても、人は他人から直接的、間接的な支援を受けながら社会生活を営む。ソーシャル・サポートは、特にストレスを緩和する効果をもつものとして多くの研究がなされてきた。ラザラスとフォークマン（Lazarus & Folkman, 1984）によれば、人が何らかの有害な刺激

4. 発達支援の問題　35

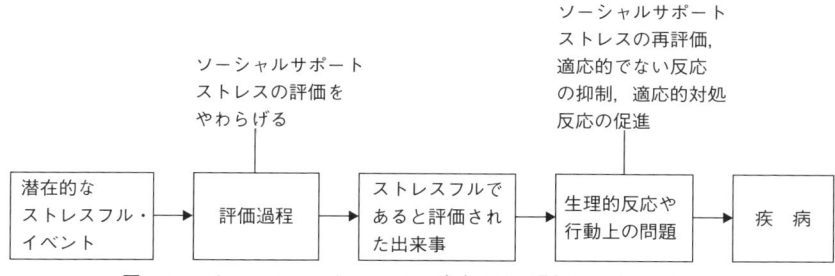

```
                    ソーシャルサポート              ソーシャルサポート
                    ストレスの評価を              ストレスの再評価,
                    やわらげる                    適応的でない反応
                                                  の抑制, 適応的対処
                                                  反応の促進
                        ↓                              ↓
┌────────┐      ┌────────┐    ┌────────┐     ┌────────┐    ┌────┐
│潜在的な │      │        │    │ストレス│     │生理的  │    │    │
│ストレス│ ───→ │評価過程│───→│フルで  │ ───→│反応や  │───→│疾病│
│フル・  │      │        │    │あると評│     │行動上の│    │    │
│イベント│      │        │    │価された│     │問題    │    │    │
│        │      │        │    │出来事  │     │        │    │    │
└────────┘      └────────┘    └────────┘     └────────┘    └────┘
```

　　　図1-8　ストレスフル・イベントから疾病に至る過程の2時点における
　　　　　　　ソーシャルサポートの働き（Cohen & Wills, 1985）

にさらされ，それを自分のもつ資源で十分処理することができないとき，人はストレスを感じるという。子どもから大人までストレス社会といわれる今日，ソーシャル・サポートは重要な役割を担っている。

　ストレスとソーシャル・サポートの関係について，コーエンとウイルズ（Cohen & Wills, 1985）は，図1-8のように考えた。ソーシャル・サポートは，潜在的なストレスフル・イベントから疾病に至る過程の2つの時点で機能する。まず第1に，ソーシャル・サポートはある人に生じる出来事がストレスフルなものであるか否かの評価に影響する。客観的にはまったく同じ出来事が起こったとしても，もし自分の周りにいる誰かがその出来事を処理するために必要な資源を提供してくれるだろうと予想できる場合には，そう予想できない場合よりも，その出来事はストレスフルであると評価されにくくなる。第2に，ソーシャル・サポートはストレスが疾病を引き起こすか否かに影響する。ソーシャル・サポートは，さまざまな形でストレスが疾病を引き起こす過程に介入することによって，人をストレスから守るという。

　このように考えると，必ずしもすべてのサポートが受け手にとって有益なわけではなく，サポートの受け手がサポートの提供者や内容をどう評価するかが重要であるといえる。ソーシャル・サポートの社会的交換理論は，自分が他者から受け取ったサポートと同じようなサポートを他者に返す，というソーシャル・サポートの互恵性（reciprocity）の視点を重視する。受け取るサポートの量が多い場合，受け手は負債感を覚え，一方，提供するサポートの量が多い場合，個人の独立性が脅かされて迷惑感を覚える。そうした不均衡状態で生じる

不快感情は個人の心身の健康に悪影響を及ぼすことになる。受け取ったサポートの量と提供したサポートの量が衡平であるときのみ個人の健康が促進される，と考えるのである（たとえば Antonucci & Jackson, 1990）。

第2章
人間としての出発（乳児期）

1. 身体・運動の発達

[1] 身体の発達

　出生時，40週満産期出産では，身長は約50cm，体重は約3kgである。生後3〜5日の間は，一時的に3％から10％程度の体重が減少する（生理的体重減少）が，1週間ほどで出生時の体重に戻る。その後は増加していき，1歳の誕生日頃には身長は出生時の約1.5倍の75cm程度，体重は約3倍の9kg程度まで成長する。その後も幼児期を通して，成長は続いていく。出生から乳児期を経て幼児期までの体重と身長の変化を図2-1に示す。

　身体発育は一定の順序に従い，連続的に進行する過程であるが，各臓器，各部位によって発育速度は必ずしも一定ではない。図2-2にスキャモン（Scammon, 1930）の発育曲線を示す。この曲線は成人を100％として，それぞれの年齢の発育量を模式図で示したものである。一般型の発育は，身長や体重などの体格，骨格，筋，血管，内臓などが含まれるが，これらは出生後急激に発育し，思春期に再び急激な発育を経て成人の水準に達する。生殖型は思春期より急速に発育するが，男子はテストステロンというホルモンが大幅に分泌され，女子はエストロゲンというホルモンが分泌されるため，体型に性的特徴がみられるようになる。神経型は脳重量でみると6歳児で成人の90％に達し，14歳頃には成人に近い値となる。リンパ型は，胸腺やリンパ筋などのリンパ型の臓器が2次性徴期の発育を促進させる働きがあるため，10歳過ぎには成人の2倍近くになるが，その後徐々に落ち着く。

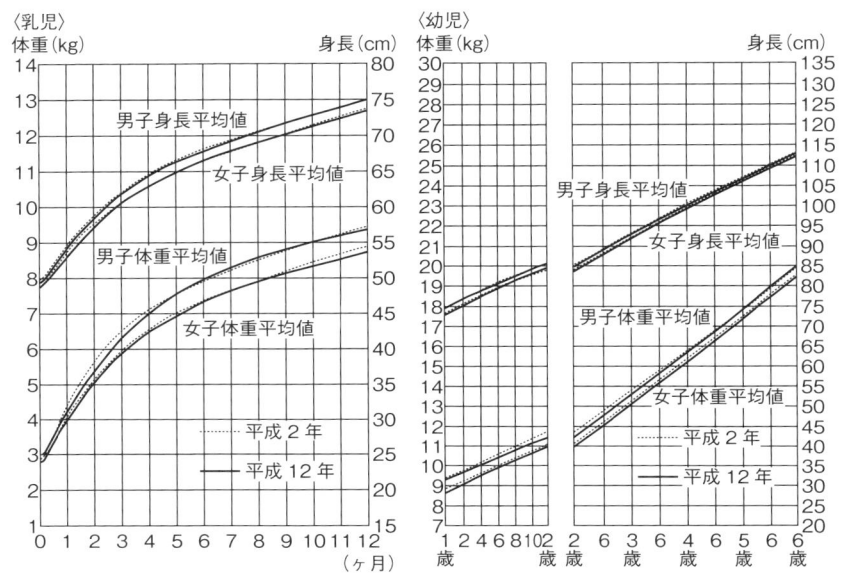

図 2-1 乳幼児の体重および身長の比較（母子衛生研究会，2002）
厚生労働省では，10年ごとに乳幼児身体発達値を調査しており，ここでは平成12年の結果と平成2年の結果が示されている。

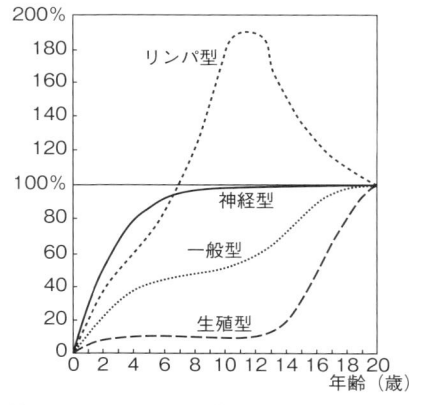

図 2-2 スキャモンの発育曲線（Scammon，1930）

[2] 運動の発達

運動の発達について，胎児期から幼児期まで順を追ってその特徴を述べる。

1) 胎児期

近年，超音波断層装置などの科学技術の進歩により，胎児の身体の状態や，羊水内での動きについて観察が可能となり，さまざまなことが明らかになってきた。母親が胎児の動きを感じるのは通常妊娠6ヶ月頃からであり，これを「胎動」とよぶが，実際には5ヶ月頃から手を握ったり，けったり，しゃっくりのような動きをしている。7ヶ月になると羊水を嚥下するような動作もみられる。

2) 新生児期

新生児期にはまだ大脳皮質や中脳といった上位中枢が成熟していないために自分の意志とは無関係に生じる不随意運動を行う。不随意運動には自発的に生じる未分化な全身運動（原始行動）と，外部からの刺激に対して生じる反射（原始反射）とがある。原始反射の代表的なものとして，口元にものが触れると触れた方の口元が下がり，そちらへ頭を回して顔を向ける口唇探索反射や，口に入ったものを吸い出そうとする吸てつ反射がある。この2つは赤ちゃんが自分で乳を探して吸い出すことに役立ち，生後3～4ヶ月後までみられる。手のひらにものが触れると握りしめる把握反射は，後に発達する「目と手の協応」の基礎になると考えられており，これも生後3～4ヶ月後までみられる。また，乳児のわき下を両手で支え，足裏を床に接触させ，上半身を軽く前傾させると，下肢が引き上げられてちょうど歩行と同じような運動が生じるが，これは原始歩行とよばれている。多くの原始反射は通常数ヶ月の間に順次消失し，大脳皮質と神経系の成熟を待って他の反応や運動（随意運動）に変化していく。適切な時期に原始反射が消失し，適切な時期に随意運動が可能となるかどうかは発達診断において重要である。

3) 乳児期

運動機能の発達には一般的な原則が2つある。1つは運動機能の発達は頭部から尾部へ進行するというものである。首のすわり（頭部）→ねがえり→ひとりすわり（上肢から腰）→つかまり立ち（下肢）→ひとり歩き（上肢と下肢）のように，姿勢の制御と移動運動に関するものがそれに当たる。図2-3は，姿

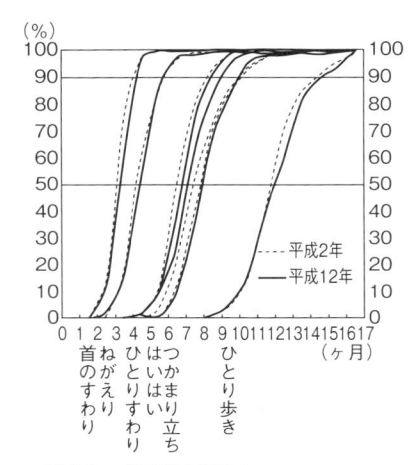

図2-3 乳幼児の運動機能通過率（母子衛生研究会，2002）

勢の制御と移動運動に関する運動機能の通過率を示したものである。

　もう1つの原則は，運動機能の発達は中心部から末梢部へ進行するというものである。これには，肩や腕，股や脚の運動（手を伸ばす，脚をける）から手足の指先による運動調整（把握，操作）の発達に関するものが含まれる。把握の発達を調べた研究の1つに，積木の把握操作に関する研究（Halverson, 1932）がある。この研究によると，生後16週では積木に触れることができないが，生後20週ではつかめるようになる。生後28週では手のひら全体でつかみ，生後36週には指先を使うようになり，生後52週には，親指と人差し指と中指の3本を使ってつかめるようになる。これは，把握動作が身体の中心部に近い手首から手のひら，指先へと運動の分化が起こっていることを示している（図2-4参照）。

4）幼児期

　幼児期になると，乳児期までの運動発達を基盤にして，より統合された動きが可能になってくる。3歳から5歳までの運動機能の発達について，白佐（1982）に基づき具体的に述べると，運動機能は「全身的運動・移動運動」と「目と手の協応動作」に分けることができる。全身的運動・移動運動については，たとえば3歳で三輪車に乗れたり，ブランコに立って乗れたりできるよう

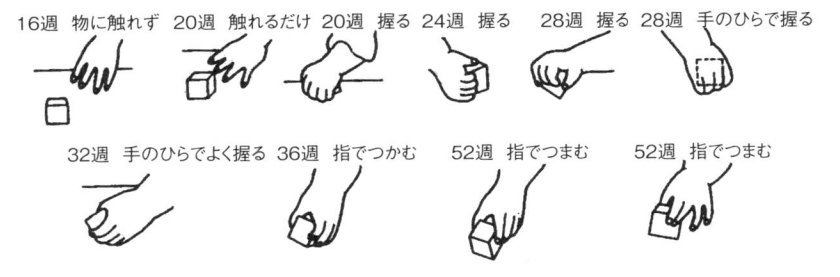

図2-4 把握の発達 (Halverson, 1932：高野・林, 1975)

になり，4歳では三輪車を上手に乗りこなし，5歳ではブランコを一人でこげるようになるなど，年を追ってその運動機能が発達していく。また，目と手の協応動作については，たとえば3歳でボタンをはずせたり，握り箸で箸が使えたりできるようになり，4歳では洗顔，歯みがき，鼻かみがだいたいできるなどの細かい動作が可能になる。これらの運動機能の発達は，第3章の1で説明する基本的生活習慣の形成の基礎となる。また，5歳からは高度な積木遊びができたり，図形や文字，数字の模写ができたりするようになり，児童期からの知的発達に大きくかかわってくる。

「全身的運動・移動運動」と「目と手の協応動作」という運動機能の発達に支えられて，幼児は活発な「運動遊び」を展開する。鬼ごっこやかくれんぼなどの児童期にもよくする運動遊びは，多様な動きを含んでいる。たとえば鬼ごっこでは，鬼から逃げるときには全力疾走し，鬼をかわして逃げるときにはフェイントをかけるなどの動きを含んでおり，お手玉やビー玉などの遊びは，お手玉が落ちてくるタイミングと手の動きを上手に合わせたり，ビー玉をはじく強さを変えたりすることが必要となる。このような運動遊びがさらに，運動能力を高めていると考えられる。そのため，幼児が存分に運動遊びができることが，運動発達には欠かせないといえる。

2. 見る・聞く（知覚の発達）

乳児の知覚能力についての研究は，1960年代以降急速に進展した。そして

現在では，乳児が受動的な存在ではなく，感覚機能を通して環境へ能動的に働きかけて外界を認識しようとしていることが明らかにされている。乳幼児のことばの発達については，第3章の2で詳しく説明されるので，ここでは，視覚・聴覚を中心に乳幼児の知覚の発達について述べる。

[1] 視覚の発達（乳児期）

　胎児が光を感じるようになるのは妊娠7ヶ月頃である。胎内は暗いが，視神経が未発達な胎児にはちょうどよい明るさである。9ヶ月に入ると胎児は強い光に対して顔をそむけるようになる。

　出生後すぐの乳児の視力は0.02程度で，6ヶ月で0.2，12ヶ月で1.4というように生後徐々に発達していく（下條，1983）。この0.02という視力は，20～30cmくらいの距離ははっきり見え，周囲はぼんやりとしか見えないが，都合のよいことに，抱っこする人の顔をはっきりと見ることができる視力である。乳児について，意図的に外界を見ているのか，漠然と外界を見ているのかについて調べた研究がある。サラパティック（P. Salapatek）は，乳児の図形に対する視線移動の軌跡，つまり視覚走査に関する研究でそのことを検証している。研究の結果，生後1日の乳児でも，パターンが何もない視野に対しては単に水平方向への走査を行うが，そこに三角形などの図形が現れると，そこへ目を向ける反応がみられた。また，生後1ヶ月頃の乳児の視覚操作は図形の一部である角などに集中するが，2ヶ月になると図形の全体をとらえようと操作が広がっていた（Salapatek & Kessen, 1966；Salapatek, 1975）。これらの結果より，乳児は意図的に外界を見ようとしていることが明らかになっている。

　さらに，乳児にはさまざまなパターンを弁別するだけでなく，好きな物をより長く見るという選好注意が備わっている。ファンツ（Fantz, 1961）は，乳児を対象にして，顔，同心円，新聞の切り抜き，色のついた円などの図形を提示して，どの刺激を長く注視するか調査した。その結果，注視時間に差があり，乳児でも白や黄や赤のいずれか一色で塗られた円の図形よりも，顔や同心円のような白と黒のパターンがはっきりした図形をより長く注視していた。つまり，乳児が周囲の刺激の中から選んでものを見ており，単純な図形よりも複雑な図形を好むことが明らかとなっている。

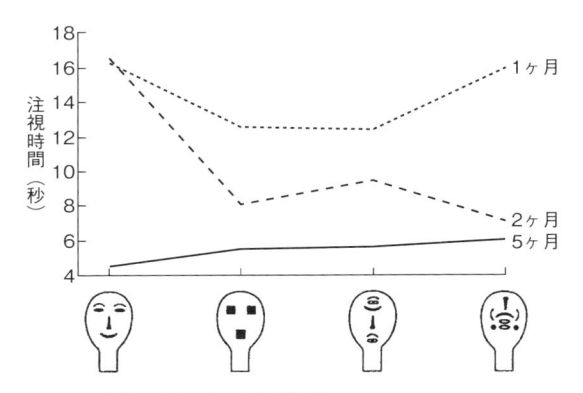

図2-5 乳児の各図形への注視時間 (Johnson & Morton, 1991)

　乳児の顔の認識については，1ヶ月以降の乳児の顔への注視について調べた研究がある（Johnson & Morton, 1991）。図2-5に示すような4種類のさまざまな図形を見せたところ，1ヶ月児は2,5ヶ月児よりも4種類の図形を注視する時間が長かったが，図形間の注視時間の差はなかった。ところが，2ヶ月児は，4種類の図形の中で最も顔らしい顔を他の図形よりも長く注視していた。乳児が生後まもなくから人の顔に敏感であり，能動的に環境に働きかけようとしていることがうかがえる。

　このように，乳児が平面，すなわち2次元の知覚能力において，かなり早い時期からさまざまな能力があることがわかっている。では，奥行き知覚のような3次元を認識することができるのだろうか。よく知られている研究として，ギブソンとウォーク（Gibson & Walk, 1960）による視覚的断崖の研究がある。彼らは，視覚的断崖装置とよばれる装置に，はいはいが可能な6～14ヶ月の乳児を乗せてそのことを明らかにしている。この実験装置は机の上にガラスの板が敷かれていて，半分は下が見えないように模様が描かれているが，もう片方は透明なので下が見えるようになっている。透明な側から母親が呼びかけたとき，呼ばれた方へはってくるか調べた。その結果，多くの乳児が透明で視覚的に断崖に見える場所では移動を躊躇したため，奥行き知覚が生得的なものであると結論づけた。

[2] 視覚の発達（幼児期）

　幼児期の知覚の特徴を示す研究として，エルキントら（Elkind *et al.*, 1964）の実験がある。彼らは図2-6のような刺激を提示し，「絵を見て何が見えるか，何に見えるかを教えてください」と部分知覚と全体知覚について4歳から9歳の幼児に尋ねている。すると，4～5歳児では，何が見えるかという部分知覚はできるが，何に見えるかという全体知覚も指摘したものは少なかった。年齢が上がるにつれて，部分知覚，全体知覚のどちらも言及できる割合が徐々に増え，9歳児では約8割が言及できた。つまり，第2章の1で述べた運動発達と同様，視覚の発達も，「未分化から分化へ」，「分化から統合へ」という道筋をたどっていくのである。

[3] 聴覚の発達（乳児期）

　音を聞く聴覚器官は妊娠6ヶ月で成立するが，音として知覚できるのは妊娠8ヶ月からといわれている。

　出生後の聴覚能力については，ことばの話せない乳児の聴覚を調べる指標として，まばたきや筋肉の緊張，心拍数の変化や顔や四肢の動きが測定されてきた。コンドンとサンダー（Condon & Sander, 1974）は，乳児に母国語である英語，中国語，連続的母音，規則的に叩く物理音を聞かせ，そのときの乳児の身体運動を分析している。その結果，乳児は母国語や中国語などの人の発話のリズムに合わせて腰や手足を動かした。このことは，乳児が生まれつき人の発

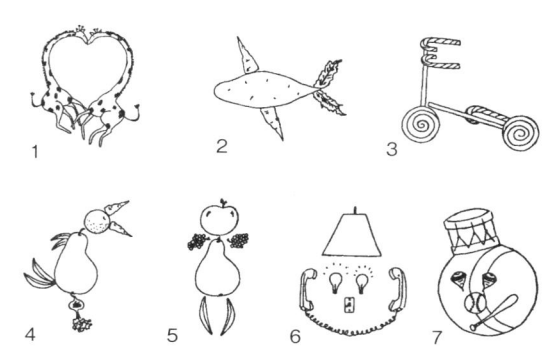

図 2-6　部分 - 全体知覚の研究に用いられた刺激図（Elkind, Koegler, & Go, 1964）

話に敏感であることを示している。また，乳児に母国語への好みがあることもわかっている（DeCasper & Spence, 1986）。この研究では，英語が母国語である乳児に，プラスチック製の乳首からミルクを与える状況において，早くリズミカルに吸うとヘッドホンから母国語が流れて，吸うのをやめると外国語の音声が流れるように設定した。すると，乳児はミルクがでなくなっても吸うのをやめなかったのである。さらに，男性よりも女性の声，さらには知らない女性よりも自分の母親の声に反応することもわかっている（DeCasper & Fifer, 1980）。これらのことから，乳児期からすでに，聴覚を通して外界，すなわち他者へ能動的に働きかけていることがわかる。

[4] 聴覚の発達（幼児期）

幼児期の研究では，母親語における女性の声と男性の声が子どもに与える影響の違いを示唆する研究がある。正高（1995）は，オバケか怪獣の絵本を幼児に読み聞かせて，その時の注視時間と感情表出をビデオで分析した。条件は4条件であり，1）女子学生が母親語で読む，2）女子学生が母親語を使わずに読む，3）男子学生が母親語で読む，4）男子学生が母親語を使わずに読むであった。母親語（motherese）とは，母親が子どもに話しかけるときによく用いる，高い調子の抑揚を誇張した声でのことばである。実験の結果，図2-7に示すように，男子学生が母親語で読んだ場合に，最も幼児の注視時間が長く，感

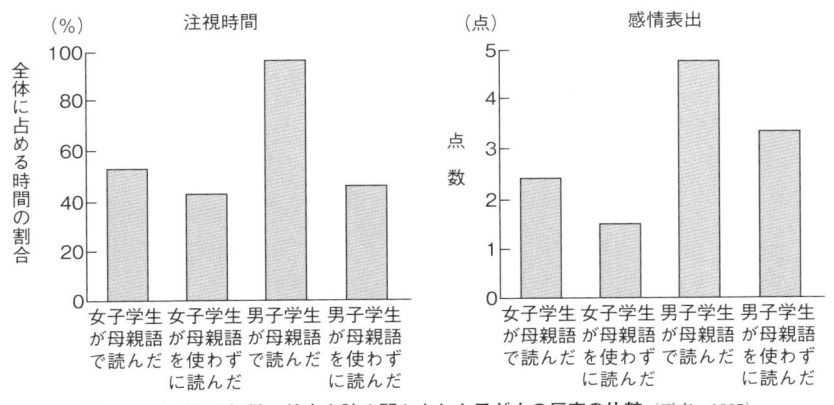

図2-7　オバケか怪獣の絵本を読み聞かされた子どもの反応の比較（正高, 1995）

情表出も高かった。幼児は「緊張し，目は絵本に釘づけになったまま顔は引きつり，時としてべそをかき出す」状態であった。

この結果に関して，正高（1995）は母親語が通常よりはるかに鮮明にメッセージを伝えるという点は同じだが，女性はおもしろく楽しい話をより楽しくするのが上手なのに対し，男性はこわい筋書きをよりおどろおどろしくするのにたけていると述べている。母親語には，「声の高さ」と「抑揚」という2つの重要な要素があるが，男性と女性を比較すると，女性は「声が高く，抑揚は小さい」，男性は「声が低く，抑揚は大きい」という特徴をもつ。幼児はより高い音を好み，抑揚が大きい音には情動的に興奮が高まる。このため，男子学生が母親語で読んだ場合には，声の高さから好ましい感じはしないが，抑揚の大きさから興奮が呼び起こされるという状態になり，オバケや怪獣の話とマッチしたのだと考察している。

3. 人に対する信頼感の発達

[1] 信頼感と不信感

特定の他者との間で安定した情緒的関係を形成すること自体，子どもに安心感をもたらす。この人は自分の喜びをともに喜び，不安や恐れに対してはそれを除き慰めを与えてくれる人である，という信頼感を築くことで子どもは人との関係が愛情に満ちた，心安らぐものであることを知っていく。また，そのような関係を築いている自分への信頼感をも子どもは獲得し，情緒的に安定する。エリクソンによれば，生後およそ1年の間でなすべき課題は，自己への信頼と外的世界に対する「基本的信頼感」の獲得であるという。自分はこの場所，この世界に存在するに値する人間である，自分はそこそこ信ずるに足る人間である，といった感覚へ育っていく出発点が乳児期である。基本的信頼感は，人格の根底にあるもので，自己信頼感がゆらぐときに表面に現れる。たとえば，弟妹の誕生で「赤ちゃん返り」をする幼児は，親に対する信頼感を再確認するために右往左往している。

この時期では，親と子の良好な相互作用が中心的な役割を果たす。人間の子どもは，他の高等哺乳類と違って無能な状態で誕生し，二本足歩行や言語の獲

得でさえ生後1年以上待たなければならない。しかし，その無能さを補う別の能力をもって誕生する。誕生すぐから，人間の顔を好んで見るし，母親の声を聞き分ける。乳児は，笑ったり，じっと見つめたり，声を出したりして親との相互性を維持することができる。また，むずかったり，寝入ったりして親との相互性を拒否することもできる。乳児はいろいろなあやされ方に対して自分の好みで応戦する。このような積極的・能動的な働きかけをしながら，自分に都合のいいように親の働きかけを引き出す有能さをもっているのである。親は乳児との「応答的な」相互作用の過程で，次第に乳児の欲求の多様性を察するようになり，乳児も自分の欲求が（待たされることがあっても）叶えられることに希望をもつ。こうして，親と子の相互作用のサイクルが発達していく。不幸にも，相互作用のサイクルに深刻なズレが生じると，子どもは欲求が満たされるかどうかについて確信がもてず，身体的あるいは心理的な心地よさを得ることもできず，世界は不信に満ちているという感覚を強めることになる。

[2] 社会的愛着

1) 愛着の発達過程

　特定の他者との間で形成される安定した情緒的関係を社会的愛着（attachment）とよぶ。愛着を形成した乳児は，愛着の対象と接触し続けようとしたり，愛着の対象がいなくなると悲しそうなそぶりを示したり，また，愛着の対象と一緒にいるときはリラックスし安心するが，他の人と一緒のときには気むずかしくなる，といった行動特徴を示す。

　社会的愛着は，次の4つの段階を経て発達する（Ainsworth, 1973）。

　最初の段階は生後3ヶ月頃までで，いろいろな行動を通して養育者と親密な関係を保とうとしたり，養育者を自分の方へ来させようとする。具体的な行動レパートリーとしては，吸う，探し求める，つかむ，微笑む，じっと見つめる，抱きつく，目で追う，などがみられる。それに応えてくれる人であれば，誰に対してでも反応する。

　第2段階では，自分がよく知っている人と見知らぬ人の区別ができるようになり，よく知っている人に愛着を示すようになる。たとえば，よく知っている人が近づいてくると微笑んだり，興奮した様子を示すが，その人が立ち去って

しまうと困惑した様子を示す。7ヶ月頃から，見知らぬ人への用心深さ，いわゆる「人見知り」が見られるようになり，9ヶ月頃になると，愛着の対象からの分離に対する抵抗，いわゆる「分離不安」を示す。やがて，子どもは短期間の分離に耐えることを学んでいく。この2，3歳までの第3段階はハイハイや歩行が発達する時期であり，離れていく親の後を追ったり，戻ってきた親に駆け寄り抱きついたりして物理的な接触を積極的に求めるようになる。

3歳以降からの第4段階では，愛着の対象にお話をしたり，遊びや，本読み，一緒のお出かけをねだったりと，いろいろな方略を用いて，相手の行動に影響を与え，親密さを深めようとする。この時期では，相手の行動の目的や計画を理解して自分の行動をそれに応じて適宜柔軟に修正することができるようになり，結果的に，愛着の対象と協調的な相互関係が形成される。

いったん親に対する愛着が形成されると，心の中で親をイメージすることができるようになる。たとえ親が近くにいなくても，必ず戻ってきてくれる，何かあったら必ず助けてくれるといった主観的確信が強まり，それを基盤として行動や感情が全般的に安定してくる。この確信は親以外の他者にも適用され，対人関係一般のモデルとして機能する可能性があるとして，これを，ボウルビィ（Bowlby, 1969）は内的表象モデル（internal working model）とよんだ。しかし，青年期に入ると思考の発達とともに，新しい愛着対象の登場ともあいまって自己や関係性に関して客観視する機会が増え，意識下で機能するモデルも大きく変更される可能性がある。

2）愛着の個人差

大人と乳児との愛着の内容は家庭によって異なる。子どもの生得的な特徴や親の対応の違いによって愛着の個人差が出てくる。エインズワースら（Ainsworth *et al*., 1978）は，ストレンジ・シチュエーション（strange situation procedure）という実験方法を考案して愛着の個人差を検討した。それは，図2-8に示すような8場面からなり，乳児を新奇な実験室に導入し，親と分離させたり，見知らぬ人に対面させることによって乳児にストレスを与え，乳児の反応を観察する方法である。乳児の反応は，母親に対して近接を求める行動，近接を維持しようとする行動，近接や接触に対する抵抗行動，近接や相互交渉

3. 人に対する信頼感の発達　49

① 実験者が母子を室内に案内，母親は子どもを抱いて入室。実験者は母親に子どもを降ろす位置を指示して退室。(30秒)

② 母親は椅子にすわり，子どもはオモチャで遊んでいる。(3分)

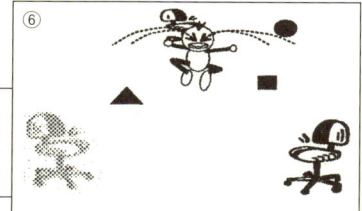

③ ストレンジャーが入室。母親とストレンジャーはそれぞれの椅子にすわる。(3分)

④ 1回目の母子分離。母親は退室。ストレンジャーは遊んでいる子どもにやや近づき，はたらきかける。(3分)

⑤ 1回目の母子再会。母親が入室。ストレンジャーは退室。(3分)

⑥ 2回目の母子分離。母親も退室。子どもはひとり残される。(3分)

⑦ ストレンジャーが入室。子どもを慰める。(3分)

⑧ 2回目の母子再会。母親が入室しストレンジャーは退室。(3分)

図 2-8　新奇場面法（ストレンジ・シチュエーション法）の 8 場面

を回避しようとする行動，親を探そうとする行動，距離をおいた相互交渉，の6つの観点から評定される。特に抵抗行動と回避行動が重視され，抵抗行動が際立っているタイプ，愛着のタイプ，回避行動が際立っているタイプ，その両方が比較的弱いタイプに分けられた。

　Aタイプ（回避群）：母親が出て行っても，泣いたり混乱を示すということがほとんどない。母親が戻ってきてもうれしそうな様子を示さず，母親の存在に無関心である。母親が抱っこしようとしても子どもの方から抱きつくことはなく，親が抱っこするのをやめてもそれに対して抵抗を示したりはしない。親とかかわりなくおもちゃで遊ぶ。

　Bタイプ（安定群）：母親を安全基地として積極的に探索を行う。母親がいなくなるとぐずったり，泣きだしたりするが，母親が戻ってくるとうれしそうに身体的接触を求め，容易に静穏化する。見知らぬ人に対しても肯定的な感情や態度を示す。親を拠点として積極的に探索や遊びを展開する。70％ほどの子どもがこのタイプに該当する。

　Cタイプ（抵抗群）：母親との分離に強く不安や混乱を示し，再会時には母親に強く身体的接触を求めるが，その一方で母親を叩く，押しやるといった怒りを伴った反抗を激しく示す。こうした近接と抵抗という両面価値的特徴がみられることから，アンビヴァレント群とよばれることもある。親に執拗にくっつき，親を安全基地として探索行動を起こすことがあまりできない。

　多くの研究は，母親との間に安定した愛着を形成している子どもは，そうでない子どもに比べて，適応的な対人関係を示すこと，解決困難な事態でもさほど混乱することなく，他者からの援助を積極的に活用する傾向があること，失敗を克服する自己信頼感に優れていること，などを明らかにしている。

　他のタイプを追加する研究もあるが，ここでは愛着の個人差を規定する要因について考えよう。エインズワースら（1978）は，親のかかわりの違いによって説明した。すなわち，子どものサインに応えないことが多いのがAタイプの母親である。一貫して応えてもらえなければ，子どもは母親に対してサインを送っても無駄になる。Cタイプの母親は，時々は子どもの求めに応じるが，その応じ方が一貫していないため，子どもはどうすればよいのか予測がつきにくい。だからこそ母親の動きにいつも過剰なまでに用心深くなり，母親と強く

接触していないと不安であり，安心して探索行動がとれない。一方Bタイプの母親は，子どもが示すさまざまサインに対して一貫して応答的であるため，子どもの方は自分が困惑していると母親は自分を助けてくれるという確信をもっており，あるいはどうすれば母親が自分の求めに応じてくれるかを明確に理解しているので，情緒的に安定し，安心して探索行動をとることが可能になる。

しかし，このような説明に対して，異なる説明（気質）の可能性が主張されている。それは次節4でみよう。

3）父親に対する愛着

乳児が母親に示す強い愛着は，父親や他の人への愛着と比べて特別な意味をもつものだろうか。ボウルビィは，乳幼児と母親との人間関係は，乳幼児の性格発達や精神衛生の基礎であると考えたが，その後，母と子の絆が他の何ものにも代え得えない特別なものであるかどうか議論を呼んだ。子どもは母親だけでなく，父親や他の人にも愛着を示す。ラム（Lamb, 1980）によれば，乳児が父親に対しても微笑んだり，見つめたりして好意的にかかわり，両親の一方しかいないときは，その親に愛着を示し，両親がともにいるときには，それぞれに対して異なったかかわりをするという。18ヶ月では，自由遊びの状況で，母親よりも父親に対してより多くの親和的行動を示し，生後2年ぐらいになると，男児は父親に対してより強い愛着や親和的行動を示すようになってくる。

子どもが父親と母親に異なる愛着行動を示すのは，親が日常子どもとどのようなかかわりをもつかによる。父親は母親より遊び相手になることが多く，遊びの内容も揺すぶるなどの身体的なものが多い。それは子どもにとって魅力的であろう。その結果として，父親との遊びに熱中する。高橋（1983）は，20〜28ヶ月児が女性に対して愛着を示すこと，しかし，父親が育児に参加している子どもの場合は，男性の大人に対しても好意を示すことを見出している。

また，母親と父親に対する愛着を独立に測定した研究（Main & Weston, 1981）によれば，母親か父親のいずれか一方に対しては安定した愛着を示すが，もう一方の親に対しては不安的な愛着を示した子どもが約4分の1ずつもいたという。子どもの愛着に関して父親と母親が互いに補いあっていることが

推察される。

4. 気質の持続性と変化

[1] 行動における個人差

　生後すぐから，はっきりした個人差がある。活発に手足を動かす子もいれば，静かな子もいる。また，小さな物音で目を覚ましてしまう子もいれば，大きな音を立てても眠り続ける子もいる。このような行動における個人特性は気質（temperament）とよばれる。

　トーマスとチェス（Tomas & Ches, 1980）は，子どもが誕生直後から生物学的側面を反映した個人差をもち，能動的に親や周囲の人に働きかけることに注目した。子どもの観察や親・保育者との面接から，子どもの活動水準，刺激感受性，新しい対象への反応などの項目をチェックして気質の違いを分類した。たとえば，寝つきが悪いとか，食欲にむらがあるなどの生活リズムが不規則だったり，人見知りが激しいとか，新しい環境に慣れにくいといった，いわゆる「扱いにくい子ども」，あるいはその逆の特徴を示す子どもなどである。

　またケーガンら（Kagan *et al.*, 1984, 1987）は，新奇な事物・人物・状況に対して，「行動的抑制」傾向の強い子どもと「非行動的抑制」傾向の強い子どもがいることに注目した。行動抑制傾向の強い子どもは，幼児期には，見知らぬ人物や物体を恐れ，回避するという行動特徴を示し，児童期には，危険な活動を避けるとか，親の要求に従うなどの行動特徴を示す。一般に，内気，慎重，臆病とみなされる子どもたちである。一方，非行動的抑制傾向は，上記とは逆の行動特徴であり，一般に，社交的，大胆，物怖じしないなどの行動特徴である。行動傾向の違いは心拍数，瞳孔拡張の程度，唾液内のコルチゾールの分泌量，筋緊張の程度といった生理的反応でも違いを示した。行動抑制傾向の子どもたちは，全体のおよそ15〜20％であり，一方，非行動的抑制傾向の子どもたちは，およそ30〜35％であったという。

　では，そのような個人の行動特徴が年齢とともにどのように変化し，また，幼少期の行動特徴がその後の発達的特徴をどの程度予測できるのだろうか。

[2] 気質の安定性および問題行動の予測性

　トーマスらは，気質の違いによって，子どもたちが青年期になるまでの間に，精神医学的援助を必要とするような行動上の問題がどのくらい生じたのかを調べた。その結果，「扱いやすい」と分類された者のうち，行動上の問題がみられたのは18％であった。一方，「扱いにくい子」および「出だしの遅い子」と分類された子どものうち，行動上の問題がみられたのは，それぞれ，70％と40％であった。乳児期に気質的に難しい子どもは，将来問題行動を起こすリスクが高いということであった。

　また，ケーガンらによる追跡的研究でも，幼少期に臆病で怖がりであるとされた子どもたちと，大胆で物怖じしないとされた子どもたちは，青年期になったときにそれぞれ異なる問題行動を生じる可能性が報告されている。まず，幼少期に引っ込み思案であった子どもたちについては，児童・青年期になって，対人恐怖症などを含む不安障害が出てくるリスクがある。一方，幼少期に大胆で物怖じしないと診断された子どもたちについては，育つ環境によっては，青年期初期に短気，強情といった気質的特徴を示したり，外面的な問題行動（衝動的・攻撃的・反社会的）が出てきたりする可能性があった。

　これらの結果は，乳幼児の気質がその後の発達を決定しているように見えるかもしれない。しかし，そうとは言い切れない。たとえばトーマスらの研究を例にとると，乳幼児期に「扱いにくい子」と分類された子のすべてに問題行動が生じたのではない。70％に生じたのであり，残りの30％には生じていなかったのである。また，扱いやすい子でも18％には問題行動が生じていたのである。ケーガンらの研究でも，行動的抑制傾向の子どもたちの約4分の3は，7歳半までその傾向を維持していたが，残りの4分の1の子どもたちに初期の行動傾向はみられなかった。すなわち，幼いときに臆病で怖がりであった子どもたちの，4人に1人は，児童期にはそうではなくなっていたということである。したがって，気質が，将来の問題行動に直結しない場合もあることを理解する必要がある。

　問題行動が発生する過程を理解するために，菅原ら（1999）は，11年にわたって，子どもの乳幼児期の気質的特徴，夫婦の信頼関係，親の子どもに対する愛着感，親の養育態度，子どもから見た親子関係などを調べた。その結果，

問題行動の萌芽が早くも生後6ヶ月でみられたが、家庭の経済状態も関与していた。厳しい経済状況にある家庭に難しい気質の子どもが生まれたところから、問題はスタートしていたのである。生後6年目以降、母親の否定的愛着感は温かさに欠ける養育行動となって、子どもの問題行動をより促進するものとして働いた。子どもも、生後11年目には、母親を否定的に評価した。しかし、不幸な母子だけではなかった。乳児期に気質的な問題がみられた子どもたちの中で、10歳の時点で、多くの問題行動を示している子どもばかりでなく、比較的問題行動が少ない子どもたちがいたのである。その両者を分ける要因が何か調べた結果、問題行動が少ない子どもは、多い子どもに比べて、父親の養育態度が温かく、過干渉でないこと、母親が父親に強い信頼感や愛情を抱いていることなどがわかった。いずれ問題発生が予想される気質であっても、良好な父子関係や夫婦関係によって変容することが明らかにされたのである。

［3］気質にかかわる遺伝要因と環境要因

　子どもの行動特徴が気質によるものなのか、親の働きかけによるものなのか、どちらが先行するのかは単純な問題ではなさそうである。子どもは生得的に個性をもって生まれてくるのであり、自ら、その発達をある程度方向づけているのだとする立場と、一方、気質の影響を低く見積もり、乳児の気質さえも親の思い込みや錯覚によって、ある程度方向づけられてしまうことを主張する立場もある。

　前節でみた愛着理論では、親が子どもに敏感に応答的にかかわることが重視された。しかし、親の働きかけ以上に、子ども自身の気質が重要な役割を果たしているとする主張もある。ケーガンら（1984）によれば、愛着の個人差は、もともと子どもが生得的に有するストレス耐性や、苦痛の感じやすさ、泣きやすさなどを反映しているという。また、もともと怖がりの子やぐずりやすい子にCタイプが多く、怖がりでない子にAタイプと分類される子が多いことも見出されている（Cassidy, 1994）。スロウフ（Sroufe, 1985）は、愛着がBタイプになるか非Bタイプになるかは母親の応答性の良し悪しに影響を受け、AタイプになるかCタイプになるかには乳児の気質が関係すると主張している。

　気質が遺伝的要因を強く受けたものであるにせよ、家族関係の中で、親の

```
子どもの気質1 ──→ 子どもの気質2 ──→ 子どもの気質3
     ↕          ↗  ↕             ↕
母子相互作用1 ──→ 母子相互作用2 ──→ 母子相互作用3
     ↕          ↗  ↕             ↕
母側の諸要因1 ──→ 母側の諸要因2 ──→ 母側の諸要因3
   （注）──→ 時間の流れ
```

図 2-9　母子相互作用の時間的流れ（三宅，1990）

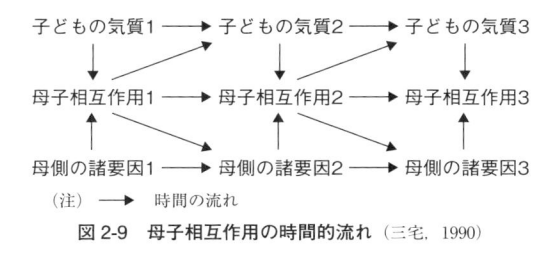

期待や要求を受けて子どもは養育される。また，子どもの気質は親の養育態度に影響を及ぼすことも考えられる。サメロフとチャンドラー（Sameroff & Chandler, 1975）は，親との相互作用を通して子どもが発達する過程を相乗的相互作用モデル（transactional model）で説明している。図 2-9（三宅，1990）でみよう。母親の諸要因には，母親のパーソナリティ，育児観，健康などが含まれる。たとえば，「扱いにくい」気質をもった子どもの場合（気質 1），もし，たとえば母親の体調が悪い場合（母親の諸要因 1）には，子どもとのかかわりに負担感（母子相互作用 1）を強めるだろう。そして母親の具合はさらに悪くなり（母親の諸要因 2），子どもとのかかわりも悪くなり（母子相互作用 2），子どももますます扱いにくい気質を強めることになる。

こうした発達の悪循環に陥らないことが，子どもの発達にとって重要であることはいうまでもない。たとえ「扱いにくい」子どもでも，親の側に特に問題がなければ，親は子どもを扱いにくいとしてあまり感じることもなく，親子の相互作用にも問題は生じないだろう。また，親が何らかの問題を抱えていても，子どもが「扱いやすい」気質をもっている場合には，育児の負担感に悩むこともなかろう。このように，子どもの気質は生得的であること，しかし，環境との相互作用の過程で変化していくことを理解する必要がある。

5. 乳幼児健康診査

少子化，仕事と子育ての両立困難，子育ての孤立化，子どもへの虐待の増加など，子育てが困難な時代になっている。多くの子育てをしている養育者たちは，子どもを育てることで多くの喜びや感動を味わう一方，強い孤立感，不安

感，閉塞感，喪失感，欲求不満，うつ気分などネガティブな感情を抱えつつ生活を送っていることが少なくない。特に，子どもの発達についての気がかりは，ネガティブな感情につながりやすい。たとえば，子育て支援センターなどに行くと，思わず同年齢の子と比べてしまい，「同じくらいの年齢のはずなのに，あんなにことばを話してる。うちの子は遅い？」という思いになったり，育児書をめくってみると，「この月齢ではできるということがうちの子はできていない，大丈夫だろうか？」などという思いになることは日常茶飯事だろう。また，自閉症，注意欠陥多動性障害（ADHD），学習障害（LD）などのことばがよく聞かれるようになり，「うちの子ももしかして…」などと子どもの発達についての不安を抱えつつ毎日を過ごしているかもしれない。

　そのような養育者の不安感を払拭するためにさまざまなサポート体制がしかれ，現在，多くの領域からのアプローチがされている。ここでは，子育てをしていくなかで，おそらく初めに出会う相談窓口である乳幼児健康診査（以下，乳幼児健診もしくは健診と表記）を取り上げ，特に心理的な面からの養育者へのサポートの在り方について考えてみたい。

［1］乳幼児健診の目的と方法

　まず，乳幼児健診はどのような目的，方法で行われているのだろうか。健診は 1965 年に成立した母子保健法に基づき，病気の予防と早期発見，そして乳幼児の健康保持と増進を目的に行われている。妊産婦・その配偶者・乳幼児の養育者に対する必要な保健指導を行い，母性並びに乳幼児の健康の保持・増進を図るために，対象者に対する保健指導，健康診査が行われている。また，若い両親の子育て不安や育児に関する家庭内の問題への対処など，心身ともにより健康にという健康指向の取り組みがなされるようになっている。

　健診の方法には，集団と個別がある。集団検診は，市町村からの通知により，保健相談所，保健センターなどで同月年齢の乳幼児を集め，医師，保健師，栄養士，心理士，歯科医師などが同席し，一斉に健診を行い，専門的支援が総合的に行える方法である。何か問題があったときには，事後措置や個別相談などにつなぐなどの経過観察がスムーズに行えるのが特徴である。一方，個別健診は，市町村が健診を委託した医療機関に利用者が個別に受診する方法で

ある。利点としては，子どもや家庭の事情をよく知っているかかりつけの医院で受けられるという安心感がある。一方，医師のみで行うことが多いので，その他の職種による相談が受けられないことや，問題があったときの事後措置や経過観察がうまく行えないという問題点がある。

[2] **心理的側面からのアプローチ**

では，心理的側面からはどのようなアプローチがなされているだろうか。健診の目的の一つとして，養育者がその子どもとの関係性を高め，子育ての困難さを一人で抱えこまないよう支援していく。養育者は子どもの成長を感じてはいるものの，日々の忙しさにのまれ，それが曖昧になり，本当に順調に発達しているのだろうか，自分の対応は本当にこれでいいのだろうかなどと，不安をもちつつ生活している場合がある。養育者が子どもとの関係性をよくするためには，まず，子どもや養育者の現在の状態についてアセスメント（調査・評価）をしていくことが最初のステップである。

1）子どものアセスメント

子どものアセスメントはどのように行っていくのだろうか。健診は，子どもの成長発達を見る上で大切な月齢や年齢を目安に行われている。子どもの行動観察，養育者からの聞き取りなどから，各月齢や年齢ごとに達成されているはずの発達課題が達成されているか，子どもの気質，生物的・発達状態，環境との相互作用，社会性を包括的にアセスメントしていく。表2-1に各年齢別のチェックポイントを示す。しかし，そのチェックポイントではうまく子どもの状態が把握できない場合もある。その際には，心理検査（発達検査や知能検査，表2-2参照）を用い，さらに細かく子どもの状態を把握し，理解していく。表2-2に乳幼児期に比較的よく用いられる心理検査の種類を示した。

これらの心理検査の結果は，一つひとつの子どもの行動の意味を理解することを目的として使われる。子どもの長所，子どもの伸びようとしている面，子どもの抱える困難について分析的に評価し，総合的に発達像をとらえ，そうして理解された子どもの状態は，養育者にわかりやすく伝えることを目的としている。残念ながら，こうした検査は発達指数（DQ値＝発達検査で求められた発達年齢：〔DA〕÷生活年齢〔CA〕；知能検査：IQ値＝知能検査で求められ

表 2-1 乳幼児健診の概要 (秦野, 2006)

健診の時期	身体面	精神発達面
1ヶ月	哺乳力, 体重や頭囲の増加, 外形奇形	母乳育児
4ヶ月	湿疹, 皮膚炎, 先天性股関節脱臼, 臼蓋形成不全, 停留睾丸, 首の座り, 原始反射消失, 大脳皮質活動顕在化	社会的微笑, 手使用, 追視, 固視, 音源定位
6ヶ月	寝返り, うつ伏せ移動, 座位	把握, 呼名に振り向く, あやされて笑う, 人に向けた発声
10ヶ月	はいはい, 立位	喃語, 人見知り, 動作模倣, 小片をつまむ, 禁止の理解
1歳6ヶ月	歩行, 神経症的習癖	有意味語, 言語理解, 生活習慣, 育児環境
3歳	視聴覚障害	言葉・対人・行動面の評価, 円模倣, 氏名を言う, 色名を言う, 片足立ち, 身辺自立, 片付け
5歳	吃音, 斜視, 遠近視, 扁桃肥大, アデノイド, 伝音性難聴	軽度知的障害, 構音障害, 多動, 注意散漫, 集団適応, 仲間関係, 不適切な養育

表 2-2 比較的よく用いられる発達検査・知能検査の種類と特徴 (市川, 2005 参照)

検査名	特徴
新版K式発達検査2001	「姿勢・運動」「認知・適応」「言語・社会」の3つの領域および全領域のそれぞれの発達年齢・発達指数を出すことができるため, 総合的な発達の状況と個人内の発達のバランスもみることができる。0歳から成人まで適用可能。
津守式乳幼児精神発達質問紙	発達質問紙の使用により, 養育者に乳幼児の発達状況を尋ね, その結果を整理し, 精神発達の様子を知るためのもの。内容が運動・探索操作・社会性・生活習慣・言語の5領域より構成されているため, 生活面の特徴や困難も知ることができる。0歳から7歳まで適用可能。
遠城寺式発達検査	「移動運動」「手の運動」「基本的習慣」「対人関係」「発語」「言語理解」の6分野について, 養育者からの聴取や実際に子どもに課題を施行してもらうことにより測定。分野ごとに発達年齢と発達指数を算出。発達のグラフが描けることから, 発達のバランスがわかりやすい。0歳から4歳8ヶ月まで適用可能。
日本版デンバー式発達スクリーニング検査	一定の検査用具を用いて乳幼児の発達状況をみたり, 養育者に尋ねることで, 精神発達の様子をみる。内容は, 「個人—社会」「微細運動—適応」「言語」「粗大運動」の4領域。0歳から6歳まで適用可能。
田中ビネー知能検査V	短い時間で簡便に発達のおおよその様相を把握するのに役立つ。主な適用年齢は2歳から成人までだが, 2歳未満の発達年齢と考えられる子どもの発達評価のために, 別にチェック項目が設けてある。

た知能年齢〔精神年齢：MA〕÷生活年齢）を出すためのものととらえられることがまだまだ多い。数値に必要以上に意味をもたせたり，子どもの遅れを証明するような扱いをされないよう注意する必要がある。だからといって，発達指数や知能指数をレッテル貼りととらえて，発達検査や知能指数をいたずらに忌避する傾向も望ましくない。むしろ，検査は普段なかなかみえてこない子どもの力が養育者にみえる場である。子どもにとっても，これまで経験できなかったような「大人に支えられながらチャレンジし，がんばって達成できたり認められる経験」にもなりうる。つまり，検査の目的を検査者自身が自覚し，一つひとつの課題は，「できた，できない」の評価のためでなく，その子どもにとっての発達支援であることを認識することが大切である（市川，2005）。

2）養育者のアセスメント

養育者の態度や行動のアセスメントからは，養育者の性格，育児行動，子育て観，価値観，生活観などに対する理解を深めていく。また，現在の心理状態や子どもへの思い，不安，親の育児力の評価，子どもと養育者の関係性，親子を取り巻く家族関係や育児環境など生態学的把握を行っていく。

健診では，これらのアセスメントを通して，養育者が抱えている育児への不安に対するアドバイスを行っていくのであるが，養育者が納得いく事柄で，その生活の中で継続してでき，養育者として取り組むことで，子どものことがより理解できたり，養育者としての効力感を得ることができるようなアドバイスを行っていくことが求められる。また，発達面で遅れのある子どもが見つかった場合，療育など早期の支援を提供していくことも求められている。

[3] さらなるサポート資源の提供

健診では，個別の相談という形で養育者にサポートを提供している。それに加えて，同じ悩みをもつ養育者同士のつながりを作れるようなサポート資源を提供していくことも必要だろう。たとえば，子育て支援センター，保育所園庭開放，NPO法人による子育て支援事業などが挙げられる。養育者自身，自分の子どもが誕生するまで乳幼児にかかわった経験がない人が増えている中で，養育者がそのような場所に行き，育児に関する情報交換をしたり，自分の子どもと他児の行動観察をすることで子ども理解を深めたり，自分と他の保護者と

の子どもに対する姿勢や態度を比較することで，自分の育児を見つめなおす機会になる。その他，ファミリー・サポート・センターなどの制度などそれぞれの養育者が抱える問題に応じた情報を提供していくことも必要である。

[4] おわりに

　乳幼児健診は子ども，養育者がより安心して生活をするための支援の一つである。佐々木（2001）は，「現代の家族の問題に，現代人の孤独さがある。それは，家族や親類の人，あるいは近所の人との関係をつくれないひとりぼっちで孤立した状態である。しかし，本来，人間というものは，他の人からケアしてもらいながら生きるものである。そのためには，自分も他の人をケアしなければならない。近所の人や友人をケアする，夫と妻もお互いにケアし合う，こういう関係がお互いにあると，自分がいろいろな人からケアされているという実感が日常的にうまれてくる。その実感が自分の子どもをケアできるという気持ちになっていく」と子育てにおけるサポートの重要さを指摘している。健診では，支援者の対応によっては，養育者にとって，自分の子育てを評価する場ととらえかねない。そうではなく，養育者にとって，ともに子育てを考えてくれるという安心感をもてるような健診の場にしていくことが何より大切である。

コラム①

お父さん，大好き

　母親と子どもの絆がいかに大切であるかは疑いのないことであるが，だからといって父親との絆がどうでもいいというものではなかろう。子どもは遊びたいときに父親を，眠いときや空腹のときには母親を求めるという報告がある。しかし，それは普段，親が子どもとどのようなかかわりをしているかによると思われる。もし，子どもの主な養育者が父親であれば，子どもは空腹を満たすために父親を求めるようになるだろう。

　下の写真は生後1歳5ヶ月の男児（マラキ）が父親と一緒に昼寝をしている様子を示している。父親はマラキが眠いときにはたいてい添い寝をしてやっていた。昼寝でも，父親の幅広い胸に押し付けられると安心してじきに寝入る。それだけでなく，父親が職場から戻ると，「待っていたよ」と言わんばかりに，喜びとも泣き声とも区別できないような声を出しながら興奮して父親を迎え，父親にまとわりつく。父親とひとしきり遊んだ後，彼は落ち着き，機嫌よく一人でも遊びに集中する。

　将来，マラキが思春期を迎えるときも，父親との穏やかな親和的関係が維持されていることを願うばかりである。

コラム②

保育所育ちの子どもたち

　わが家の3人の娘たちは，生後2ヶ月から幼稚園に入るまでの約5年間，保育園で育った。そう話すと，今でもたいていの人は「生後2ヶ月」に驚きや戸惑いの表情を見せる。およそ30年前，赤ちゃんを保育所に預けることは，「子どもがかわいそう」，「なんという親だ」と非難される風潮があった。今日でもそのようなセリフを聞くことはあろう。子どもがせめて3歳までは母親の手で育てることが大切だ，と考えられていた。男性の発達心理学者が「母親」の役割を強調する講演は好評を得ていた。同じ発達心理学者として，私は言いようのないいらだちを覚えたり，歯切れの悪い講演をしたり，罪悪感を抱いたり，自信をなくしたりしていた。

　保育園に子どもを預けていいのかどうか答えを知る前に，私は保育園に頼らざるをえない状況にいた。はたして保育所は子どもの発達にとって不利なところであろうか。多くの研究が積み重ねられ，保育所育ちの子どもたちが発達上の問題を示さないばかりか，協力や他人への配慮などの社会的発達でも，言語的認知能力の発達でも優れていることが見出されている。また，保育所は子どもの発達を促進するだけではない。母親は専門の保育士や他の母親との交流によって自分と子どもとの関係を見直すことができるだろうし，父親も，場合によっては祖父母も保育所への送り迎えの役割を担うことで子育てに深くかかわり，家族システムもうまく機能するようになるだろう。むしろ，母-子密着で広がりのない対人関係の中で，あるいは強い育児ストレスを抱える母親のもとで養育されることに問題がある。保育所に子どもを預けることに罪悪感を抱く必要はなかったのである。

　しかし，保育所を過大評価したり，保育所に子どもの養育を全面的にお任せする親の態度は非難されてもやむをえない。親は直接に，あるいは連絡帳を通して，保育士に相談したり，報告や質問をしたりして，一緒に子どもを育てていく努力を怠ってはいけない。家庭では子どもに配慮し，時間が短くても質の高い親子関係がもてればいい。時間の問題ではない。子どもに適切に配慮することができるかどうかが重要である。容易なことではないけれど。

第3章
集団の一員としての出発
（幼児期）

1. 基本的生活習慣の自立

[1] 基本的生活習慣とは

　子どもは周囲の人とのかかわりを通して社会や集団にあった考え方やきまりを学習して内面化し，それに基づいて所属する社会や集団に適応的な行動をとることができるようになる。これを社会化というが，基本的生活習慣は子どもの社会化・しつけの出発点となる最も基本的な習慣のことである。基本的生活習慣は，通常，「食事，睡眠，排泄，着衣（正しくは衣服その他の服装の着脱），清潔（手を洗う，歯を磨く）」の5領域を指している。乳幼児は，大人の全面的な世話によってこれらの習慣を身につけていくが，年齢が高くなるにつれて自分でできるようになり，就学前には基本的生活習慣はほぼ獲得される。ハヴィガースト（Havighurst, 1953）は幼児期の発達課題として，固形の食物をとることの学習や排泄の仕方を学ぶことを取り上げている。これらは，それぞれ食事，排泄の領域と対応しており，基本的生活習慣の自立は，心理学的にも児童期にスムーズに移行するために必要であるといえる。子どもは基本的生活習慣の自立を達成することで，自分のことは自分でできるという自信をつけると同時に，肯定的な自己評価が得られることで親からの心理的な自立が促されるのである。

[2] 基本的生活リズム

　村野井（1994）によれば，基本的生活リズムとは，食事，睡眠，排泄，活動

などの身体・生理的な生活が1日の時間の流れの中で規則正しく進行していくことを指し，基本的生活リズムには2通りの意義がある。1つは，社会生活の要求する型に合うように身体・生理的な生活を調整していく意義であり，後の成長段階に至っても，そこで求められる社会生活にごく自然に適応していくことができる。もう1つは，身体的な健康を保ち，精神的に充実した生活を営むことにより，よりよい成長・発達を遂げていくことができるという意義である。

近年，子どもの基本的生活リズムの乱れが指摘されている。平成12年度の幼児健康調査結果（日本小児保健協会，2001）では，午後10時以降に就寝する幼児（6歳以下）の割合が平成2年の31％から平成12年の50％に増加しており，平成12年度の児童生徒の食生活実態調査結果（日本体育・学校健康センター，2000）では，朝食を食べないことがある小中学生の割合が小学生15％，中学生22％と5年前に比べて増加しているという調査結果が示されている。このような背景をもとにして，文部科学省は，平成18年度から子どもの生活リズム向上プロジェクトとして「早寝早起き朝ごはん」運動の全国展開に取り組んでいる。子どもたちの基本的生活習慣の乱れは，学習意欲，体力，気力にも大きな影響を及ぼすことも指摘されており，子どもの望ましい基本的生活習慣を育成し，生活リズムを向上させるために，普及啓発事業を実施したり，子どもの生活リズム向上のための調査研究を民間団体等へ委託したりしている。

[3] 基本的生活習慣の自立

ここでは基本的生活習慣の5領域に焦点を当て，その自立過程について概観する。図3-1は，幼児の生活に関する調査結果（Benesse教育研究開発センター，2006）のうち，基本的生活習慣のそれぞれの項目に「できる」と答えた割合を示している。以下では，この図を参照しながら5領域の発達について述べていく。

1）食　　事

生後お乳だけ飲んでいた乳児に，5ヶ月頃からはドロドロした流動食を与え，次第に食物の量と種類を増やしていき，幼児食に近づける離乳を始める。遅くとも1歳半までには，固形の食物を噛みつぶすことができるようになり，栄養

1. 基本的生活習慣の自立

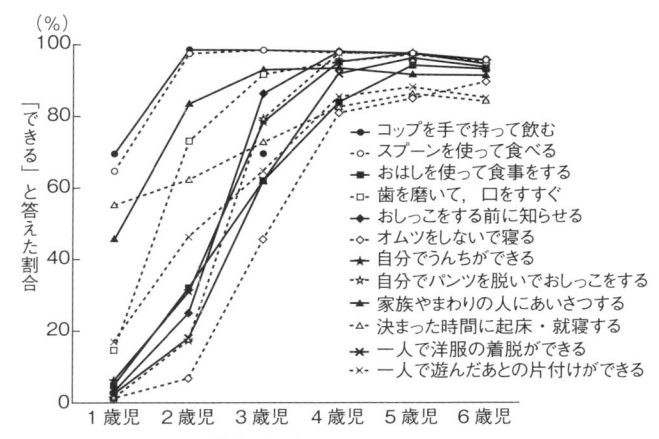

図 3-1 生活習慣に関する発達（Benesse 教育研究開発センター，2006）

グラフ凡例：
- コップを手で持って飲む
- スプーンを使って食べる
- おはしを使って食事をする
- 歯を磨いて，口をすすぐ
- おしっこをする前に知らせる
- オムツをしないで寝る
- 自分でうんちができる
- 自分でパンツを脱いでおしっこをする
- 家族やまわりの人にあいさつする
- 決まった時間に起床・就寝する
- 一人で洋服の着脱ができる
- 一人で遊んだあとの片付けができる

素の大部分が母乳やミルク以外からとれるようになる離乳の完了をすることが望ましい。この時期はピアジェの発達段階の感覚運動期にあたるため（第4章の1参照），手づかみで食べることも多く，図3-1に示されるように運動機能の発達では，1歳代では半数の子がコップやスプーンを上手に使えないので，こぼしてもいいような環境作りを工夫する。幼児期の食生活の心がけとしては，規則正しく食事をする習慣を身につけることや，楽しい食事の雰囲気を作ることが重要である。また，この時期は子どもによって食べ方や食べる量に違いがあり，同じ子でもムラ食いをしたりするので，本人が元気であれば長いスパンで調整しながら様子をみることも大切である。

また，学童期に朝食を食べない子の割合が多いことについて，朝食を食べないと脳細胞を働かせるエネルギー源のブドウ糖が供給されず，脳がうまく働かないことも指摘されている。学習時にはシナプスの数が増え，神経繊維が太くなるが，そのためにはブドウ糖のみならずさまざまな栄養素が必要で，さらに脳を発達させ強化していくにはバランスのいい食事が欠かせない（川島，2006）。

2）睡　　眠

睡眠は身体の成長にとって大切な生理作用である。われわれが眠りにつくとまず深い眠りに落ち，その後約90分後に浅い眠りとなる。このとき，眼球が

動いているのが観察される。この浅い眠りをレム睡眠といい，やがて10分ほど経つとまた深い眠りであるノンレム睡眠となり，一晩にこのサイクルを4～5回繰り返す。出生後しばらくは，短時間の睡眠と目覚めとを繰り返しているが，生後半年頃からは，夜はまとまって寝るようになり，だいたい午前と午後に1回ずつ昼寝をするようになる。これは，身体機能の発達からみれば，一度に飲むお乳の量が増えて空腹を感じるまでの間隔が長くなったことと，排泄の間隔が長くなったことによる。また精神機能の発達からみると，ねがえりやおすわりにより目線が変わり，環境に働きかけることが多くなったことで，昼間活動している時間が長くなったことによる。そして1～2歳頃には，睡眠時間は9～10時間，お昼寝も午後1回（約2時間）になる。3～5歳頃には昼寝の時間が1時間程度になり，就学する6歳頃には昼寝なしとなる。この頃には，約8割の子が決まった時間に起床・睡眠できるようになるのである（図3-1参照）。

3）排　　泄

　排泄の自立には，膀胱に尿をためられたり，尿が出る感じがわかったり，尿意や便意をもよおす感覚がつかめるなどの，身体機能が整うことが必要で，それには個人差がある。しかし，オムツのままでトイレに誘わないと，トイレで排尿する心地よさを体験できないため，はじめは時間を決めてトイレに誘導することが必要である。2時間で長ければ1時間というように時間を区切って誘導しているうちに，はじめは緊張してできなくても，そのうちに成功を繰り返していく。便の自立は排尿よりも遅くなることが多いが，それは腹圧のコントロールが難しいからである。食後の決まった時間や子どもがサインを出したときにトイレに座らせて，必要であればお腹を押さえてあげたりするとよい。一般に身体機能の違いにより，男子よりも女子の方が早くから膀胱のコントロールができるようになる。厳しすぎたり，焦らせるトレーニングは，トイレを怖がったり，不快感をもつ場合もあるので，図3-1にみられるように4歳頃には9割以上の子が排泄の自立ができていることも見据えて，根気よく焦らず叱らずつきあっていくことが必要である。

4）着　脱　衣

　図3-1の調査では，一人で洋服の着脱ができるのは，2歳では18.4％だが，3

歳児で62.0％になっている。3歳の頃から自分で衣服の着脱をしたがるようになるが，着脱衣は，手順の始めが難しいので，最後を本人に任せるようにしながら，徐々に大人が手伝う部分を少なくしていくと，本人の有能感を高めながら自立を促すことができる。たとえば，ボタンをはめることを例に挙げると，第2章の1の「運動の発達」で述べたように，3歳頃にはボタンをはずすことができるが，はめることができるようになるのは5歳頃なので，難しそうであれば，ボタンの半分を大人が出してあげて，最後は本人にやらせるようにするとよい。

5) 清　潔

図3-1の調査では，「歯を磨いて口をすすぐ」は1歳児では14.8％だが，2歳では73.3％となる。はじめは上手に磨けないので，大人の仕上げ磨きが必要である。清潔には他にも，手を洗う，爪を切る，入浴するなどがある。手洗いとうがいは感染症の原因となる菌をシャットアウトするため，特に習慣づけが必要である。

2. ことばを使う

　子どもが誕生して最初にあげる声を産声という。産声は空気を吸ってそれを反射的に吐き出すときに，自然に声帯が動いて出る声である。その後，構音器官が発達していき，さまざまな声を出すことができるようになる。生後1, 2ヶ月頃からは，喃語とよばれる声を出すようになる。喃語とは，泣き声とは異なり，機嫌のいい時に「ア～」「ウ～」など自然に出てくる発声である。その後，生後7ヶ月頃からは「ダアダア」など子音と母音から成る音を反復するようになる。喃語は伝達の意図をもってなされるものではなく，発声自体を楽しんでおり，「発声遊び」ともよばれる。意味あることばを発するようになるのは，生後1年前後からである。

[1] 伝達の手段としてのことば

　生後1年前後には，「初語」といわれる，意味のあることばを初めて発するようになる。初語は，乳児の偶発的な発声を身近な人が意味のあるものとして

受け止め対応することにより，特定の音声と特定の対象や事象が結びついて生まれる。たとえば，母親を目の前にした乳児が偶然「マーマ」と発声し，「そう，マーマよ」とフィードバックを繰り返していくうちに，母親が「マーマ」であると理解するのである。初語の内容としては，身近な親の呼び名や食べ物や動物，乗り物などが多い。初語の出現後しばらくは，急激なことばの増加はみられず，1語発話の時期が続く。この時期の発話は「1語文」とよばれ，1つのことばが対象のみではなく，感情や呼びかけや欲求なども表している。たとえば，「マーマ」という発話は，「ママどこにいるの」，「ママと遊びたい」，「これはママの腕時計」などのさまざまな意味で用いられる。この時期には，犬にも猫にも馬にも「ワンワン」と言うような「語の過拡張」や，自分の家の車にしか「ブーブー」と言わない「語の過限定」がみられる。

1歳半頃からは，「マーマ　イッタ」のような2語文が出てくるようになる。2語文は助詞や助動詞が抜けているため，電文体発話ともよばれる。その後，1つの文に含まれる文節の数が増えていき，3歳前後にはより複雑な構造の文も話せるようになる。時間経過や因果関係の理解の発達に伴い，動詞を過去形や否定形などに活用させたり，助詞や接続詞を使用して語や句を結びつけたりもできるようになる。5，6歳頃になると複文や重文も多くなり，より複雑な文法や会話のルールの獲得がなされる。文法や会話のルールの獲得と同時に語彙量も増加していく。特に，2歳半頃からの語彙の増加が顕著であるため，語彙の爆発ともよばれている。語彙の増加の一例として，高橋（1976）の調査結果を表3-1に示す。

幼児期のことばは，話しことばを媒体として具体的現実場面で少数の親しい

表3-1　発達に伴う語彙の増加（高橋，1976）

年齢	累積語数	年齢	累積語数
0：8	0	3：0	1,486
0：10	1	3：6	2,187
1：0	2	4：0	3,113
1：3	2	4：6	4,022
1：6	4	5：0	5,512
1：9	31	5：6	7,228
2：0	73	6：0	9,131
2：6	689		

特定者に対して使用されることばであるという特徴をもつ。岡本（1985）は，このような，幼児期から小学校低学年にかけて使用されることばを「1次的ことば」，それ以降から使用され始めることばを「2次的ことば」として比較している。1次的ことばは，いわば「生活のことば化」といえるが，2次的ことばは，話しことばと書きことばを媒体として不特定の一般者に対しても使用されることばであり，いわば「ことばのことば化」となる。児童期の半ばからは，書きことばが話しことばにも影響を及ぼし，ここで示した2つのモードでことばを使用するようになる。

[2] 思考の手段としてのことば

　ことばは人がコミュニケーションする際の重要な伝達機能を果たしているとともに，思考にも深くかかわっている。ピアジェ（Piaget, 1923）は，幼児のもつ特徴である自己中心性がことばにも当てはまると考えた。自己中心性とは，対象をとらえる際に自分の立場からの視点しかとれず，自己の立場から離れて他の視点をとれない性質をいう（詳しくは，第4章の2で述べる）。ピアジェは幼児の発話を，他者への伝達を目的とした社会的言語（報告，批判，命令）と，伝達を目的としない非社会的言語（反復，独語，集団的独語）に分類した。非社会的言語における，反復とは，他人の出したことばあるいは自分の使ったおもしろそうなことばを繰り返し使うことで，独語とは自分の行為に伴って連発する独り言であり，集団的独語とは，他人に話しているように見えていても，実は独語であるものである。幼児の観察結果についての分析では，3歳から7歳の発話では，非社会的言語の占める割合が多いが，7歳後半頃からは社会的言語が優位になっていた。自己中心性について，ピアジェは7, 8歳頃から社会化に伴い自己中心的な性質から脱していく（脱中心化）と考えており，これに対応して，他者の視点をもたない非社会的言語から，他者への伝達を目的とした社会的言語優位へと発達すると考えた。

　ヴィゴツキー（Выготский, 1934）は，ことばの発達を「一般的な未分化な言語機能」から，他者に伝達する手段としての言語である「外言」と，思考のための言語である「内言」へと分かれていく過程としてとらえている。自己中心性の特徴をもつ独語は，内言ができあがるまでの過渡的なものであり，未

分化な状態にある，思考のための外言であるとした。ヴィゴツキーは幼児の独語が難しい課題の解決の際に増加することを注目した。そして，大人が課題に直面した際に内言を用いて思考するように，幼児も外言を用いて思考する，すなわち外言も内言と同じ働きをもつと考えたのである。この考え方において，自己中心性の特徴をもつ独語は，社会的言語（外言）になっていくのではなく，内言として発達していくのだといえる。7歳後半頃から独語は減っていくが，それは内言として発達していくことで音声化がされなくなり，表面的にはなくなっていくようにみえるのである。

　宮本ら（1965）は，ピアジェの見解とヴィゴツキーの見解を比較検討するため，4歳から6歳児の計53名にピクチャーパズルと自由画の課題を与えて，独語を記録した。課題の途中では，ピクチャーパズルの3片をすりかえたり，必要なクレパスを数本抜き取る障害を導入した。ピアジェの見解に基づけば，独語は発達に従って単調に減少し，また，単に行為に伴うものであるため障害導入後にも発言数に変化はみられないと考えられた。一方，ヴィゴツキーの見解に基づけば，独語はある発達段階までは増大し，その後減少することが期待され，また，障害導入後には発言数が増すことが予想された。実験の結果，発言数は5歳まで増大し，その後減少すること，障害導入後には発言数が増し，より問題解決志向的になることが見出され，ヴィゴツキーの見解を支持する結果が示されている。

［3］行動調整機能としてのことば

　ことばの機能には，行動を調整する働きもある。たとえば，じゃんけんをするときに「じゃんけん　ぽん」というかけ声をすることにより，幼児でも「ぽん」にタイミングを合わせて自分の手をうまく差し出すことができる。このような，ことばの行動調整機能を明確に示したものとして，ルリア（Лурия, 1957）の一連の実験が挙げられる。

　ルリアの実験では，子どもにゴム球を握らせて，実験者の教示に従って押させた。そして，ゴム球を押すことによる空気圧の変化が時間を追って記録された。1歳半から2歳までの子どもは，「球を押しなさい」と教示されると容易に押すことができた。しかし，その後に「もう押さなくてもよい」と教示され

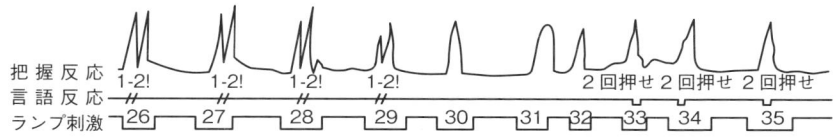

図3-2　3歳児の行動調整に対する言語の効果（Лурия，1957；松野・関口，1969）
「ランプがついたら2回押しなさい」という課題において，「26-29」のランプ刺激のもとでは「1, 2」と言いながらゴム球を押した。「30-32」のランプ刺激のもとでは黙ってゴム球を押し，「33-35」のランプの刺激のもとでは「2回押せ」と言いながらゴム球を押した。

ても止めることができないばかりか，押すのを強めさえすることがわかった。つまり，言語の解発機能はこの年齢までに十分にできあがっているが，その抑制機能はまだ成立していないといえる。3歳から3歳半の子どもでの実験では，「ランプがついたら2回押しなさい」という言語教示のみでは正しく2回押すことは難しかった。しかし教示により，「押せ，押せ」とか「1, 2」といった具体的に反応に対応する発話を行わせると2度押しすることができた。「2回押せ」という発話を行いながらでは，1回しか押すことができなかった（図3-2参照）。この結果から，この年齢において，初期段階の行動調整機能が働いているといえる。ただし，これはことばの音声刺激的な面での行動調整であり，2度とか2つということばの概念による行動調整ではない。ことばの意味的側面が働いて2度押しができるようになるのは，4歳半から5歳半になってからである。この時期からは，「ランプがついたら2回押しなさい」という言語教示のみで正しく反応することができる。この頃には，教示が十分理解されて記憶され，記憶にとどめられている規則に従って，自分の行動を調整できるようになる。この時期は，外言から内言が枝分かれする時期と一致し，発話を伴わない内言を用いて，頭の中だけで行動調整ができるようになっていくのである。

3. 誘惑への抵抗

[1] 自己調整

　幼い子どもは，自分の欲求や衝動のままに行動したり，感情をあらわにしがちである。その衝動的で自己中心的な彼らの行動は，親や周りの人の与える賞

罰，あるいは仲間の圧力など多くの社会的期待や圧力によって影響を受ける。発達するにつれ，他から統制されたり禁止されなくても，子どもは自分の行動を統制し，状況に合わせて適切な行動がとれるようになる。やりたくないことでも，やらなければならないことや，やった方がいいことは「やる」という促進的行動や，逆にやりたいことでも，やってはいけないことや，やらない方がいいことは「やらない」という抑制的行動がとれるようになる。このような，他からの指示や圧力によらず，自己監視（self-monitor）の下で自分の行動を律することは，「意志力」（will power）とか，「自我の強さ」（ego strength）などとよばれるが，「自己調整」（self-regulation）という概念でまとめられる。自己調整力は，自らの行動を監視し，調整し，あるいは先導するような個人の行動規制のメカニズムとして機能する。

　内面化した行動基準や価値体系を基準に，自分の感情や，思考，行動を選択・決定し，行動を監視し，そして行動結果を評価する自己調整力の発達は，自分の人生を自分の手に委ねることを可能にする。

［2］誘惑への抵抗

　自己調整に関連する側面の一つに「誘惑への抵抗」（resistance of temptation）がある。これは，誘惑的であっても，社会的に禁止されている行為を自制する能力である。規則を破ったり，嘘をついてごまかしたり，盗みをしたり，やってはいけないことはわかっているがやりたいと思うことを，人はどのようにして自制し，逸脱することに抵抗する力を身につけるだろうか。

　レイザーとロジャーズ（Leizer & Rogers, 1974）は，小学1，2年生を対象に特定の玩具で遊ぶことを禁止する訓練を2種類の条件で行った。「ダメよ。その玩具を使ってはいけない」という言語的非難を与える条件と，「ダメよ。その玩具は他の人のものだから」と道徳的理由づけをする条件である。その訓練の後，子どもは玩具がたくさんある部屋に一人残され，禁止されている玩具で遊ぶ時間や回数がチェックされた（図3-3は禁止されている玩具に触れている持続時間の結果を示したものである）。逸脱への抵抗（禁止されている玩具に触れるまでの時間，触れた回数と時間などすべて）は言語的非難条件よりも理由づけ条件の方が強かった。

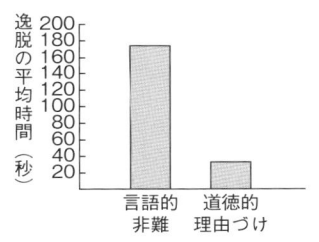

図3-3 言語的非難か道徳的理由づけかを通じての訓練の結果として一人でいるときに禁止された玩具で遊ぶ平均時間
(Leizer & Rogers, 1974)

　また氏家（1980）は，誘惑に対する抵抗に必要な自己調整方略が年齢によって異なることを明らかにするために，4歳と6歳の子どもに一人で待つ間の方略を教え，その効果を検討した。教示は，気を紛らわす方略（おもちゃを見ないでどこか違うところを見るようにすれば，待っていられる旨を教える），言語的自己教示（「遊んじゃダメ」と自分に言うと，待っていられる旨を教える），何も教えない，の3つの条件を比較したところ，気を紛らわす条件は4歳児だけに，言語的自己教示条件は6歳児だけに効果的であることが明らかになった。

[3] 満足の遅延

　満足遅延（delay of gratification）も自己調整の重要な側面の一つである。満足遅延とは，将来のより価値の高い報酬（あるいは満足）を得るために，即座に入手しうるより価値の低い報酬（あるいは小さな満足）を得ることを自発的に放棄あるいは遅延し，そうすることによって生じるフラストレーションに耐えることを意味する。特売を待つ買い物客や，大きな買い物のためにお年玉を貯金する子ども，大学合格の喜びを得るまで他の楽しみを棚上げする受験生など，彼らの行動は満足遅延行動に他ならない。

　満足遅延の未発達は，さまざまな行動上の問題を引き起こす一因となる。ミッシェルとショーダ（Mischel & Shoda, 1988）は，4, 5歳のとき，待たなければならない状況で長い時間待つことができた子どもとできなかった子どもを，高校生になったとき比較したところ，前者は学業成績もよく，人気があ

り，信頼されており，自信をもち，適応的であったのに対して，後者は，孤独であり，ストレス対処が困難で，適応の悪い青年になっていることを見出した。社会化の過程で満足遅延の能力は，子どもが是非習得しなければならない重要な能力である。

スキナー（B. F. Skinner）によるユートピア小説『ウォールデン・ツー』（*Walden Two*, 1948）では「おしゃぶり飴」を午前中我慢すれば午後には食べることが許される，というルールを教える試みが描かれている。子どもが待ちたいという気持ちを高め，その次に待ち時間の間にどのような努力をすればいいか考えるよう励ますのである。満足遅延は2つのステップを含むものである。その1つは遅延選択の「意志決定過程」である。互いに葛藤し合ういくつかの欲求や動機の中から，比較的価値のないものを抑制したり断念して，遠い将来のより価値のあるものを優先的に選ぶ過程である。待つべきか待つべきでないかの決断は，報酬が待つに値するものであることや，実際に遅延報酬を受け取ることができるという（与えてくれる人への）信頼感，あるいは，待つという行為を自分が遂行できるという自信と関係している。もう一つは，忍耐強く待つという行動の過程である。ここでは，その満足を得よう，またはその目標を達成しようという，意図をもち続けるとともに，その過程で出会うさまざまな障害や困難に耐え，それを克服しながら待つという行動を実行することが要求される。この過程は，「遅延維持過程」とよばれる。

実際，子どもは待っている間どのような努力ができるだろうか。ミッシェルとエッベセン（Mischel & Ebbesen, 1970）は，3〜5歳児に，一対の報酬（クッキーか塩ビスケット）を提示し，好きな方を選ばせた。食べるためには，実験者が別の部屋で用事を済ませて戻って来たとき（15分間）まで待たなければならないことが告げられる。一人で待てなくなったら，いつでもベルを鳴らして実験者を呼び戻していいこと，その場合には好きでない方しか与えられないことも告げられる。次に実験者は，卓上に好きな食べものと好きでない食べものの両方，好きな方だけ，好きでない方だけ，または食べものは全然置かず部屋を出て行った。実験の結果，一番長く待っていられたのは部屋に食べものが提示されなかった子どもであり，一番自己調整が困難であったのは両種の食べものが提示される条件下の子どもであった。興味深いことに，待っている

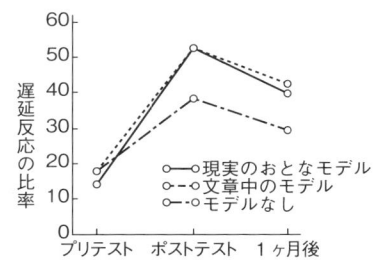

図 3-4 満足遅延モデルを観察した効果（Bandura & Mischel, 1965）

間，子どもたちはさまざまな気晴らしを自発的に行っていた。歌を唄う子，独り言を言う子，あるいは遊びを工夫したり，食べものがある場合は手で目を覆ったり，うつぶせになって食べものを見ないようにしていたり，といった具合である。子どもは遅延維持に効果的なテクニックを知っていたのである。

子どもは，発達とともに遅延維持行動に効果的な基本的ルールについての理解を深めるようである。ミッシェルとミッシェル（Mischel & Mischel, 1983）によれば，就学前児は，遅延を維持するための有効な方略について十分理解していないが，小学3年生の大半は，報酬が目前にある場合には待つのが困難になること，また待たなければ報酬がもらえないことを思い浮かべることが待つのに役立つことに気づいていた。さらに，年齢の増加とともに，報酬を待つ間，気そらし的行動（例：目を閉じている，何か楽しいことを考える），課題志向的行動（例：待っていればマシュマロがもらえると自分に言い聞かせる），その他（例：お腹がいっぱいだからいらない）など，何らかの自発的な行動に言及する割合が増大し，しかもその内容も次第に分化していく。

しかし，満足遅延能力は子どもの生活環境の違いによって個人差が生じることから，子どもの社会化の過程が問われる。遅延報酬というストレスフルな事態から，待つことがもっと楽になるような事態へと発達することができるように子どもを援助する必要がある。そのためにはどうすればいいだろうか。バンデュラとミッシェル（Bandura & Mischel, 1965）はモデリング実験によって，満足遅延能力の発達を促すことが可能であることを明快に示した。まず，小学4, 5年生の満足遅延テストを実施し，即時報酬を好む傾向が強い子どもを識別し，その後，満足遅延を示すモデルを偶然観察する機会を意図的に作り，子

どもがモデルに影響されるかどうかチェックしたのである。モデルは実際の大人，あるいは文章の中の大人であった。図3-4でわかるように，即時報酬を好む子どもは満足遅延モデルを観察することによって改善され，その効果は1ヶ月後にも持続したのである。いかに，子どもが育つ環境を整えることが必要であるかを示す実験結果である。

4. 遊　び

[1] 遊びを取り巻く環境

最近の少子化や核家族化など社会環境が変化する中で，家庭や地域に子どもの遊び相手が少なくなり，子ども同士が集団で遊ぶ機会が減少している。子どもの生活空間の中から自然や広場などの遊び場が少なくなる一方で，テレビゲームやインターネット等の室内遊びが増えている。その結果，遊びを通したさまざまな体験の機会が失われつつある。

深谷（2007）は，子どもの遊びが「①屋外で，②何人かの友だちと，③身体を動かしながら，④能動的に参加する群れ型の遊び」から「①室内で，②一人きりで，③体を動かすこともなく，④受け身の形で行う孤立型の遊び」へと変質していったと指摘している。

そのような子どもを取り巻く環境において，幼稚園や保育園が幼児期の豊かな遊びの体験の機会を与える場になっていて，今後ますます，そのカリキュラムの充実・発展が求められる。

[2] 遊びの機能

「子どもは遊びの天才である」とよくいわれる。幼児にとって遊びは生活そのものであると同時に学習の一つである。幼児期に子どもがどのように成長していくかは，幼児期にどのような豊かな遊びを集団の中で多く体験したかに影響を受けると思われる。遊びは自分から主体的に行う活動であることから，自分と向かい合って自分自身を知っていくと同時に，自分を他の人との関係の中でとらえるといったような自己の発達をもたらす（斉藤，1989）。幼児期に友だちとの遊びを通して，周りの情報や状況を読み取る力，自分の考えを相手に

わかるように伝える力，さらに交渉して考えを折り合わせていく力を育んでいけるように指導していくことが重要である（中村，2006）。幼児は遊びの中で主体的に対象にかかわり，自己を表出していく。そこから，外の世界に対する好奇心が育まれ，探索し知識を蓄えるための基礎が形成されていく。また，ものや人とのかかわりにおける自己表出を通して，幼児の発達にとって最も重要な自我が芽生えるとともに，人とかかわる力や他人の存在に気づくなど，自己を取り巻く社会への感覚を養っていく（柴崎，2007）。

よく遊べる，いわゆる遊び能力の高い子は，友だちをつくりやすく，リーダー的な存在になりやすく，この幼児期に育った遊び能力は，小学校に上がった後も発揮される（森，1992）。つまり，幼児の遊びは将来にわたり人とうまくかかわる方法の基礎を築くことにつながっている。

[3] 保育所および幼稚園における遊び

保育所保育指針（厚生労働省，2000）では，子どもの遊びは，子どもの発達と密接に関連して現れるし，また逆にその遊びによって発達が刺激され，助長されるととらえている。幼稚園教育要領（文部省，1998）では，幼児の自発的な活動としての遊びは，心身の調和のとれた発達の基礎を培う重要な学習であることを考慮して，遊びを通しての指導を中心として幼稚園教育のねらいが総合的に達成されるようにすることとされている。また，幼児期は，大人への依存と信頼を基盤として情緒を安定させて自立に向かう時期であり，その過程で，幼児は，生活や遊びの中で具体的な体験を通して，社会で生きるための最も基本となることを獲得していく。このような幼児期は，生涯にわたる人間形成の基礎が培われるきわめて重要な時期である（文部科学省，2001）。

1）遊びを豊かにするために
①多様な遊び

幼児の遊びには，戸外遊びと室内遊びがある。これら2つの遊びを充実・発展させるためには，十分な時間の確保，多様な遊具と素材の確保，設定遊びと自由遊びをバランスよく設定することなどが必要である。その結果として，幼児が模倣・反復・競争・チャレンジできるような豊かな遊びが培われていく。

また，幼児の遊びの形態には，①傍観的遊び，②一人遊び，③平行遊び，④

〈傍観的遊び〉　　　〈一人遊び〉　　　〈平行遊び〉

〈連合遊び〉　　　〈共同遊び〉

連合遊び，⑤共同遊び等がある。これらの遊びのいずれかに偏るのではなく，バランスよく体験することが相互に有機的に作用し合い，遊びを豊かなものにする。

②遊びを褒める

　幼児が遊んでいる場面において，遊びの内容を具体的に大げさに，周りの子どもたちにも聞こえるように褒めることが大切である。褒められた幼児は，うれしくなり，教師や親に認め，褒められるために，遊びをさらに創造的・発展的に工夫するようになる。

［4］遊ぶ幼児の姿からみえてくるもの
1）遊びたいけど仲間に入れない子ども

　みんなと一緒に遊びたくても「僕も仲間に入れて」と言えずに，その場でみんなが遊んでいるのを見つめ，誰かが声をかけてくれるのを待っている子どもがいる。幼児期の子どもは，遊びに夢中になっているときには，他の子どものことまで気が回らないことが多い。このようなときには，教師が「K君も仲間に入れてくれる？」と教師の支援が必要な場合が多々ある。遊びの場面は，一人ひとりの子どもの性格等が表出しやすい。

2）遊びにみられる仲間関係

集団遊びでは，遊びの中でお互いが自己主張をするようになり，相手の気持ちを考えずにトラブルになることがある。幼児が遊ぶ場面においては，必ずと言っていいほどルールが必要になってくる。教師がルールを与えたり，つくる手助けをしたりするだけでなく，子どもたちが試行錯誤しながら遊びのルールをつくっていくことを見守ることも時には必要である。

遊びの中で，傷ついたり，悲しい思いをしたり，心が揺れ動くさまざまなネガティブな葛藤体験は，子どもの発達にとって必要なものである。

3）ごっこ遊び

幼児は，「お店屋さんごっこ」や「お家ごっこ」等の「ごっこ」遊びをよくする。ごっこ遊びを通して幼児は，大好きな身近な人々の社会的な役割行動を積極的に自分の中に取り入れ，男らしさ，女らしさなど社会に期待されるさまざまな行動を身につけていく（加知，2000）。

[5] 遊び場面における幼児の会話事例

＜事例1＞：幼児59人で作った巨大迷路

巨大迷路を段ボールで作りながら「ここはエレベータ」「窓もつけよう」「小さい窓がいいかな」とイメージを広げている。「ここつかまえて」「うまくいかないね」「こうやったら」「ここにテープとめたほうがいいよ」と，仲間と知恵を出し合いながらいきいきと取り組んでいる。「先生，絵の具で色も塗ったほうがいいんじゃない」「問題を書いて中にはろう」「看板も作った方がいいよ」「巨大迷路はここって矢印もはっておこう」など，さまざまな提案が次々と出てくる。一人ひとりの子どもの思いがすべて活かされ，一つの遊びに統合されていくダイナミックな遊びである。

＜事例2＞：秘密基地をつくろう

園庭のガジュマルの木を枝打ちをしたとき，大量に落とされた枝をみて，「秘密基地を作ろう！」と男の子たちが動き出した。それを見ていた子どもたちが，「仲間に入れて」と入り，3，4人から10人以上の子どもたちの集団と

なり,「みんなが入れるようにしよう」「大きい枝と小さい枝に分けて！」と自然に役割を分担し,アイディアを出し合いながら,自分たちでどんどん遊びを進めていった。目的や思いが一つになりイメージがはっきりしてくると子どもたちは大きな力を発揮する。

[6] 遊びは幼小連携の基礎

学校教育では,幼稚園と小学校の連携が重要視されている。幼稚園での遊び体験は,小学校1年生の生活科の授業と連続したものになっている。生活科の授業における「遊び」の位置づけは,「学校の施設の様子及び先生など学校生活を支えている人々や友だちのことが分かり, 楽しく安心して遊びや生活ができるようにすると共に…安全な登下校ができるようにする」,「身の回りの自然を利用したり,身近にある物を使ったりなどして遊びを工夫し, みんなで遊びを楽しむことができるようにする」となっている（文部省, 1998）。このように,幼稚園での豊かな遊び体験は,小学校での学習の基礎をなすものの一つになっているといえる。

幼児期に子ども一人ひとりに合った豊かな遊びの体験をできる限り与えてやることは,幼児が親になったときにわが子に対して,豊かな遊びをできる限り多く体験させようとする動機付けに繋がっていくと考えられる。豊かな遊びを多く体験した子どもの笑顔はきっと輝いているにちがいない。

5. 習癖（くせ）

習癖（くせ）は,さまざまなものがあり,年齢を問わずよくみられる。大人においてはあまり問題視されることはない。しかし,乳幼児健診などでは,養育者から「指しゃぶりをするけれど,大丈夫なのか,やめさせないといけないのか」などと,悩みを相談されることが少なくない。子どもの場合,人格が未熟なため,ストレス状況におかれると,自分の気持ちをうまく言語化することができず,身体症状として現れることが多い。その表現の一つとして習癖があ

る。習癖にはどのようなものがあり，どのような対応をすればいいだろうか。

[1] 習癖（くせ）とは

　そもそも習癖（くせ）とはなんであろうか。飯田（2006）によると，「繰り返されることで身につき固定された行動」を指す，包括的用語である。後天的な学習で意図的に獲得した習慣と比べ，無意識的に繰り返すことで身につき，固定化してしまった行動として社会的に負の評価を受けることが多い。この癖のうち，オルソンが『習慣的に身体をいじる動作』を総称して，『神経症性習癖』とよんだのが習癖の始まりである。一方，近年の発達心理学的研究や生物学的研究，神経心理学的知見などから，上記行動の発生規序を『神経症性』のみではすべてを説明できないと考えられるようになり，習慣的に身体各部をいじる行為を総括する用語として『習癖異常』を使用するようになった。しかし，『神経症性習癖』から『習癖異常』と用語が変わっても，定義や範囲は相変わらず漠然としており，いまだ曖昧な概念である。具体的なものとしては，指しゃぶり，爪かみなどがすぐに思い浮かぶが，表3-2に示すとおり，実にさまざまな習癖といわれるものがある。

表3-2　子どもにみられる習癖（飯田，2006）

1）身体をいじる習癖（身体玩弄癖）
①指しゃぶり　②爪かみ　③舌なめずり　④鼻・耳ほじり
⑤目こすり　⑥咬む　⑦引っ掻く　⑧性器いじり　⑨抜毛癖
2）身体の動きを伴う習癖（運動性習癖）
①律動性習癖（リズム運動）：頭打ち，首振り，身体揺すり
②常同的な自傷行為　③チック
3）日常生活習慣に関する習癖
①食事：異食，偏食，拒食，過食，反芻
②睡眠：夜驚，悪夢，夢中遊行
③排泄：遺尿，夜尿，遺糞　　④言語：吃音，緘黙
4）体質的要素の強い習癖
①反復性の腹痛　②便秘　③下痢　④嘔吐　⑤乗り物酔い
⑥頭痛　⑦立ちくらみ　⑧咳そう　⑨憤怒痙攣（泣きいりひきつけ）
5）その他の習癖（非社会的など）
①虚言　②盗み　③金銭持ち出し　④徘徊　⑤嗜癖

[2] 発達段階ごとにみた習癖について
1）乳幼児期について

阿部（1997）は，3歳児健診を受けた子どもたちを対象にして，母親からの情報を元に，3歳児でみられたくせや行動特徴の出現頻度について整理した。それによると，「指しゃぶり（18％）」，「爪かみ（7％）」，「歯ぎしり（8％）」，「回頭（眠るときに，頭を左右に振る）や叩頭（上下に振ってぶつける）（1％）」，「夜驚（寝ているときに突然泣き出し，なだめても目を覚まさない）（5％）」，「夢遊（寝ぼけて夜中に起き上がりうろうろする）（2％）」などが挙げられている。「夜尿（32％）」など排泄についての気がかりも挙げられた。それらくせの多くは加齢とともに減少していき，特に指しゃぶり，回頭・叩頭，排泄については減少傾向が認められる。以下に，乳幼児期において，よくみられる習癖について説明する。

①指しゃぶり

寝る前などに親指やその他の指をしゃぶったりすることは，多くの乳幼児において非常によく観察される。指しゃぶりは，基本的には発達の経過中に一過性にみられる生理的な行動で，また，何もやることがないときにみられることが多いため，「手持ちぶさた」の現れと考えられる場合が多い。また，子どもにとっては寂しさや不安を和らげる意味もあり，幼児期ならそのままにしておいてよいという考え方が主流である。指しゃぶりや毛布のはじっこをなめたりかじること，お気に入りのタオルをいつも持ち歩くこと，ぬいぐるみをそばにおくことなどの関連した現象は，母親からの分離と関連するものであり，むしろ発達を促す意味もある移行現象として考えた方がよい。指しゃぶりについて気になったときは，指しゃぶりをやめさせるよりも，子どもが興味をもつ遊びへ関心を向けさせる方がいい。また，養育者には「気長に構えれば，自然に消失する」と安心感をもってもらうことが大切である。しかし，学童期になってもまだ続いているようなら，歯の噛み合わせが問題であったり，情緒的な発達上の問題があることが推測されるので，注意が必要である。

②爪かみ

指しゃぶりと同様，多くの子どもに比較的よくみられる。指しゃぶりはリラックスした状態でみられることが多いのに対して，爪かみは，緊張やストレ

スを感じているなどイライラした状態で行われることが多いとの指摘がある。爪かみ自体は，何らかの精神病理を示唆するわけではないとされている。軽度で出血や感染などがない場合には特に治療の必要はないとされている。しかし，爪かみによる心理的影響が考えられる場合は，家庭環境や集団適応に問題がないか，何らかの持続的なストレス状況がないか，などに注意を払うべきであろう。

2）学童期について

　阿部（1997）の調査によると，「歯ぎしり」は5歳頃には20％とピークを迎え，その後減少し，12歳では12％程度になる。また，「夜驚」は8歳頃に最も多く，12歳頃には2％程度に減るようである。高学年においては，「爪かみ」，「夢遊（8歳で8％と増加するが，12歳には5％と減少）」，「チック（8歳で10％を超え，その後減少）」が，出現頻度は異なるものの，ピークに達し，その後減少していく。特に「爪かみ」については，宮脇・松島（2006）の調査では，10～11歳で30％程度と最も多く，14～15歳では20％程度と減少に転じるが，消失することはなく，成人期にも10％程度も認められているため，病的なくせとは考えにくい。中学生年代がピークであるのは，「抜毛（髪の毛を抜くくせがある）」と予測している。特に女子に多く，12～13歳で15％，その後はなだらかに減少し，16歳～17歳で10％であったと報告している。以下，学童期において，よくみられる習癖について説明する。

①夜　　驚

　睡眠障害の一つで，睡眠中突然覚醒するというエピソードを繰り返すとか，夜間の睡眠の最初の3分の1で出現する，臨床像は強い恐怖を伴った表情や動作，心悸亢進，呼吸促迫，発汗などの自律神経系の緊張，といった兆候がみられる。夜驚の間家族が落ち着かせようとしても反応が悪い，覚醒後夜驚についての健忘があるなどがみられる。子どもの1～6％に認められ，3～6歳で発症し，10歳には消失する。積極的な治療をすることは稀であり，自然経過を説明して養育者が安心して対応できるようにすることが重要である。

②チック

　自分の意図と関係なく，突発的に体が素早く動いたり，声が出たりすることをチックとよぶ。前者を運動チック，後者を音声チックという。チックのう

ち，運動チックと音声チックの両方が多様に現われ，それが1年以上続くものをトゥレット症候群とよぶ。チックは4～11歳頃に発症することが多く，12歳頃を境に出現する割合は低下していく。男子に多い。原因は，生物学的な基礎のある疾患として考えられている。つまり，チックになりやすい素質をもつ人が，発達の過程で神経伝達物質のアンバランスが生じやすい年齢にさしかかり，運動の調節にかかわる神経の活動に不具合をきたして，チックを発症する，と金生（2003）は仮定している。対応としては，家族ガイダンスや心理教育および環境調整により，不安をもたずに上手につきあっていけるように支えることが大切である。重症化した場合は，薬物療法も必要になってくる。

③ 抜　　毛

　抜毛とは，本人が自ら毛を抜く行為であり，抜毛行為を繰り返し，脱毛巣が生じている状態を「抜毛症（あるいは抜毛癖）」という。幼児期から成人期までよくみられる現象である。性別については，女子が多い。また，不安で緊張しやすく，キレやすく，几帳面でこだわりが強い子に多いようである。予後については，発達に遅れや偏り，あるいは著しい親子関係の困難さがある場合を除いては，一過性のもので自然に軽快していくことが多い。しかし，成人期に発症した場合は慢性化することが多いようである。

［3］ま と め

　これまで乳幼児期，学童期について，どのような習癖が出現しやすいのか，また，その対応について概観してきた。これまで，習癖異常の要因としては，心理的要因，つまり子どもが何らかの心理的葛藤を抱え，情緒不安定的になっていることが考えられてきた。しかし，最近では，習癖異常については，従来のような心理学的解釈のみではなく，体質的要因，脳の成熟過程としての発達との関連，脳器質的要因などが考えられるようになっている。また，中には予後が悪く，薬物療法などの治療的な介入が必要になる場合はあるものの，習癖異常の多くは，成長発達段階で一時的に認められることが多いこともわかってきた。しかし，その時点では本人，養育者にとっては気がかりなことであり，訳がわからないものとしてとらえられることが多いだろう。では，どうすればいいのか。まず，習癖に対する対応として，周囲の関係者，特に養育者が慌て

ず，ゆっくりと構えて待つ姿勢を維持することが大切である。そのためには，問題となっている習癖はいったいどういうもので，どういうことが原因で，どのような対応が必要なのかということを知ることが最初のステップである。その1つの方法として，市町村の相談機関，医療機関などを利用していくことも有効である。

コラム③

模倣から自律へ

　子どもが自律的な人間になるための主なメカニズムは，逆説的ではあるが，模倣である。子どもは，親や仲間が行う興味ある行動を再現せずにはいられないようである。

　2，3歳の子どもは，まだ多くの社会的規範の存在を知らないために，社会的な圧力によって服従的に模倣するというものではない。模倣によって，自分とモデルを同一と考え，うれしく思うのかもしれない。あるいは，模倣することができて，何かを習得することができれば，自分の有能さに満足することができるかもしれない。

　模倣は，学習の手段であり，言語の発達や創造的な活動も模倣がもとになっている。社会的相互作用場面に参加したり，それを維持していく手段でもある。社会的にタブーとされる行為をも子どもは模倣することがあるから，社会的規範を教えるためにしつけを開始する必要がある。しつけの効果はモデルとしての親の行為に依存する。たとえば，やたらに癇癪を起こさずに怒りの感情を表出する方法について，あるいは男の子は男らしく，女の子は女らしくふるまうという性役割行動について，子どもはまず，モデルとしての親が行う行為を模倣し，自分の行動様式のなかに取り入れるのである。

コラム④

育児という文化

　人間の子育てや親子関係のあり方には他の動物にはない多様性がみられる。ヘアー・インディアンでは，子どもは必ずしも親によって育てられるものではなく，子どもの成育にとって最も適切な者に委ねられる（原，1980）。中国では，両親が働き続けるために祖父母に子どもの養育を託す「寄養」の制度がある（陳，1999）。

　子どものしつけの仕方も文化によって異なる。たとえば，子どもが野菜を嫌いだといって食べないといった場合，子どもにどのように言って教えるか調べた研究がある。日米どちらの母親も，「出されたものは食べなさい」と，なすべきことを直接的明示的に述べて統制するが，日本よりアメリカの母親でずっと多かった。アメリカでは理由も述べずに命令することも多かった。一方，日本の母親は，「せっかく作ったのに食べないの，残念だなー」といった情に訴える方略をとる。暗示や示唆など間接的な方略を用いて，母子間で情感を共有し，母親が言わんとすることを伝えようとする。このような方略はアメリカではほとんどみられなかった。東（1994）はアメリカのしつけの特徴を「教え込み型」，日本の特徴を「浸み込み型」とよんだ。このような違いは，日米で異なる社会的文化的背景を反映している。

　また，育児の仕方は社会的経済的背景によって変化する。日本では近年，離乳や排泄のしつけが遅くなっているといわれる。たとえば，排泄の訓練が上海では平均生後6ヶ月に開始され18ヶ月には完了するのに対し，横浜では22ヶ月に開始，30ヶ月に完了というケースが多い（柏木，2003参照）。また，かつて，授乳は時間を決めてなされるべきとか，抱き癖をつけないように，赤ちゃんが泣いても無視するべきという育児が推奨されたが，時代が変わり，赤ちゃんが欲しがるときや，泣くときには無視をしない方がいいという育児が推奨されている。このような育児学説の隆盛と衰退は母親の時間的・経済的なゆとりと関係している。

　このような育児の多様性や変化は，育児が本能というより，社会的・文化的・経済的背景を反映するものであることを示している。

日陰で憩う子ら①　沖縄にて

日陰で憩う子ら②　ケニアにて

第4章
仲間とともに（学童期）

1. 仲間関係の発達

[1]「仲間集団」の発達
　児童期から思春期にかけての仲間関係の発達段階について，保坂は，次のように整理している（保坂，1998）。
1）小学生（児童後期）のギャング・グループ
　ギャング・グループ（gang-group）は，児童期後期の小学校高学年頃現れる徒党集団であり，親からの自立のための拠り所となる仲間関係である。この集団では，特に同一行動による一体感が重んじられ，この同一行動を前提とした一体感（凝集性）が親密さをもたらす。この段階を機に仲間集団の承認が家庭（親）の承認より重要になるに至り，大人（親や教師）から禁止されることを仲間と一緒にやる（ルール破り）ようになる。「ギャング（悪漢）・エイジ」といわれるゆえんである。この集団は基本的に同性の同輩集団であり，どちらかといえば男の子に特徴的にみられるといってよいだろう。また，この集団が児童の社会的発達に及ぼす影響は，よかれあしかれ重要な意味をもっている（図4-1）。しかし，近年の社会的変化，つまり少子化や子どもの多忙化，原っぱなどの遊び場の消失により，子どもがインフォーマルな集団を自分からつくる条件は悪化の一途をたどっている。そのためギャング集団の形成は，困難なものとなってきている（金城，2002）。

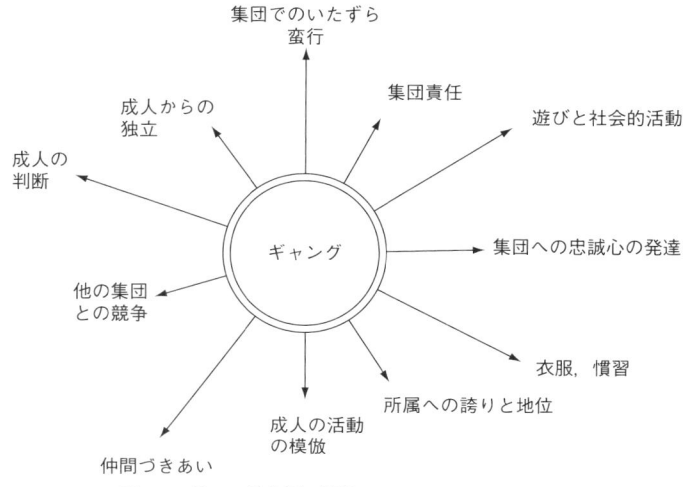

```
                 集団でのいたずら
                    蛮行
           成人からの    集団責任
           独立
    成人の                      遊びと社会的活動
    判断
                    ギャング      集団への忠誠心の発達
    他の集団
    との競争
                               衣服，慣習
              成人の活動   所属への誇りと地位
      仲間づきあい の模倣
```

図 4-1　ギャング集団の機能（高野・林，1975 から引用）

2）中学生（思春期前半）のチャム・グループ

　チャム・グループ（chum-group）は，思春期前半の中学生によくみられる仲良しグループである。ギャング・グループの特徴が同一行動にあるとするならば，このグループでは，互いの共通点・類似性を，ことばで確かめあう同一言語が特徴であるといえよう。この言語による一体感の確認から，仲間に対する絶対的な忠誠心が生まれてくる。この集団もギャング・グループ同様，同性の同輩集団であるが，どちらかといえば女の子に特徴的にみられるといってよいだろう。そのため，この時期の女子には，グループへの参加や排斥といった，トラブルに悩む者も多い。

3）高校生（思春期後期）のピア・グループ

　高校生ぐらいになると，上述した2つのグループに加えて，互いの価値観や理想，将来の生き方などを語り合う関係が生じてくる。ピア（peer）とは本来「同等」という意味合いを含んだ「仲間」を意味することばである。ここでは，共通点・類似性だけではなく，互いの異質性をぶつけ合うことによって，他者との違いを明らかにしつつ自分の中のものを築き上げ，確認していくプロセスがみられる。そして，異質性を認め合い，違いを乗り越えたところで，自立した個人として互いを尊重し合って共にいることができる状態が生まれてくると

いう。この集団は，異質性を認めることが特徴であり，男女混合，および，異年齢構成もありうる。

[2] 小学生における「仲間関係」の意義

心理学研究においては，「友だち」は，「仲間関係（peer relation）」と「友人関係（friendship）」の２つに分けられる。川原（2000）は，ギャング・エイジにおける仲間関係の意義を以下のように述べている。

①準拠集団となる。

その集団内の他者の行動や考えは「準拠枠」とよばれ，自己の行動の枠組みともなる。準拠枠とは「個人が自分自身と共通の興味，関心，態度，価値を保有していると感じ，またその個人の自己評価や態度・評価の基準」であり，そのような集団を「準拠集団」という。準拠集団内の共通性は集団内の規範意識を生じさせ，ルールを学ぶ場になっており，自分の欲求のみを押し通すことや自分の視点のみで考えることを脱する機会となる。

②所属感や帰属意識をもつ。

準拠集団の存在は，各々の子どもにとって所属感や帰属意識をもつことにつながる。人間にとって所属感というものは非常に重要な感覚であり，気の合う仲間という内的な枠組みで「この仲間たちといっしょにいられる」といった所属感を保持することは，子どもの心理的健康に大きな役割を果たす。

③適切な競争と協力の機会を得る。

仲間関係における遊び場面は競争という要素をもっており，安定した仲間集団内での競争は「自分の力を磨く」という点で非常に重要である。競争がうまくいかないときには，子ども個人の否定的・攻撃的感情も経験され，その適切な表出が，集団内で学ばれる。さらに，遊びの中で相手と競争するということは，味方の中でいかに協力するかということでもあり，仲間同士で方略を立て，役割取得を行った上でそれぞれが一致協力することは，達成感の獲得や課題遂行能力を育てるのに欠かせない要素である。

④役割取得ができる。

協力する過程において「自分はこの集団の中でどのような働きをすれば，貢献でき活躍できるのか」について適切な役割取得を行うことができる。年長の

「ボス」的な子どもがリーダー役割を担うことになり，そのボスによって集団成員にも一定の役割に基づいた活躍の場が与えられるなど，仲間集団において互いの適切な認知に基づいて起こる役割取得や役割分担は，重要な体験につながる。

⑤性役割を認識する。

　同性の仲間同士で一緒に遊び，話すということを通して，自分たちの性への感覚が育っていく。ギャング・エイジの時期に「同じ」仲間で集まり，自分たちの行動のあり方を知ることは，他者の視点を取得する認知能力の形成に伴って，「異なる」相手の行動基準や考え方をつかむことにつながる。性的身体変化に対する疑惑や罪悪感も，同性仲間間での体験によって薄らぐと考えられる。

　異性を意識する時期といわれる思春期は，自分自身の性をゆすぶられる時期でもあり，それを「同」性の中で十分に共有することで，「異」性の変化にも目を向けられることになる。

[3] 仲間関係の病理：いじめ

　現代の子どもたちの生活は，塾やお稽古事で時間的に余裕がなく，放課後友だちと集まって遊ぶことも難しく，都心部では遊ぶ空間さえままならないという。そこで，限られた遊びとして，室内でゲームをするようになり，親も室内遊びを推奨しがちなのではないだろうか。また，塾やお稽古事の影響から，この時期すでに学業の階層差がつくられており，心理的同一性をも前提とするギャング・グループの形成が難しくなっていると考えられる。一方，チャム・グループはギャング・グループの消失と入れ替わって児童期から思春期・青年期全般にかけて肥大してきているという。つまり，現代青年の特徴といわれる対人関係の希薄化は，ギャング・グループを十分に経験しないままにチャム・グループを形成していく中で起こるものなのではないか，との指摘もある（保坂，1998）。

　福富（1997）は，高校生への質問紙調査から彼らの交友関係の中でみられる仲間に対する強い同調性が，「心理的に一定の距離を置いた，表面的な行動レベルでの同調であり，『群れ志向』的な態度」を表す「皮相的な『かかわり』」

ではないかと指摘している。この年齢段階で多発している陰湿ないじめは，集団の凝集性を維持するための，「スケープゴート（scapegoat：いけにえ）」としてのいじめの対象を必要とし，一緒にいじめるという行為を通して，失われたギャング・グループを体験し，かろうじて集団が維持されることによると考えられる（保坂，1998）。

[4] 友人関係の発達と意義

仲間集団から影響を受ける一方で，子どもは濃密な1対1の友人関係も形成していく。友人関係は，仲間集団での人気や役割に関係のない「個」の領域であり，「集団」への不要な同調性を回避でき，友だちとの関係に深みと持続性とを加えるもので，仲間関係と相互に補い合うものといえる。

1）友人選択の要因

子どもたちは，友人をどのような基準で選ぶのだろうか。田中（1975）は，幼児期から成人期までのソシオメトリック・テスト（集団における愛好と排斥の関係を測定するテスト）を実施して，友人関係の成立要因として次の4つを挙げ，発達に伴う変化を図4-2のように表している。

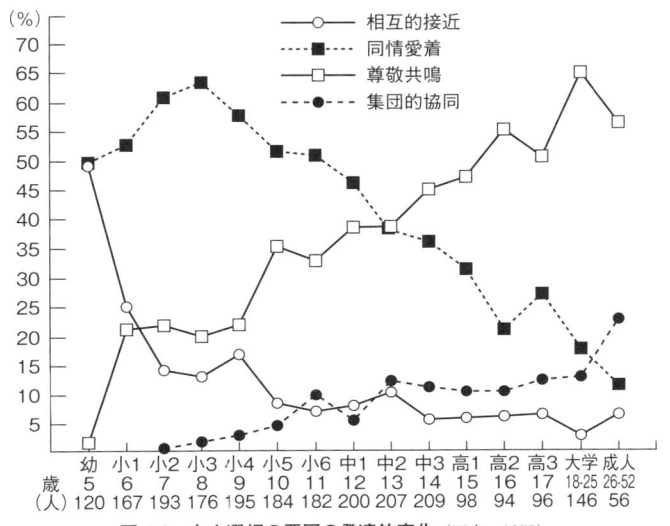

図4-2 友人選択の要因の発達的変化（田中，1975）

①相互的接近：家が近い，いつも遊ぶ，通学路が同じ，席や列順が近いなど。
②同情愛着：なんとなく好き，感じがよい，大人しい，親切で優しい，かわいい，など。
③尊敬共鳴：相手の学業や知能や人格特性のすぐれていることを尊敬する，気が合う，性格や趣味や意見が一致するなど。
④集団的協同：教え合う，助け合うなど同一目標追求のための共同的態度，チームワークがうまくいくなど。

「相互的接近」は，幼稚園で高いものの小学校中学年までには急激に減少し，「同情愛情」は，小学生時代高い値を示すが，中学以降減少している。「尊敬共鳴」は，加齢とともに増加し，中学以降友人選択の主要な要因であり，「集団的協同」は，友人選択の要因としては，成人期までを通して強いインパクトをもたないことがわかる。

2）友人関係の意義
①対人関係能力の学習
日々の生活の中で，われわれは他者との間にさまざまな対立や葛藤を経験する。対等な立場にある友人との間に対立や葛藤が生じた場合，なんとか自分たちで解決しなければならない。こうした解決のプロセスこそ，社会で生活していくために必要な対人関係に関する知識や技能，つまり対人関係能力（社会的スキル）を培う重要な経験となる。仲間との受容や拒否という経験を通して，対人交渉の仕方や社会的行動の様式，価値観，そして感情の適切なコントロールの仕方を学ぶことができる。

②情緒的安定
友人も自分と同じように劣等感をもち，非道徳的感情や態度を抱いていることを知り，不安や罪障感をやわらげることが可能である。また友人関係は対等であり，自分の感情や意志を自由に表現できるため抑圧された感情を発散させる効果がある。さらに仲間集団は親からの独立に伴う不安をやわらげるよりどころともなる。

③自己形成のための比較対照
フェスティンガー（Festinger, 1954）の社会的比較過程の理論では，われわれ人間は自分の意見や能力を評価したいという欲求があり，その評価は自分と

類似した他者との比較において遂行されると仮定されている。小学校低学年頃までの子どもは，自分の能力を評価するための社会的比較はあまり行っていないが，中学年以降になると，仲間との比較を通して自分の能力を明確にしようとすることが知られている。他者から受けた賞賛や非難などの他者評価に基づき自己評価を行い，またこのような他者評価および自己評価を通して自己概念を形成していく。青年期には，自分の生き方のモデルとして機能することもある（金城，2002）。

同性友人との親密な関係の中で，相手のよい面だけでなく，不安や悩みなども受け入れて関係を維持・発展していけることは，青年期の恋愛関係や成人期の夫婦関係の礎にもなるのである。

2. 知的発達

学童期の知的発達について，ピアジェ（J. Piaget）の認知発達理論に基づいて説明していく。ピアジェは個人が環境に適応するために，自分の行為や思考の枠組み（シェマ）に合わせて環境を取り入れ（同化），同化できないときには環境に合わせて自分を変えていく（調節）と考えた。このような，同化と調節の繰り返しの過程（均衡化の過程）を通して，より分化した調和のとれたシェマが形成されていくと考えられている。ピアジェは，人間が誕生のときから環境との能動的な相互作用をしながら，自分が置かれた環境についての知識を自分で組み立てていく存在だとみなし，発達により認知の仕方がどのような質的変化を経ていくのかを検討している。

ピアジェによる認知発達の段階は，大きく分けると質的に異なる4つの段階となる。まず，0歳から2歳頃までの「感覚運動期」，2歳頃から7歳頃までの「前操作期」，7, 8歳頃から11歳頃までの「具体的操作期」，11, 12歳以降の「形式的操作期」である。これらの段階は，ある段階から次の段階へたどる速さや最終到達段階には個人差があるにしても，段階を進む順序は共通のものだとしている。学童期の中心となる段階は具体的操作期であるが，まず，その段階に至るまでの感覚運動期，前操作期について述べる。

[1] 感覚運動期

　認知発達の最初の段階を感覚運動期という。年齢的には，0歳から2歳頃までの時期である。この時期の特徴は，感覚と運動が直接結びついているところにあり，感覚運動期はいわば身体を使って考える段階ともいえる。誕生したばかりの子どもは，最初の1ヶ月ほどは原始反射による外界とのかかわり（吸う，つかむなど）のみであるが，やがて経験とともに反射が互いに協同するようになる。4ヶ月頃からは，指しゃぶりなど自分から同じ行為を繰り返すことができるようになり，さらには目で見た物をつかんで口に入れるといった，目標志向的な一連の行動ができるようになる。

　8ヶ月頃には，感覚運動期の重要な現象である「物の永続性」の理解が可能になる。物の永続性とは，そこに存在していた物は，たとえば一時的に見えなくなったとしても，どこかに存在していることがわかるということである。子どもが興味をもっていた物にハンカチをかぶせるなどして見えなくすると，物の永続性が形成されていない子どもの場合は反応を示さなくなるが，物の永続性が形成された子どもの場合は，見えなくなった物をハンカチの下から探そうとする。「物の永続性」の理解が可能になる頃になると，目標に達するための意図的な行動ができるようになり，やがて多くの方法を試みて最も良い方法を選ぶといった複雑な行動が可能になる。

[2] 前操作期

　感覚運動期に続く，2歳頃から7歳頃までの時期を前操作期という。この段階になると，行為はしだいに内面化され，象徴機能が発達することにより，思考能力は飛躍的に進歩する。感覚運動期の終わり頃（1歳半頃）から始まる，時間を置いて行動を再現できる「延滞模倣」や，象徴機能の発達に伴う「象徴遊び（ごっこ遊び）」が頻繁にみられるようになる。ただし，その思考は自己を準拠枠とするため，自分の立場からの視点しかとれず，自己の立場から離れて他の視点をとれない「自己中心性」といわれる特徴をもつ。たとえば，ピアジェの「3つ山問題」では，テーブル上に3つの山を配置した状況において，テーブルを挟んだ反対側からはどのように見えるかが尋ねられるが，子どもは自分が見ている配置に影響を受けた回答をしてしまう。

	相等性の確定	変形操作	保存の判断
液量	容器の形や大きさの変化によっても、その中の液量は変わらない。		
	どちらも同じ入れものの中に色水が同じだけ入っていますね。	こちらの色水を別の入れものに全部移し替えます。	さあ、色水はどちらも同じだけ入っていますか。それともどちらが多いかな。
数	集合内要素の配置の変化によっても、その集合の大きさは変わらない。		
	白色の石と黒色の石とでは、どちらも数が同じだけありますね。	いま、黒色の方を並べ替えてみます。	さあ、白色と黒色とでは、その数は同じですか。それともどちらが多いかな。

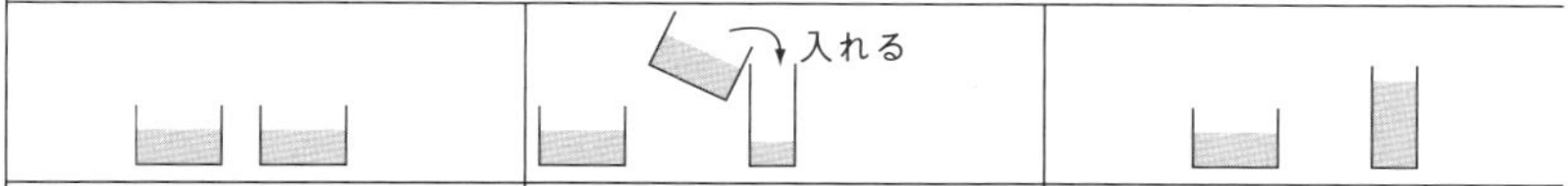

図4-3 保存テストの例（野呂, 1983）

また、この段階のもう一つの特徴は、見かけに大きく左右されることであり、保存の失敗として表れる。保存とは、数、量、面積などのある属性の見かけが変化しても、属性そのものの本質は変化しないと認識することをいう。保存の実験課題には多くの課題が工夫されてきた（図4-3参照）。たとえば数の問題の場合、8枚ずつの白と黒のチップを上下対応するように等間隔で2列に並べた後、子どもの目の前で下段の黒いチップの間隔のみを広げて対応関係を崩し、数についての質問をすると、変形後には上下の列のチップの数が同じでないと答えることが多い。これは、チップの並べ方という見かけに注意を奪われて、数の保存が失敗しているのである。

[3] 具体的操作期

7、8歳頃から11歳頃までの時期を具体的操作期という。具体的操作期は、学童期の中心となる段階である。この頃の子どもは、日常生活における経験の多様化と仲間集団との相互作用によって、しだいに自己中心性から脱していく（脱中心化）。脱中心化により、それまでの自分の立場からのみの固定的な視点だけではなく、多様な視点から柔軟に対象をみられるようになる。この頃から、具体的な操作を用いての論理的な推論も行われるようにもなる。しかし、

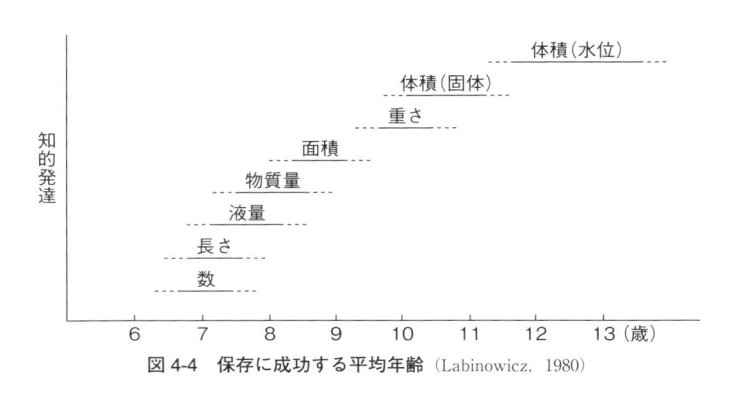

図 4-4 保存に成功する平均年齢 (Labinowicz, 1980)

　この頃の子どもはまだ経験が少ないため，知識も限られたものであり，また，具体的な操作によって考えるため，子どもが直接に扱うことができる実用的な課題や具体的な対象物がある課題場面では推論が有効に働くが，数字や言語，記号などを用いなければならない抽象的な課題場面では困難を伴う。

　論理的な推論が可能になることにより，見かけに左右されることがなくなり，前操作期では失敗した保存課題の解決が可能になっていく。ただし，保存の対象属性（数，量，面積など）の違いにより，保存の成立時期にはかなりの幅がある。具体的には，数や長さの保存については，具体的操作期の初期段階に成立するが，重さの保存については，具体的操作期の後期段階での成立となる。また，体積については保存の成立が難しく，次の段階である形式的操作期において初めて成立する属性もある（図 4-4 参照）。

　具体的操作期の論理的な推論を支える重要な操作として，「可逆性，系列化，分類」などを挙げることができる。具体的操作期においては，これらの操作が獲得され，保存課題の解決などが可能となっている。まず，可逆性の操作とは，もとに戻せば同じであることがわかるように，変形操作の前後の事態を表象のレベルで逆行させることができることをいう。たとえば，前操作期の部分で述べた，数の問題の保存課題を解決するためには，間隔を広げられた下段の黒いチップの列をもとの状態に戻したならば，最初のチップの列と同じ数であることを理解できる必要がある。

　次に系列化の操作とは，さまざまな大きさの要素を小から大または大から小

へと配列する操作をいう。系列化の操作が獲得されるまでには，ピアジェとイネルデ（Piaget & Inhelder, 1966）によると，次のような段階を経る。1) いくつかの対を作って配列したり，あるいは小さな集合をいくつか作るが，それぞれの対や集合の間は協応されない段階，2) 経験的な試行錯誤による構成の段階，3) さまざまな2つずつの組み合わせを比較していくことによって，まず小さいものを探しだし，次に残りの中の最小のものを探しだすなどの組織的な方法の段階。系列化が獲得されるとき，推移律という演繹の様式も獲得され，「A＜BかつB＜Cならば，A＜C」であることが理解される。推移律の獲得においては，重要な変数の識別も含まれている。たとえば，シーゲルとコッキング（Sigel & Cocking, 1977）で示された例「メアリーは妹のジェインより背が高い。ジェインはいとこのジョーンより背が高い。そこで，メアリーはジョーンより背が高い」がわかるためには，重要な変数は血縁関係ではなく，背の高さであると識別できることが前提になる。

　最後に分類の操作とは，対象をカテゴリーに分けることである。前操作期の子どもにおいても1つの属性による分類は可能であるが，具体的操作期においては，2つ以上の属性に基づく分類が可能になる。たとえば，赤色または白色の四角形と三角形の積み木を，色と形の次元を考慮して4つの場所に分類する課題は，具体的操作期の子どもにとっては解決可能であるが，前操作期の子どもにとっては，まだ解決が困難である。

[4] 形式的操作期

　具体的操作期に続く段階は形式的操作期であり，年齢的には11, 12歳以降の時期である。具体的操作期と異なり，形式的操作期では，論理的思考において具体的な操作に縛られることなく，形式と内容を分けて思考することが可能になる。これにより，たとえば単なる可能性の問題や事実と反する仮定的な問題であっても，正しく論理的に思考ができるようになる。問題解決の仕方も試行錯誤によらず仮説演繹的な方法が可能になる。この形式的操作期の詳細については，第5章の2で述べられている。

3. 学　　業

[1] 日本の子どもたちの学力

　これまで，日本の子どもたちの学力は国際的にトップクラスであったものが，2003年に実施された結果には陰りがみられるという報告がある。小学4年生と中学2年生を対象に，算数・数学と理科の到達度調査が49カ国で実施された。1995年から4年おきに行われるTIMSS（Trends of International Mathematics and Science Study）である。1999年と2003年の中学2年生の成績を比較すると，理科の成績には経年的変化はみられなかったものの，数学では全体的に正答率の低下が他国に比べて大きく，1位グループ（シンガポール，韓国，香港，台湾）との差が大きくなっていた。また，高校1年生（15歳）を対象にOECD加盟国（41カ国）を中心に，3年に1度行われる学習到達度テスト（数学的リテラシー，科学的リテラシー，読解力の3つの分野で，主として実生活のさまざまな場面で直面する課題に，知識や技能が活用できているかを問う出題が多い）の結果も関係者の不安を喚起するものであった。2000年度，数学の成績は参加国中1位であったものが，2003年度では得点が下がり，順位も6位となった。科学的リテラシーに関しては参加国の中でもトップレベルの水準を保っていたが，読解力には顕著な低下がみられ，8位から14位に下がった。またこの2領域では個人差が拡大し，特に低学力層で大きく得点低下がみられたという。

　おりしも2002年（高校では2003年）から，わが国では「ゆとり教育」で教育内容が3割削減された。学力低下を懸念する声の中で，2005年，全国の高校3年生約15万人を対象に学力テストが行われた。その結果は，前回（2002～2003年度）より学力に幾分改善がみられるというものであった。今，日本は，「ゆとり教育」の是非をめぐる議論が活発になされ，そしてPISA（Programe for International Student Assesment）で一位に躍進したフィンランドの教育に関心が高まっている。

　学業達成は学校教育のあり方だけでなく，生徒個々人の特性や，家族の特質，社会の文化的要因によっても大きく影響されることを考慮する必要がある。

[2] 知能の問題

　知的行動の個人差を予測するものとして，心理学では古くから知能（intelligence）に大きな関心を向けてきた。知能の概念構成に基づき，知能を測定する尺度がいくつも考案されてきた。知能は比較的先天的な素質であると考えられ，恒常性が報告されてきた。図4-5は16～18歳に測定された知能得点とそれ以前の年齢で測定された知能得点との相関を，いくつかの研究報告をまとめて示したものである（Bloom, 1964）。測定時が成人期に近づくにつれて相関係数は高くなるが，児童期の知能得点でさえ，後の時期の得点をかなりの程度予測することがわかる（7歳と19歳の相関係数が約.6である）。しかし，ホンジックら（Honzik et al., 1948）は，生活環境によって知能が上昇する者もいるし，下降する者もいることを見出している（図4-6参照）。

　このような知能は標準学力検査の結果とかなり高い相関係数（.8）を示す。これは，学業到達度がおよそ6割も知能によって説明できることを意味する。では，アジアの子どもたちが数学でトップクラスの成績を示した（TIMSS）ことを知能の優秀性で説明することができるのだろうか。知能や親の経済的水

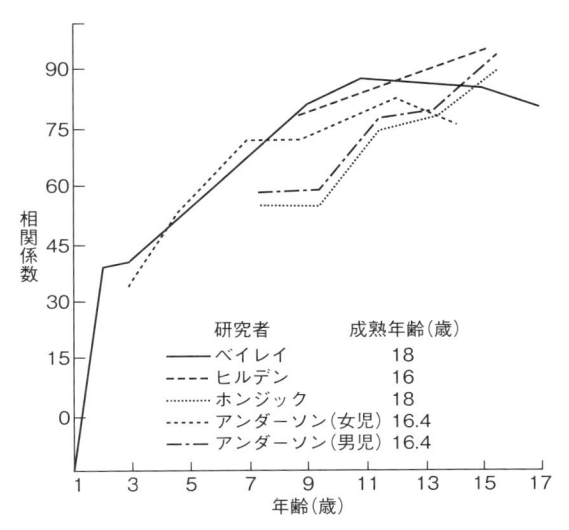

図 4-5　種々の年齢時に得たテスト得点と成熟期に得たそれとの
　　　　 あいだの相関関係（Bloom, 1964）

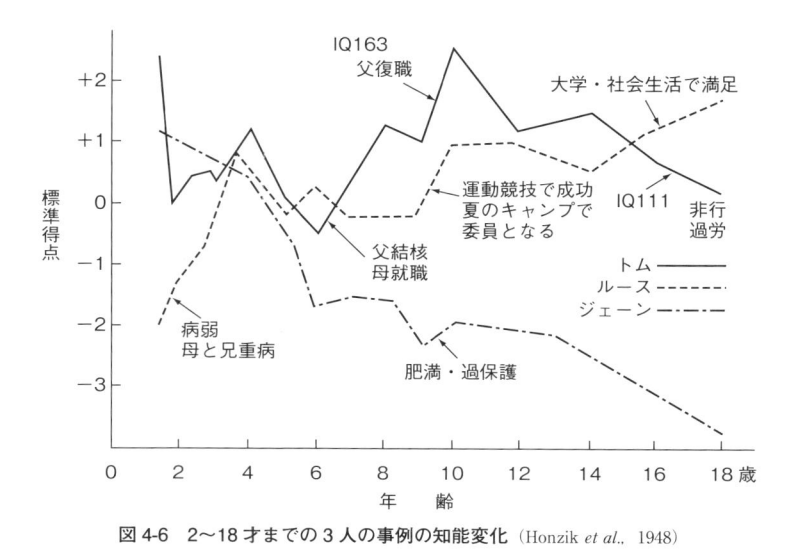

図4-6 2〜18才までの3人の事例の知能変化 (Honzik *et al.*, 1948)

準だけで説明するのは現在のところ説得力に欠ける。

[3] 文化的要因

　子どもの学業成績が学校教育の価値づけや親の子どもに対する期待など，文化的要因によって影響されることを検討したのは，スチーブンソンとスティグラー（Stevenson & Stigler, 1992）である。彼らは1980年初頭から，仙台，台北，ミネアポリスの小学1年生と5年生の算数と読みの能力，知能，教室での行動観察，親，子ども，教師・校長を対象とした15年にもおよぶ調査を行った。台湾では授業時数が多く，5年生の算数および国語の成績が優れていた。親の態度にも国による違いがあり，アメリカの母親は相対的に学業成績を子どもにとって重要なことと認めず，高い達成を期待せず，子どもの教育のために関与することが少なかった。また，学業成績につながる要因として，アメリカの母親は知能をかなり重視するのに対し，日本の母親は知能より努力を重視することがわかった。日本では，伝統的に人間の能力や資質についての平等主義的な人間観が強く，その信念が努力重視の考え方と強く結びつき，最後まであきらめず，粘り強く努力を払うことに価値がおかれると解釈された。この信念

の問題は動機づけと関連する問題であり，次節4であらためて考えることにする。

［4］熟慮—衝動型認知スタイル

日本の子どもの粘り強さは熟慮—衝動型認知スタイルの研究でも明らかにされてきた。教室には，教師の質問に対して即座に答えや考えを発表する子どもがいる一方で，他の人の発表を聞いた後で慎重に自分の意見を述べる子どもがいる。この個人差は知能レベルの違いというよりも，課題に取り組むやり方の個人的好みが関係している。

ケーガン（Kagan *et al*., 1964）は，反応の速い子どもと遅い子どもに関心をもち，図4-7のようなテスト図版を考案して個人差を調べた。個人差は，初めの反応までの時間（潜時）と誤りの回数によって決められる。一般的には，時間を優先して速く答えようとすると誤りが多くなりやすいし，逆に正確さを優先すると，慎重に答えようとして時間がかかる。前者は衝動型のスタイル，後者は熟慮型のスタイルとよばれた。小嶋（1991）は，年齢による変化が文化に

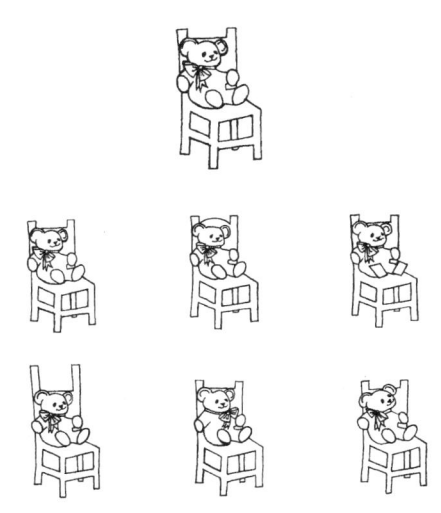

上の見本と同一のものを下の6個の比較刺激から見つける
図4-7　MFFテストの項目の一例（Kagan *et al*., 1964）

よって異なることを図4-8のように見出した。どの国（日本，アメリカ，イスラエル）でも年齢とともに反応時間は増し，誤りは減るが，日本の子どもは5，6歳で他の国の子どもより熟慮的だし，反応時間が上限に達する時期と誤りが下限に達する時期も2年ほど早いことがわかる。

そして，日本では4歳児のときの熟慮性，持続性が，後の知能と学業成績に関係することも明らかにされた（Kashiwagi et al., 1984）。図4-9からわかるように，日本の子どもにおいては，4歳の時点で持続性の度合いが高かった子

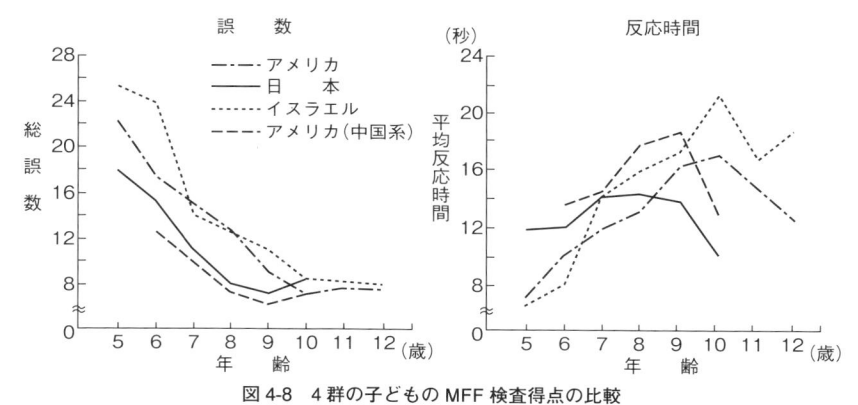

図4-8 4群の子どものMFF検査得点の比較
（Salkind et al., 1978とSmith & Caplan, 1988を合成：小嶋，1991）

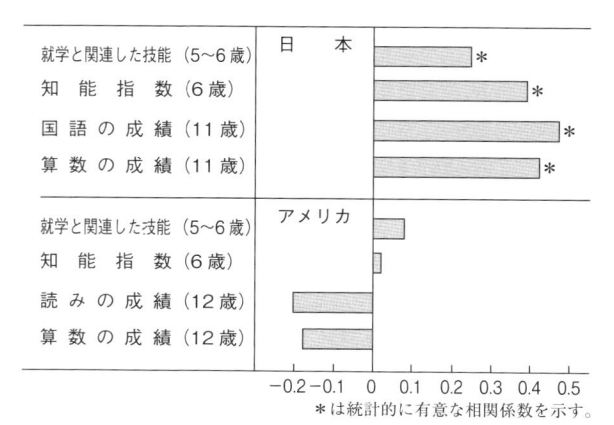

図4-9 4歳のときの子どもの持続性と，後の知能・学業成績との関係
（Kashiwagi et al., 1984；小嶋，1991）

どもほど，6歳の時点での知能指数や小学校高学年での国語および算数の成績が良かった。アメリカの子どもではそのような特徴はみられない。日本では，個々人が自分に与えられた役割を素直に果たすことが期待されており，それを東 (1994) は「受容的勤勉性」とよんだが，粘り強さという日本の文化的要請を学習した子どもは，学業達成に優れる傾向があるといえる。

[5] 親の養育態度

さらに，文化によって母親の養育態度が子どもの学業に及ぼす影響の仕方に違いがあることも見出された。東ら (1981) は，1972年から約10年にわたり日米の子どもと母親の関係を調査した。小学校入学までの3年間に観察した母親の子どもに対するかかわり方の主なものを6つの変数にまとめ，それと子どもが小学校に入学する直前の知的課題成績（読み書きなどを含む），および小学校5〜6年のときの学業成績との相関を調べた。その結果を示したのが図4-10である。5〜6歳のときの成績が高いほど11〜12歳のときの成績も高い。もし5〜6歳のときの知的課題成績に個人差がなかったとしても，幼児期における親のかかわり方が11〜12歳の成績と関係するかどうかをみるために偏相関が算出されている。矢印は，統計的に有意味な値，つまり誤差によるものではないといえる関係のみを示している。

明らかに，日本の方が偏相関の矢印が多い。アメリカでは6変数のうち1変数しか効いていないのに，日本では4変数が効いている。アメリカでは親のかかわり方は小学校入学の頃の学力に影響するが，その先の学力の個人差には影響しないのに対し，日本では小学校に入った後でも大きく影響しているのである。特に日本の母親の期待要因と子どもが5〜6年生になったときの学業成績との偏相関は高く，知能検査成績に匹敵するほどの影響を及ぼしていることがわかる。

いうまでもなく，文化は変容するから，見出された日本の結果が30年以上経た現代でも代表される特徴かどうかは明確でない。

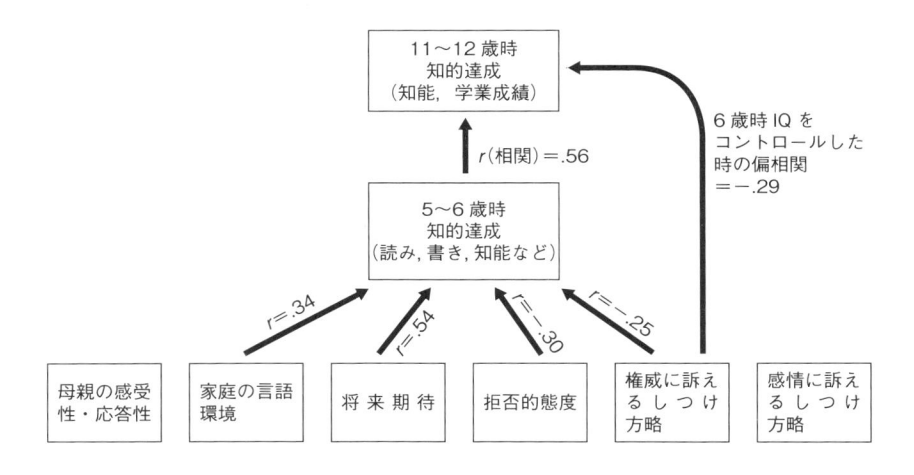

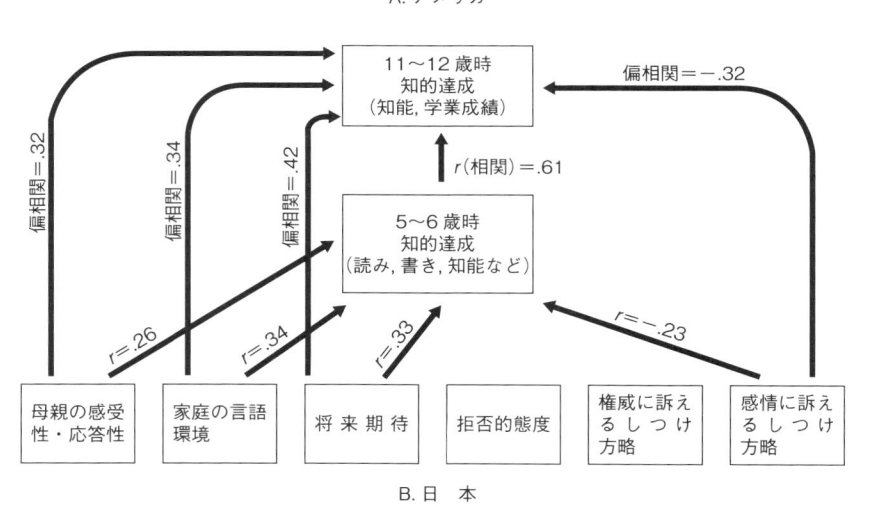

図 4-10 就学前の母親変数が子どもの知的発達にどのように働くか (東, 1994)

A. アメリカ

- 11〜12歳時 知的達成 (知能, 学業成績)
- 5〜6歳時 知的達成 (読み, 書き, 知能など) → 11〜12歳時: r(相関)$=.56$
- 母親の感受性・応答性 → 5〜6歳時: $r=.34$
- 家庭の言語環境 → 5〜6歳時: $r=.54$
- 将来期待 → 5〜6歳時: $r=-.30$
- 拒否的態度
- 権威に訴えるしつけ方略 → 5〜6歳時: $r=-.25$
- 権威に訴えるしつけ方略 → 11〜12歳時: 6歳時IQをコントロールした時の偏相関 $=-.29$
- 感情に訴えるしつけ方略

B. 日本

- 11〜12歳時 知的達成 (知能, 学業成績)
- 5〜6歳時 知的達成 (読み, 書き, 知能など) → 11〜12歳時: r(相関)$=.61$
- 母親の感受性・応答性 → 5〜6歳時: $r=.26$; → 11〜12歳時: 偏相関$=.32$
- 家庭の言語環境 → 5〜6歳時: $r=.34$; → 11〜12歳時: 偏相関$=.34$
- 将来期待 → 11〜12歳時: 偏相関$=.42$
- 拒否的態度 → 5〜6歳時: $r=.33$
- 権威に訴えるしつけ方略
- 感情に訴えるしつけ方略 → 5〜6歳時: $r=-.23$; → 11〜12歳時: 偏相関$=-.32$

4. 意欲的に学ぶ

[1] 動機づけとは

　教室には，勉強が嫌いで学業課題に取り組まない子どもがいる一方で，積極的に真剣に課題に取り組んでいる子どもがいる。また同じ子どもでも，あるところでは根気強く課題に取り組むかと思えば，他のことには無頓着ですぐに興味を失って投げ出してしまうこともある。学習者が当面の課題に積極的に取り組もうとする構えは，一般に「学習意欲」とよばれるが，心理学では「学業への動機づけ（motivation）」という用語を用いて研究されてきた。動機づけ研究は，「行為がなぜ，どのように起こるのか」「なぜ，その人はそんなにエネルギッシュか」「何のために，それをするのか」といった方向から人間を理解しようとするものである。

　動機づけは，認知（cognition）や，情動（emotion），欲求（need）の3要素によって説明される概念である。認知とは，「当人の主観的解釈」を意味し，個人的な意味づけや価値づけがやる気の量や質に影響する。人間が目標を達成するためにものごとを合理的に判断する存在であることを前提としている。情動（感情）体験も動機づけと密接に関連する。うれしいときは活動的になるし，落ち込んでいるときにやる気は出ない。最近の「フロー」理論は，時を忘れ，夢中になり，努力感を伴わずに活動に没頭する状態の意義を強調する。欲求は，人を行動に駆り立てて，その行動を方向づけるような比較的安定した心理的エネルギーを指す。欲求は多様にあり，それぞれの欲求はそれを満たす方向で行動を生起させる。動機づけとは，それら3つの要素が相互に影響しながら，さらに，状況とのダイナミックな相互作用の中で進行するものであると理解されている。そして，何より，人間が「主体」として位置づけられている。

[2] 自己決定理論

　従来，動機づけを理解するために，行動が自発的か他律的か，また，目的的か手段的か，によって外発的動機づけと内発的動機づけに区分されていた。しかし，デシとライアン（Deci & Ryan, 2002）は，外発的に動機づけられていて

も社会的価値観などを自己のものとして内在化し自律的な動機づけとして発達していくことを主張する。彼らの自己決定理論によると，内在化の過程は自律性（自己決定）の程度によって4つの自己調整の段階を踏んで進む。

　第一段階は，最も他律的状態であり，外的調整の段階である。親や教師から叱られるから勉強する，といった外からの強制による動機づけであり，自分自身で意思決定を行っていない。第二段階は「取り入れ」（introjected）である。勉強は大切だという価値を認め，自己の価値観として取り入れつつあるものの，落第するのが心配だからとか，友だちに負けたくないから，として勉強する場合である。失敗を回避するという消極的な理由や，「しなくてはいけない」といった義務的な感覚を伴っているが，外的な強制力がなくとも学習に向かうため，自己決定の程度がいくぶん高い。第三段階は「同一化」（identified）の段階である。行動が自分の価値観や認識と同一化したかたちで動機づけられている。たとえ将来のために資格を取るといった，他の目的を達成するための手段的な行動であっても，その重要さが自己の価値観として十分認識されているから，自己決定の度合いは高い。

　その後，価値の内在化が進むと，統合的段階となり，他の価値観と対立しない自己と融合した価値観をもつようになる。義務と感じることなく，「やりたいからやる」という状態である。

　自己決定理論では，人が生得的に，①有能さへの欲求（need for competence：環境と効果的にかかわりたい），②自律への欲求（need for autonomy：行為を自ら起こしたい），③関係性への欲求（need for relatedness：他者とかかわりたい）の3つをもっているとする。これら心理的欲求が同時に満たされるような条件のもとで人は意欲的になり，パーソナリティが統合的に発達するのだという。有能さへの欲求は，人が効力感（a feeling of efficacy）を感じるために行動するというcompetence動機づけ（White, 1959）と同一の概念である。自律への欲求は，人が自らの行動の原因でありたい（origin），それを実感している場合に内発的に動機づけられるという，ドシャームズ（deCharms, 1968）による自己原因性の理論と同一である。関係性は，個人間における個人的，感情的な結びつきや愛着を表す。他者に受け入れられているという認知や他者から支えられているという認知が有能

感を高め，「重要な他者」により価値づけられた行動を取り入れ，さらに自律性の認知を経由して内在化していく。

[3] 統制可能性についての暗黙理論

同じ能力をもっていても，困難な課題に直面した際に明らかに個人差がみられる。早々と課題挑戦をあきらめる人と，あきらめずに有効な方法を用いて努力し続ける人である。なぜ，同じ状況で，このような違いをみせるのだろうか。特に，自分の能力を発揮しようとしない子どもをどう理解し，指導すればいいのだろうか。ドウェックとレゲット（Dweck & Legget, 1988）は，自分の知的能力を普遍のものとしてみなす「知能固定的理論」（entity theory of intelligence）か，もしくは展性のもの（可変性）とみなす「知能漸増理論」（incremental theory）か，という個人の暗黙理論（implicit theory）の違いが，努力目標の違いや行動パターンの違いをもたらすと説明した（表4-1）。知能固定理論は評価目標に，漸増理論は学習目標（learning goal）につながる傾向がある。知能固定理論では，知能は安定したものであり，よい成績は高い能力を意味する。だから，自分の有能さを周囲に認めさせることが努力の目標（評価目標 performance goal）となる。自分の現在の能力に自信がない場合，失敗は自分の無能さを他人に暴かれる危険があるから，失敗の確率が高い課題に挑戦

表 4-1 達成状況における暗黙理論，目標，行動パターン（Dweck & Legget, 1988）

知能理論	目　標	現在の能力の認知（自信）	行動パターン
固定理論 （知能を不変とみる）	評価目標 （コンピテンスについて肯定的評価を得ること，否定的評価を回避することが目標）	高い	熟達志向的 （挑戦を求め 粘り強い）
		低い	無気力的 （挑戦することをさけ 挫折しやすい）
漸増理論 （知能を可鍛性のものとみる）	学習目標 （コンピテンスを向上させることが目標）	高い	熟達志向性 （挑戦を好み 粘り強い）
		低い	熟達志向性 （挑戦を好み 粘り強い）

することを避ける。あるいは，いかに努力しないで成功したかとか，いかに他人よりすぐれているかを提示したがる。一方，知能漸増理論では，知能は努力によって増大するものであると考える。だから，能力の向上が努力する目標（熟達目標 mastery goal）となる。失敗しても，それを次なる挑戦の改善情報として受け止める。このような個人の暗黙理論いわゆる信念は，知能に限らず，パーソナリティや，道徳的，社会的領域へも一般化される可能性が指摘されている。

　では，子どもが必要以上に評価目標を強めず，熟達目標を強めるためには，どのような働きかけが有効であろうか。エームスとアーチャー（Ames & Archer, 1987; 1988）は，親や教師が子どもの成績の良し悪しばかりに関心をもち，競争をあおるような統制的働きかけをするより，良いところを伸ばすように自律を支援する働きかけによって，子どもを挑戦的な課題に向かわせ内発的に動機づけることができることを見出した。特に教師が過度に競争をあおるならば，子どもたちは能力による差別を感じ，不満を抱き，学級成員間の不信感を強める。そこでは，失敗は敗北であり，自己の能力のなさを意味するものであるととらえられ，失敗を必要以上に恥と感じ，今後の展望ももてなくなる。それに対し，教師が子どもの努力や進歩を認めたり，失敗も学習の重要なプロセスであることを認めるような指導をするならば，子どもたちは互いの成功を喜び，失敗を非難せず，自分が学級の中で受容されているという満足感を抱くことができ，その中で成功・失敗の経験を振り返り，今後のあり方を展望することもできる。ウエンツェル（Wentzel, 1991）は，学級の熟達志向だけでなく，社会的責任目標（クラスの規範を守るとか，良好な仲間関係を築くことが重視される学級）も学習への動機づけを高めることを報告している。

[4] 効力期待

　前（第1章4）でみたようにホワイトは欲求として効力感を位置づけたが，バンデューラは認知の枠組みで発展させた。バンデューラ（Bandura, 1977）によれば，人が特定の行動を起こす際に，2つの予想をする。1つは「結果期待」（outcome expectation），すなわち「こうすればどうなるか」という，行動に伴う結果についての見通しと，「効力期待」（efficacy expectation），すなわち「そ

うすることが自分にできるだろうか」という，特定の状況において要求される行動を自分が実行できるという見通しである。後者は自己効力（self-efficacy）ともよばれ，たとえ魅力的な結果が期待されても，自己効力が高く見積もられるとは限らない。自己効力の高い人が困難な課題に直面したとき，自分の能力に疑いを感じている人と比較して，躊躇なくより大きな努力を払い，より継続的にそれに取り組むことは，これまで多くの研究で実証されてきた（Bandura, 1995）。学業に関しても，小学生から大学生まで，自己効力が学業課題に対する努力と粘り強さに大きな影響力をもつことが見出されている（Multon *et al.*, 1991）。

　自己効力は，身体的特徴や心理的特性のような個人的特質よりも，むしろ課題遂行能力の判断を意味するものである。子どもがふだん自分をどのように感じているかというのではなく，与えられる課題に対する能力についての判断である。第2の特徴を挙げると，自己効力は単一ではなく，多元的性質をもつことである。算数に関する自己効力は国語や芸術の自己効力とは異なることもある。また，自己効力は文脈依存的であり，たとえば，競争的な学級では，協調的な学級よりも生徒の効力感が低い。

　自己効力は次のような情報源によって規定される，とバンデュラは考えた。

　①制御体験：忍耐強く努力し障害を克服したという過去の成功体験が，困難や逆境に直面しても，それに耐え，つまずきから素早く立ち直る力の源となる。逆に失敗経験は類似事態に対する自己効力を弱めることになる。

　②代理経験：自分に類似する他人が忍耐強く努力して成功するのを観察することによって，自分もそうできるという信念を強め，逆に失敗するのを観察すると自己効力を低めることになる。ここで大切なのは，観察者が観察される人（モデル）に対して尊敬や親密感を抱いていたり，何より類似性を知覚していることである。

　③社会的説得：重要な他者から自分の能力を評価され激励されることによって，自己に対する疑念を払拭することができる。この言語的説得は日常的に最も頻繁に用いられるが，それだけでは，一時的，補助的な効果にとどまる。

　④生理的・感情的状態：過度の緊張や，疲労，苦痛は遂行能力低下のサインとみなされ，失敗を予測する情報となる。適度の興奮状態の知覚が成功の期待

につながる。

5. 広汎性発達障害，注意欠陥／多動性障害，学習障害とは？

　教室の中をみてみると，実にさまざまな特徴をもった子どもたちがいる。友だちと一緒に何かをするよりも一人でこつこつと行うのが好きな子，計算は得意なのに文章題は苦手な子，落ちつきがない子など，さまざまな子どもたちがいる。そのような子どもたちの中に，「独自のペースで発達していき，時として，属する集団の標準的な発達とは異なる」子どもたちがいる。いわゆる知的な発達に遅れはないものの，学習面や行動面で著しい困難を示すことが多い子どもである。その困難さゆえに，この時期に仲間との交流がしづらく，各々の社会で重要視されている道具や知識や生活体験を仲間と共有したり，他の人とのつき合い方を学ぶことが困難である。最近では，そのような子どもたちの中の一部を，発達障害という概念でとらえるようになってきた。ここでは，特に最近よく聞かれる3つの発達障害について，各々の障害がどういうものか，どういうことからその障害であることの気づきを得るのか，どのように対応していくのかについてみていきたい。

[1] 広汎性発達障害（Pervasive Developmental Disorders，以下略：PDD）
1) 定　　義
　PDDは，自閉症と同質の社会性の障害を中心とする発達障害の総称である。その中には知的障害を伴わない高機能自閉症，コミュニケーションの障害が軽微でことばの遅れの少ないアスペルガー症候群，高機能のその他の広汎性発達障害（非定型自閉症）の三者が含まれる（杉山，2002）。自閉症とは，DSM-Ⅳ（アメリカ精神医学会発行　精神疾患の分類と診断の手引き第四版：American Psychiatric Association, 1994）やICD-10（世界保健機関発行　国際疾病分類第10版：World Health Organization, 1992-1994）では，次の3点を診断基準としている。その1つめは「対人関係の障害」で，保護者をはじめ他の人との関係を作ることが苦手で，他者の立場に立って理解したり，考えたりすることが苦手なことが挙げられる。2つめは「コミュニケーションの障害」で，

他者に意思を伝えることが苦手である。また，認知障害（視覚優位型が多い），模倣能力の障害，注意の柔軟性の障害などがみられる。3つめは「こだわりや興味，活動の幅の狭さ」である。それに加えて，不器用さ，音などへの独特な感覚などがみられることもある。

2）発達の特徴

乳幼児期，特に2歳までの徴候として，表情が乏しい，視線が合いにくい，高い所によく登る，動作模倣がない，疎通性に乏しい，絶えず動きまわる，身振り表現がない，奇妙な行動をする，機械類が好きなどが挙げられる（伊藤，2006）。3歳以降には上記の診断基準の特徴がみられるようになってくる。

3）対　　応

対応としてはまず，すべての基本となるコミュニケーション能力を育てていくことが大切である。乳幼児期の頃から，丁寧にわかりやすく，人とつき合うときのコツや注意するべきポイントを繰り返し教えていくことが必要である。学童期においては，学習面に困難をもつ場合も多くみられるため，本人の興味関心，ペースに合わせた対応を行っていくことが必要だろう。抑うつ，不安，パニック，強迫症状などが出現したときには薬物療法が有効である。また，本人のみならず，保護者の戸惑いも大きい。そのため，長期間相談できる専門家を見つけることや，親の会，家族会などとのつながりをもつことも大きなサポートになる。

［2］注意欠陥／多動性障害（Attention Deficit/Hyperactivity Disorders，以下略：ADHD）

1）定　　義

ADHDは子どもの行動上の問題点から規定された障害である（橋本，2002）。国際的な診断基準（DSM-IV，ICD-10など）によって，家庭と学校など2つ以上の場所で，場面に関係なく不注意，多動性，衝動性の3つの特徴が年齢不相応に著しく認められること，7歳未満に発症し，6ヶ月以上の長期間にわたることなどを条件に判断する。3つの基準についてより詳しくみてみると，「不注意」は，注意を集中させることが困難であり，外からの刺激によって容易に気が散ってしまったり，順序だてて活動することが困難であったりするこ

とを指す。「多動」は,そわそわしていたり,学校で授業中席を離れてしまったり,常に動き回っていたりすることを指す。「衝動性」は,順番を待てずに行動してしまったり,質問が終わる前に出し抜けに答えてしまったりすることを指す。最近では,前頭葉機能の中の行動抑制と実行機能の障害であるという考え方が中心となっている。行動抑制とは,反応が起きるのを抑制したり,起きている反応を中断したり,進行中の活動を妨害行動から守り持続させたりといった能力とされており,すべての行動・活動の従事に必要とされている。実行機能とは,自己管理的行動の種々の場面において必要とされる能力であり,次の4つが挙げられている。①作業記憶(次の作業をするために心の中に必要な情報を留めておく力),②内的会話によるセルフモニタリング(問題を解決している途中でさまざまな解決策について自分自身と会話する能力),③情動と覚醒レベルのコントロール(感情反応が起きても課題の遂行に集中できるような形や程度に変化させる力),④再構成(問題状況に直面したときに,問題を分析し,可能な解決方法を見出し,柔軟な対応を可能にする力)。

2) 発達の特徴

乳児期では,むずかりやすい,睡眠の乱れ,なだめにくいなどの特徴がみられる。幼児期に入ると,じっとしていない,集団遊びができない,かんしゃくが強い,聞き分けがないなどの特徴がみられる。学童期では,落ち着きがない,忘れ物が多い,学用品をなくす,時間を守れないなどの特徴がみられる(橋本,2002)。

3) 対　　応

対応としては,主に教育・療育的支援がある。教育・療育的支援ではペアレント・トレーニングなどあるが,行動変容療法がよく行われる。それは,良い行動をほめ,強化し,好ましくない行動には無視,タイムアウトなどで抑制し,行動の修正をしていく。最も大切なことは,良いことはよい,悪いことは悪いとはっきりさせるとともに,家族内の方針を統一しておくこと。さらに,薬物療法が必要なこともあるが,これらはそれぞれ単独ではなく,並行して行うことが重要である。また,周囲から子どもの行動が非難の目でみられたり,一時も目が離せないことから,ADHD児の養育者のストレスは多大なものがあるため,養育者の精神的な支援も必要である。

[3] 学習障害（Learning disabilities または Learning Disorders，以下略：LD）
1）定　　義

　LDは，1963年にアメリカの教育心理学者，カークが，それまで知覚障害，失読症，発達性失語症，MBDなどとよばれていた子どもたちを学校で適切な教育の対象にしていくために，教育用語として提案したもので，知的障害や自閉症と異なる新しい概念として広く受け入れられるようになった。日本では，次のように定義されている。「学習障害とは，基本的に全般的な知的発達に遅れはないが，聞く，話す，読む，書く，計算する又は推論する能力のうち特定のものの習得と使用に著しい困難を示す様々な状態を指すものである。学習障害は，その原因として，中枢神経系に何らかの機能障害があると推定されるが，視覚障害，聴覚障害，知的障害，情緒障害などの障害や環境的な要因が直接の原因となるものではない」（文部省，1999）。

　基本的状態として，聞く・話すという話しことばにおける困難，読む・書くという書きことばにおける困難（両方合わせて「国語学力における困難」），計算する・推論する（算数における計算以外の，図形，量と測定，数量関係の分野）という「算数学力における困難」が挙げられている。また，著しい困難とは，低学年では1学年以上の遅れ，高学年では2学年以上の遅れとされる。そして，中枢神経系の高次機能（記憶，注意，視覚認知，言語処理などにかかわる脳の機能）の障害が推定される発達障害であり，環境要因や他の障害が主な原因で生じるものでないとされている（牟田，2005）。

2）発達の特徴

　LDは学習を始める年齢になって初めてわかることが普通で，幼児期を振り返ってみても特に問題となることはない。しかし，ことばの発達の遅れ，感覚面の偏り，落ち着きのなさ，物の位置の把握が困難，迷子になりやすいなどの特徴がみられることもある。学童期に入ると，読み書き，算数などの本来の学習が始まる小学校入学前後に初めて症状が明らかになることが多い。これまで利発な子どもで何も問題がなかったのに，入学後初めて仮名の読み書きが習得できないとか，数の操作をどうしても覚えられないということで気づかれる。読字困難の結果，現実的には書くことにも困難があり，読み書きの障害となる。

3）対　　応

　LD の対応としては，特に学校での対応が重要になってくる。まず，学習指導では，個人固有の認知面の特徴や情報処理の特性に配慮した指導を，一般的な学習の遅れをもつ子どもの指導に加味することが有効とされる。また，学力面のみならず，社会性や運動面，行動面の困難等についても配慮して指導する必要がある。

［4］おわりに

　これまで，軽度の発達障害といわれる広汎性発達障害（高機能自閉症，アスペルガー症候群），ADHD，LD についてみてきた。しかしこのような子どもたちの判別はかなり困難である。周りには「いろいろなことが上手にできないくせに生意気なことをいう子だ」とか「わがままな子」と誤解されていることも多い。しかし，本人にとっては，「みんなのようにやりたい」という気持ちがあるにもかかわらず，なかなかうまくできず，欲求不満や劣等感を抱き，その結果，自信喪失に陥るという二次的な不適応を起こしている可能性が考えられる。したがって，このような子どもたちができるだけ二次的な不適応を起こさず，個人のペースで，そのときの課題をこなせるように支援する必要がある。そのためには，発達障害といっても状態が個人によりかなり違いがあることを理解し，個々の発達の状態を知ることが大切である。また，その場合，心理検査などによる正確なアセスメントが有効である。その上で，本人を取り囲む環境にそれを伝えていくことが次のステップになるだろう。特に学童期においては，保護者のかかわり方と学校におけるかかわり方が重要になってくる。保護者においては，一人で悩みを抱えることのないよう，それぞれの親の会，NPO などを活用し，子どもに寄り添っていくことが大切である。学校教育においては，特別支援教育がさまざまな課題を抱えつつも展開しつつある。このような子どもたちが障害をもちながらも，より自分らしさを発揮して，主体的に生きていけるように支援していく体制を作っていくことが望まれる。

コラム⑤

父親の家庭関与が子どもに及ぼす影響

　父親が果たす家族役割（子どもとの遊びや家族との会話，授業参観など）の度合いによって，小学生の子どもによる父親の評価が違うという調査結果が報告されている（深谷，1996）。図から明らかなように，子どもは家族役割を果たしていない父親より果たしている父親をあらゆる面について高く評価していた。さらに，「お父さんのようになりたいか」の質問に対して，家族役割を果たしている父親が，男児からは自分もそうなりたい，女児からは（そういう人と）結婚したい，と高い評価を得ていた。

　また中学生の子どもの精神的健康度と父親の家庭関与（家事，子どもとの会話，悩みの相談，スポーツなどの共行動など）の度合いとの関係も報告されている（平山，2001）。家庭関与の少ない父親をもつ子どもは家庭関与の多い父親をもつ子どもより精神的健康度が低かったのである。特に，父親は家庭関与していると高く自己評価しているのに母親からの評価は低いというズレの大きい両親の場合，子どもの神経症的傾向が最も高かった。力動的な家族システムの中で，親が子どもに影響力をもつことがわかる。

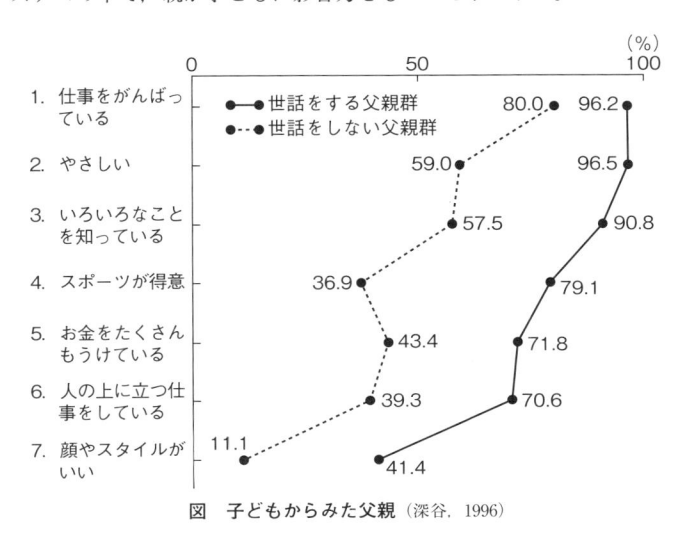

	世話をする父親群	世話をしない父親群
1. 仕事をがんばっている	96.2	80.0
2. やさしい	96.5	59.0
3. いろいろなことを知っている	90.8	57.5
4. スポーツが得意	79.1	36.9
5. お金をたくさんもうけている	71.8	43.4
6. 人の上に立つ仕事をしている	70.6	39.3
7. 顔やスタイルがいい	41.4	11.1

　　　　　　図　子どもからみた父親（深谷，1996）

コラム⑥

しつけと道徳性の発達

　道徳性の発達は，親や地域の道徳的基準を学習し内在化することである。内在化するために，親はしつけを行う。最も効果的なしつけは，子どもが自分自身の行動をコントロールし，自分の行動が他者にどのような意味をもつかを理解し，同情の気持ちを育てるようにさせることである。

　しつけの方法と道徳的行為および人格の発達との関連は表のようにまとめられる（Newman & Newman, 1984；福富訳 1988）。しつけの方法は一般的に次の3つに分類される（Hoffman, 1977）。

　①力づくによるしつけ：物的な罰，どなる，物理的に子どもを移動させたり行動を禁止する，名誉や資質を取り去ったり脅かす。

　②愛情を示さないしつけ：怒り・失望・非難を表出する，コミュニケーションの拒否，立ち去ったりそっぽを向く。

　③誘導によるしつけ：その行動がなぜ悪いのか説明する，他者の行動の結果を指摘する，子どもの優越感・フェアプレー・他者の愛情に訴えて行動を再方向づけようとする。

　誘導によるしつけは，他の2つのしつけが失敗するような場合でもうまくいく。このしつけを主に用いる家庭は，年齢にふさわしい行動基準を確固として定めており，権威主義的でなく民主的に，自分の行動が他人に対してどのような結果をもたらすのかを示すことによって，子どもの共感性を高めている。また，温かさ，受容的な雰囲気，密度の濃いコミュニケーション，他人に対する関心や寛容性などが多くみられる家庭である。

表　しつけの方法と人格および道徳性発達との関連（Newman & Newman, 1984 福富訳 1988）

しつけのしかた	パーソナリティ特徴	道徳的行為
力づくによるしつけ	攻撃的行動・空想的	道徳的禁止の内在化は最低
愛情を示さなかったり罪意識に訴えるしつけ	不安・依存的	道徳的行動との関連は不明
誘導によるしつけ	自律的・他者への関心	道徳的発達が高い

第5章
大人への助走（青年期）

1. 性的発達

　われわれはいつ，もう子どもではない自分と出会うのだろうか。一般に，青年期は，児童期（子ども）から成人（大人）に至るまでの移行期間として位置づけられる。その始まりは，いわゆる第二次性徴の発現に伴う身体的な変化である。身体つきが急激に大きくなるとともに，精通・初潮に代表される性的機能の変化が身体に現れ，もはや子どものままではいられないことが自他にはっきり認識されるようになることが，一つのきっかけとなるのである。

[1] **性的成熟**
　児童期後半になると，大脳の重さが成人の90％程度にまでなり，その成熟とともに性ホルモンの分泌が増加して第二次性徴が始まる。これと同時期に成長ホルモンの分泌も盛んになり，人間の一生の中で，乳幼児期に次いで身長・体重などが急激に増加する時期となる。
　性的に成熟するということは，つまり生殖可能であることを意味する。第二次性徴はホルモンの分泌の影響によって，具体的には次のような変化が特徴として明らかになる（秋山，2000）。
　男性：変声，精通，陰毛や髭などの発毛，骨格・筋肉の発育
　女性：乳房の発達，初潮，陰毛の発現，骨盤の発育・皮下脂肪の蓄積などによるふくよかな身体つきの形成
　こうして男女の外見の区別が明確になり，運動能力的，体力的に男子が女子

を上回るなど，性差が歴然としてくる。近年では，身長・体重などの身体の成長速度が増し，性的にも早く成熟する「発達加速現象」によって，思春期の到来が，かつての中学時代から児童期後期に移行している。「発達加速現象」とは，戦後の栄養改善，民主主義，男女平等の価値観や欧米風のライフスタイルが進行し，成長加速と成熟の前傾がみられるようになったことを指す。

秋山（2000）は，性を理解する上で不可欠な側面として以下の3点を挙げている。

①性アイデンティティ（sex identity）：遺伝子－解剖学レベル（生殖遺伝子がxxかxyか，卵巣・子宮，精巣などの有無）での区別によって意味づけられる自分。

②ジェンダー・アイデンティティ（gender identity）：「女であること」「男であること」への日常的感覚に伴う社会－文化的意味や期待の中に分類された自分。

③セクシュアル・アイデンティティ（sexual identity）：性的活動に結びついていく性への好みに表現される自分。

日本では，「性」ということばはどうしても，性的活動に関するイメージが強いが，実は性に関わるアイデンティティは，上記のようにいくつかの位相を示しつつ「私」の重要な部分を構成している。性同一性の確立がひと筋縄ではいかないのは，これらの諸側面にわたる「性」を統合させていくことが求められるからである。しかし，すべての人が必ずしも自分の性別役割を取り入れることができるとは限らない。「自分自身の生物学的な性（sex）と，どの性に所属感をもてるか（gender）との不一致感や違和感」で根源的な不満や悩みを抱える人々の存在もある。その性のあり方に悩むことは，医学的に性同一性障害とよばれ，青年期前期に顕在化することが多い（秋山，2000）。

[2] 身体発達の意味と性役割

思春期の身体発達（性的成熟）は，単に身体的に大人に近づくという意味だけでなく，青年にさまざまな影響を及ぼす。ピーターセン（Petersen, 1987）は，思春期の身体発達について，図5-1に示す生物・社会文化・心理学的要因の関係モデルを提唱している。これによると，われわれの身体発達は基本的に

1. 性的発達

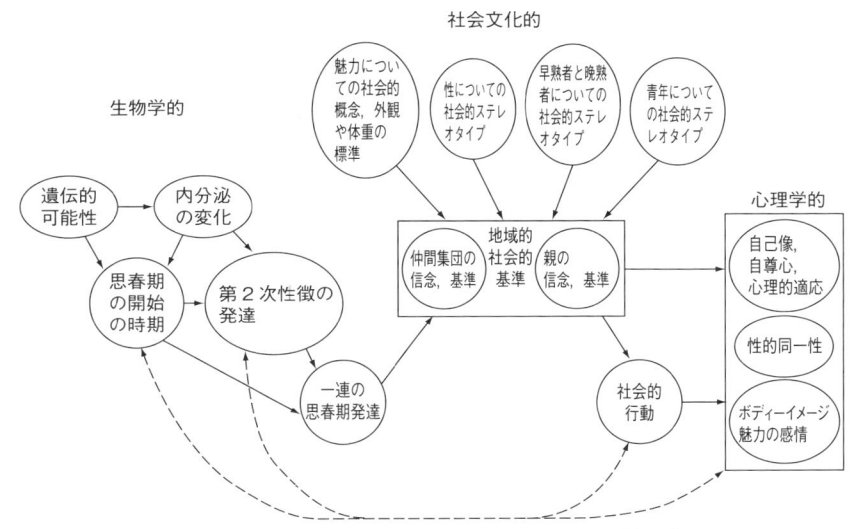

図 5-1　青年前期における生物学的・社会文化的・心理学的要因の関係モデル（落合ら，1993）

遺伝的可能性に規定されており，これから内分泌の変化，思春期開始の時期，第2次性徴の発達，一連の思春期発達へと生物的変化が生じることになる。次の段階として，身体発達が仲間集団や親の信念や基準といった地域的，社会的基準により評価されることになり，当の青年の社会的行動，心理学的側面である自己像，性的同一性，ボディーイメージなどが形成されることになる。身体発達は，直接的に青年の心理に影響を与えるというよりも，社会文化的なフィルターを通してなされた評価により，影響を与えるのである（落合ら，1993）。

「性」ということばには遺伝的・生物学的性である「セックス」と心理・社会的性である「ジェンダー」という2つの側面がある。「セックス」は生まれながらにして決まっているが，「ジェンダー」（性役割）は誕生後の生活経験を通して，生まれもっての性を基盤として，後天的に身につけていくものである。「自分が自分の性に生まれてきてよかった」と思う割合は，男子の方が女子よりもはるかに高いという報告もあり，女子が自らの性を受容しがたいということは，その性をもつ自分自身をも引き受けがたいという意識へとつながる可能性がある。日頃の何気ない親や教師のことばに潜むジェンダー・バイアス

が子どもたち自身のジェンダー・バイアスの形成に影響を与えている可能性が高い。性によるさまざまな相違を認めながら，自分の性を肯定的に受け入れ「自分であること」を大切にしていこうと思う気持ち，そして同時に異性に対しても人格を尊重し，互いに助け合う存在であるという気持ちを育てていくために，子どもたちの周囲にいる大人たちが，自分の心の中にあるジェンダー・バイアスに敏感でいることと同時に，意識的・無意識的にジェンダー・バイアスを伝達していくことのないように注意が必要である（高野，2000）。

[3] 性 行 動

　異性に対する意識は，性的成熟と平行し，他者のまなざしが気になる，つまり自己に対する意識の高まりとともに芽生えていく。違う性を生きる相手が，自らを写す鏡の役割を果たすことになるのである。恋愛感情の芽生えも性同一性の確立に向けての一歩につながりうる。しかし，この時期は性的な関心が急激に高まる時期でもあり，特に男子は異性に接近したい，触りたいという欲求が強い。その衝動の強さゆえに自分をコントロールしきれないといったセクシュアリティ（sexuality）の問題も顕在化する（秋山，2000）。

　児童期までに「男らしさ」「女らしさ」といった性役割を，ある程度身につけてはいるが，それは親や社会が期待するものであり，自分の身体的変化から生じる具体的な感覚ではなかった。それが第二次性徴を経験することにより，自分の性および異性を実感として意識するようになる。中学生の男女交際は，相手を思いやる気持ちを育てたり，自分の性や相手の性を受け入れ，大人としての性役割の獲得を促進するといえる（笠井，2000）。そして，現代では中学生のときから男女交際や性的な体験を経験する子どもも少なくない。財団法人日本性教育協会が公開している「青少年の性行動全国調査」によると，射精や初潮といった生理的側面での経験の早期化はほぼ限界に達している。性交に関しては，高校生と大学生の経験率が一貫して上昇傾向（つまり早期化傾向）を示しており，特に大学生女子の経験率が1999年，初めて50％を超え，高校生では全体の約四分の一の者が，大学生では約半数の者が，性交経験をもつに至っている（図5-2）。また，性的被害（セクシャル・ハラスメント，セクシャルアビューズ）経験は，1993年から初めて調査された項目であったが，女子

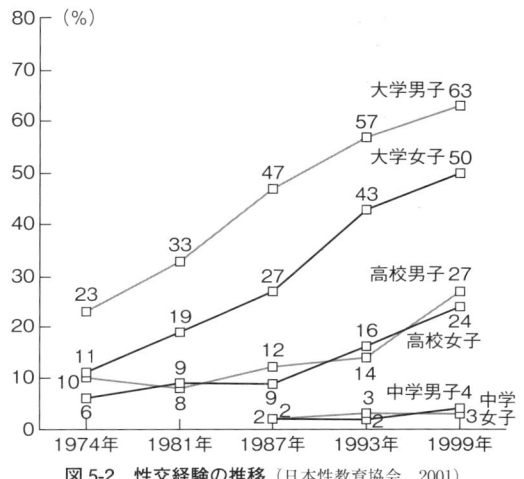

図 5-2　性交経験の推移（日本性教育協会，2001）

を中心に多くの者が被害経験をもつことが明らかにされている。図5-3によると，1999年も被害の中心が女子であることは変わりないが，何らかの性的被害を経験したことがあるという者は，どの学校段階でも男女の別なく増加しており，特に，男子の比率の伸びが著しい。ただし，この結果は，これまで意識されなかった経験が「性的」な被害として意識されるようになったという側面もあり，直ちに被害者の増加と結論づけることはできない（日本性教育協会，2001）が，注目すべき点であることはまちがいないだろう。身体的な成熟や思春期の性的欲求の現れに加え，性に関する情報の蔓延などから，容易に性的関係をもつ傾向が強くなっているのだろう。

　柏木（2002）は，医学の進歩および確実な受胎調節技術の普及が，性の自由化をもたらし，「結婚‐性‐生殖」連鎖を消滅させ，その結果，子どもは「授かる」ものから「つくる」ものへ，性は生殖とは無関係に享受しうるものとなり，結婚の価値を低下させると同時に，性規範の変化をもたらした，と指摘している。「結婚までは純潔」はほぼ死語となり，性交渉は「愛あれば」よしとされていたのが，今や「合意」が基準となっており，「お互いに納得しているセックス」を認めるということは，会ったばかりの人とであれ，遊びであれ，売買春であれ肯定されることにもつながる。笠井（2000）は，軽い気持ちで行

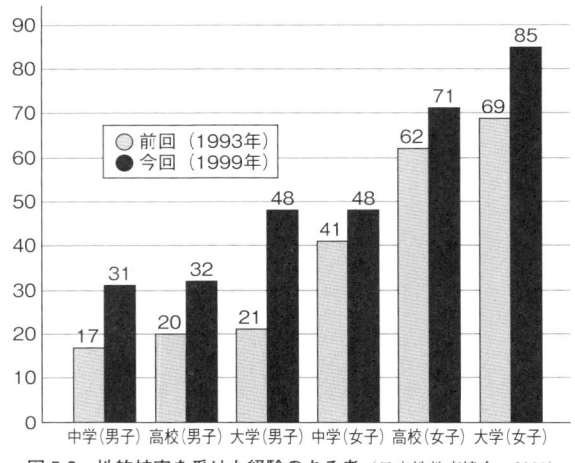

図 5-3 性的被害を受けた経験のある者 (日本性教育協会, 2001)

われる性行動について，新しい家族をつくるためや，自分と相手との関係を真剣に考えるための交際や性交渉ではなく，遊びやコミュニケーション感覚で，あるいは寂しさを癒すため，自分の存在価値を見出すためのものになっているのではないか，と指摘している。そこで，性に関する健康と権利を保障するには，性についての知識の教育ではなく，男性と女性の対等な関係性を築くこと，適切な自己主張と抑制のスキルなどの養成といった，ジェンダーに敏感な教育が必要である（柏木，2002）。

2. 知的発達

[1] 青年期の知的能力の量的発達

青年期は知的能力が向上する時期である。知能検査で測定されるような知的能力は年齢とともに上昇し，20歳あたりでピークをむかえる。語彙数も著しく増加するし，記憶力も向上する時期である。

これらはいわば，知的能力の量的側面での増大である。では青年の知的能力は，質的にはどのような様相を示しているのであろうか。本節ではこの点について，ピアジェの形式的操作という概念を軸にみていく。具体的には，青年は

みな形式的な推論ができるのかという問いと，形式的操作で青年の知的発達は終わるのか，という2つの問いを検討する。

[2] 青年期の形式的推論

第4章の2で学んだように，形式的操作期になると現実にとらわれない論理的思考が可能になる。あるいは，ある現象を決定している要因を実験を通して分析的，抽象的に明らかにすることができるようになる。形式的操作期というと，およそ11歳以上，すなわち青年期である。では青年は，誰でも形式的な推論を行っているのであろうか。

ロス（Ross, 1973）は，振り子問題（図5-4）などピアジェが用いた形式的推論の課題4つを，65人の大学生（平均年齢20.3歳。大半は教育学部の学生）に対して行った。振り子問題は，紐の長さ，錘の重さ，錘を落とす高さ，錘を落とす強さの4要因を組織的に扱うことで，振り子の周期を決定している要因を明らかにする実験を行う，という問題である。

その結果が表5-1である。課題によってかなりばらつきがあるものの，大学生であっても，具体的操作段階の反応を示す大学生が少なくないことがわかる。またこの研究から，同じ人でも内容領域が異なるとどのような段階の知的能力を示すかが異なってくることが示される。同様の研究は多数あるが，大学生や成人の形式的推論を実証的に研究した25の論文を検討した研究によると，完全な形式的操作段階の反応を示しているのは40％から70％であると結論づ

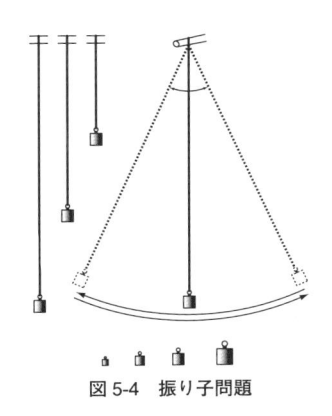

図5-4 振り子問題

表5-1　65人の大学生の遂行結果（Ross, 1973より作成）

	具体的操作	不完全な形式的操作	完全な形式的操作
バランス問題	21人（32.4%）	33人（50.8%）	11人（16.9%）
振り子問題	31人（47.7%）	14人（21.5%）	20人（30.8%）
相関問題	1人（1.5%）	58人（89.2%）	6人（9.2%）
化学問題	16人（24.6%）	46人（70.8%）	3人（4.6%）

けられている（King, 1986）。すなわち，青年期にあるからといって必ずしも形式的に推論を行っているわけではないのである。

とはいえ，大学生が知的に成長していないわけではない。いくつかの研究によれば，大学1年生よりは2～4年生の方が往々にして形式的推論得点は高い（Pascarella & Terenzini, 1991）。しかし形式的推論能力が大学在学中に伸びるかどうかは，専攻によって異なってくるようである。科学領域の形式的推論課題を，科学専攻と人間科学専攻の学生に，大学1年と4年のときに実施した研究では，1年のときは専攻の差はないが，4年になると科学専攻の学生の方が得点が高いという結果が得られている（Watson, 1984）。すなわち，大学で何を学ぶかによって，どのような形式的推論能力が発達するかが異なるのである。このことは，振り子問題，政治社会的概念課題，文学分析課題という領域の異なる形式的推論課題を，物理学専攻，政治学専攻，英語学専攻の学生に実施した研究によっても確認されている（DeLisi & Staudt, 1980）。どの学生も，自分の専攻分野と関係の深い問題では成績がよかったのである。

[3] 形式的操作期以降の知的発達

ピアジェの発達段階は，形式的操作期で終わりとなっている。では青年期以降は，知的な発達はないのであろうか。そんなことはないであろう。ピアジェの場合は形式的操作という，正解のある，論理的，科学的推論に限った知的発達に着目したためにそのような結果を得たのであって，知的発達の別の側面に着目すれば別の発達段階がみえてくる。ここでは，正解のない問題に対する知的判断の発達についてみてみることにしよう。

1）道徳性の発達

コールバーグ（Kohlberg, 1971）は，道徳性の発達について研究している。

彼が用いたのは，ジレンマ（価値葛藤）のある物語を提示し，主人公がどうすべきであったかを問うという判断・意思決定課題であり，それを通して，道徳的思考の発達の様相をとらえようとした。主人公の行動を決定するに際して，考慮すべき価値が複数あり，それらを同時に満たすことが難しいという状況で，どのような判断を下すのかがジレンマ物語であり，どのような行動（価値）を選択したのかではなく，どのような理由で行動を選択したのかに着目するのがこの課題の特徴である。

コールバーグは，10歳から16歳の少年72名に対し，10個のジレンマ物語を提示して道徳的判断を求め，その結果から6つの発達段階を確定した（図5-5）。この発達段階は，哲学や発達心理学を理論的な背景としてつくられているが，その後に行われた多くの研究により，年齢とともに発達段階が上がること，途中で段階が後戻りしたり飛び越されたりすることが少ないことなどから，段階の妥当性が確認されている。

各段階における判断の基準は，簡単にいうと以下のようになっている。段階1では大人に叱られるなど出来事の結果が判断基準になっており，段階2では自分にとって損か得かが判断基準になっている。この2段階は，社会的な慣

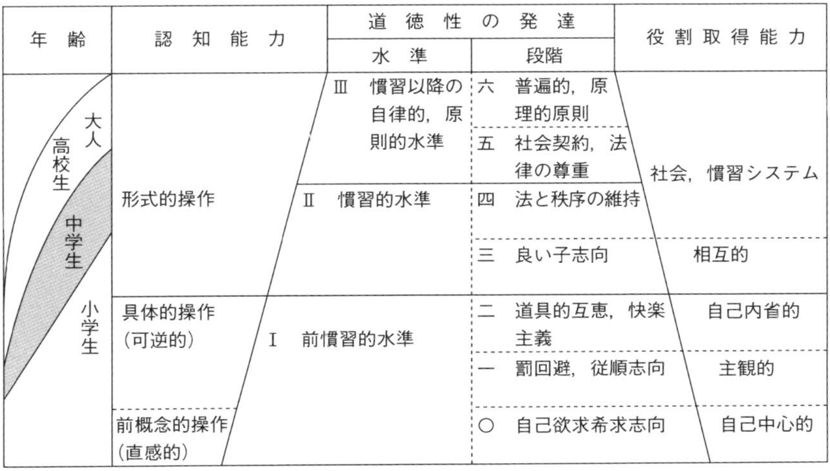

年齢	認知能力	道徳性の発達		役割取得能力
		水準	段階	
大人・高校生・中学生・小学生	形式的操作	Ⅲ 慣習以降の自律的，原則的水準	六 普遍的，原理的原則	社会，慣習システム
			五 社会契約，法律の尊重	
		Ⅱ 慣習的水準	四 法と秩序の維持	
			三 良い子志向	相互的
	具体的操作（可逆的）	Ⅰ 前慣習的水準	二 道具的互恵，快楽主義	自己内省的
			一 罰回避，従順志向	主観的
	前概念的操作（直感的）		〇 自己欲求希求志向	自己中心的

図5-5　道徳性の発達 (荒木, 1990)

習を維持するかどうかという観点とは無縁で，自己中心的な判断となっている（前慣習的水準）。段階3は自分の周りの人との良好な人間関係を維持すること，段階4は法や社会的秩序を維持することが判断基準になっている。この2段階においては，他者からの期待も含め，社会的な慣習を積極的に維持する判断となっている（慣習的水準）。段階5は民主的に合意を形成しそれに従うこと，段階6は普遍的な倫理原則である人間の尊厳を尊重することが判断基準となっている。この2段階は，慣習を越えて妥当な原則を自律的に志向し判断がなされている（自律的，原則的水準）。

コールバーグの調査では，10歳では段階1，13歳では段階3，16歳では段階4〜5が優勢になっている。道徳性の発達を促すものとして重要なのは，役割取得の機会である。すなわち，より広い他者の視点をとることが可能になることで，より偏りのない知的判断が可能になるのである。

2）認識論の発達

コールバーグの研究は道徳的な思考に限られたものであったが，道徳性の発達の背後には他者や社会に対する認識の変化がみられる。そのような認識の変化は，道徳だけでなく知識一般に対する考え方（認識論）にもみることができる。知識をどのようなものととらえるかが異なれば，問題（特に正解のない問題）をどうとらえ，それに対してどう答えるかが異なってくる。認識論の発達的変化に関する研究はいくつかあるが（Kitchener & King, 1981; Perry, 1999），大きくとらえるならば，認識論の発達には3つの段階があるようである。

初期段階の認識論は，知識を絶対主義的にとらえるものである。すなわち，知識とは権威者から与えられる確かなものであり，正解か誤りかと二分法的にとらえられる。したがってここには，「正解のない問題」という考え方自体が存在しない。中期段階の認識論は，知識を相対主義的にとらえるものである。事実をどうとらえるかは文脈や個人の視点に依存するため，知識とは客観的に判断することはできない不確かなものと考える段階である。すべての問題は正解のない問題になってしまう。その結果，知識の評価は個人的なレベルで行うしかない。後期段階の認識論は，そのような不確かさも知識の本質的な一部分であると考える段階である。知識は絶対ではなく不確かな部分をもってはいるものの，知識は探究を通して獲得可能であり，事実に基づいて正当化され，評

価されうると考える。すなわち，正解はないながらもより妥当な答はありうると考える。また知識は常に，再構築，再検討に対して開かれていると考える。

このような認識論の発達をみるために定式化された方法として，反省的判断面接というものが考案されている（Kitchener & King, 1981）。これは，たとえば化学物質の安全性などに関して，対立する主張を含む話を提示し，どのように考えるかを問い，その答をもとに発達段階を推定する方法である。この方法で集められた1000人ほどのデータからみると，平均すると高校生は初期段階，大学生は初期段階と中期段階の間，大学院生は中期段階と後期段階の間に位置するという（King et al., 1990）。認識論は，年齢が上昇するとともに高次になるが，単純に年齢だけでは説明できない。教育経験の長さや専攻分野が影響している。

以上本節でみてきたように，青年期の知的能力は質的にも量的にも発展の途上にあるということができる。そしてその発達には，教育が大きな影響力をもっているのである。

3. 自分づくりの旅

性的成熟による身体的変化を端緒にはじまった青年期は，認知的成熟を経て，「自分とは誰なのか？」という問いかけへと発展していく。この問いかけへの答えを求め，「どこで，（誰と）何をやって生きていくのか」に対する一応の答えを見つけることが，青年期を終え次のステップへと進むチケットとなる。

[1]「子ども」から「大人」へ：「自分くずし」から「自分づくり」へ

もともと青年期は，時代的変化の所産である。ギリス（Gillis, 1981；北本訳 1985）によれば，ヨーロッパにおける青年期の発見は，1870年から1900年までの間であり，20世紀になってようやく青年期が成立したのである。すなわち，それ以前の身体労働が中心を占めていた時代においては，身体的な成熟がそのまま成人としての地位の獲得を意味していたのに対し，今日のように，習得すべき知識や技量が莫大にあり，自分に適した生き方や進路を選択すること

が容易でない時代においては，大人になることは容易な課題ではない。

　人がある発達段階で十分に成熟し，その段階に見合った力を蓄えた頃，次の発達段階へ移行するためにその安定した状態が崩れるときがくる。そうした状態は「『人間―環境システム』の急激な崩壊」とよばれる（山本・ワップナー，1992）。安定していた人間―環境システムにおいて発達の要因や環境の変化によってその均衡が破れ，新しい人間―環境システムを形成しなければならないような「危機的移行」があるという。人間の一生の中でも青年期は，「アイデンティティ（自我同一性）の確立」という大きな課題に取り組む，特に困難な時期であると考えられる。「子ども」から「大人」への移行に第一歩を踏み出したばかりの思春期では，「子ども」としての自分なりの世界観が揺らぎ，変えざるをえなくなってくる。精神的には，抽象思考の力が伸び，自らを客観的にみることができるようになって自己概念が形成され始める。その一方で，他者の眼差しが気になり，強い優越感と劣等感の間で大きく揺れ動く。全面的に依存していた「親」から離れようと苦闘し心理的離乳を試みつつも，まだ甘えたいという気持ちが顔を出してしまう。そんな中で子どもたちは，「自分はいったい何なのだろう，どうなっていくのだろう」と自分について問い始めるのである。マーラー（Mahler *et al*., 1975）によると生後6ヶ月くらいまでの赤ちゃんは，母親との間で「正常な共生期」とよばれる母子一体の状態にあるといわれる。その後，身体的機能の成熟とともに自分の世界が広がり，「現実の世界」にぶつかりながら母親から分化し始める。これを「分離‐固体化」とよぶが，思春期はこの時期に続いて，ブロス（Blos, 1962）により「第二の固体化」の時期といわれる。心身ともに比較的安定し，生活上も精神的にも親に依存し庇護されていた児童期が終わり，性的な側面をもった個人として，親を一人の大人として見始めるようになると，親子関係に変化がもたらされる。「もう子どもではない」と親に反抗し，「自我の確立」のために親から分離し自立していこうとする気持ちが生まれる。この時期，気持ちを共有してくれる同性同年齢の友人との間で，親にいえない「秘密」を共有し，児童期とは異なる関係を結ぶようになる。そうして，これを親から離れる支えとし，「自分さがし」を始めるのである。しかし，子どもたちは，親にまったく依存しなくなるわけではなく，逆に依存し，甘えたいという欲求が強まる時期でもある。その両価

性に子ども自身も揺れ，親も戸惑うのである。こうして「依存」と「自立」の間の揺らぎを繰り返しつつ「自分らしさ」を探し，親との関係を作りなおしていくのである。すなわち，新しい心的体制に向かうために，「子ども」としての「自分くずし」を行い，更地にしてから新たに「大人」としての「自分づくり」に取りかかるのであり，いわば人格の「再統合」を行うのである（高野，2000）。

[2] 自己の形成・発達

人は，生涯を通して絶えず内面の経験の世界を作り，環境に働きかけていく存在である。キュンケル（F. Kunkel）による発達の生活弁証法曲線を図5-6 に示した（西平，1973）。それによれば人は心的エネルギーの外向化と内向化を反復しながら発達していくことがわかる。発達のある段階では外向化の働きが顕著に起こり，また別の発達段階では内向化の働きが顕著になる。図では成人期までの発達が示されているが，外向化と内向化は生涯を通して起こっていると考えられる。外向化から内向化に向かう中間地点は，「反抗期」として位置づけられているが，これは個人の軸となる基準を作り直す必要性を示していると考えられ，いわゆる発達の「危機」として理解される。エリクソンの発達の漸成理論によると，この基準が，「アイデンティティ」ということになる。エリクソン（Erikson, 1959）によると，自我同一性とは，「人格的に同一性をもっているという意識的な感情」であるとされ，鑪（1990）は，「アイデンティティとは，『自分』ということについての意識やその内容を指している」と述べている。「自分であること」「自己確認」「帰属意識」「心理-社会的自己定義」などと説明することもできる，人格的諸側面を基礎として成立する自己に対する感情である。

このアイデンティティの形成は青年期における最も大きな課題であるとともに，人間の生涯を通じた課題でもある。アイデンティティに着目して発達をみてみると，人間は乳幼児期以降，「自律性」や「主体性」の段階を経て自我をより強いものへと発達させていく。学童期までの特徴の1つは「モデルとなる人との同一化」であり，両親をはじめ偉人や有名人などさまざまな対象に憧れ，同じようになりたいと願う「同一化」を通して自我を形成していくのであ

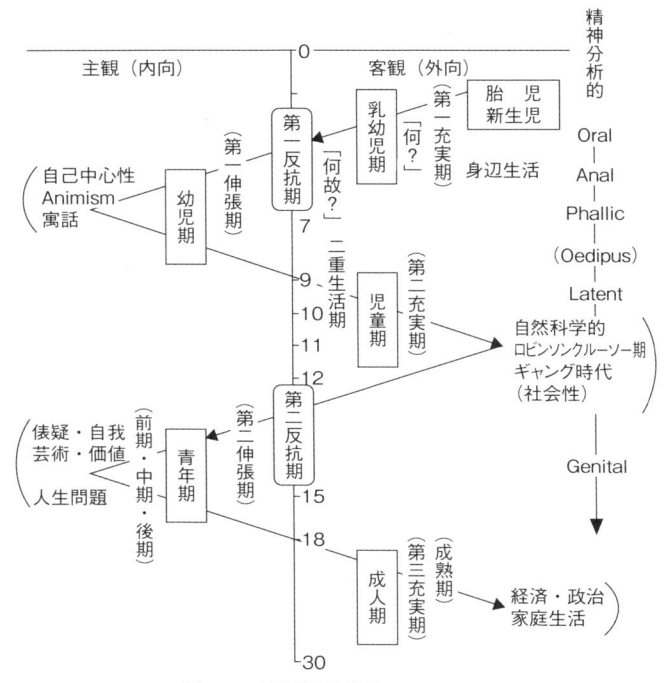

図 5-6　生活弁証法曲線（西平，1973）

る。青年期になると，身体が急激に変化し，知的能力が高まり，学童期までに形成されてきた自然な経験の流れに亀裂を生じ，自己像が脅かされるようになる（鑪，1984）。この段階でも「同一化」は有力な自己像を提供するが，社会経験が深まるとともに，他者への同一化だけでは困難になっていく。そんな中で混乱し，何をすればよいのかわからない状態（アイデンティティの危機）から，「同一化」を超えて自立した「自己像」を形成することによって，青年期のアイデンティティ形成がなされていく。

[3] アイデンティティ地位とアイデンティティ獲得

　青年は，どのような過程を経てアイデンティティを獲得するのだろうか。マーシャ（Marcia, 1966）は，自我同一性の達成には，基本的には「危機」

（crisis）と「傾倒」（commitment）という体験が必要であると考察し，アイデンティティの状態（地位）に次の4つのパターンがあることを見出している。

①同一性達成地位：危機を体験し，主体的な選択と傾倒に基づき行動している。

②モラトリアム地位：危機を体験している段階であり，傾倒すべき対象をみつけようと努力している。

③早期完了：両親や権威からの期待や目標を受け入れている状態。

④同一性拡散：傾倒できる対象がまったくもてず，自分の生き方・行動の仕方がわからない。

大学生では，同一性拡散と積極的モラトリアムの中間地位にあるとの報告もあり，青年後期の若者にとって，まさにこの課題は重要な主題である。また，自己概念のあり方と自我同一性のつながりについて検討した先行研究（砂田，1999；松田・広瀬，1982）では，現実自己と理想自己および反映的自己のズレが心理社会的段階に対応する同一性の各側面の拡散に関係することが確認されており，これまでの同一性を統合し，将来の自分を見据えることができたとき，青年は積極的に社会参加をはたしていくことになる（島袋，1996）。

[4] 女性のアイデンティティ獲得

アイデンティティの獲得についての理論は，もともと男性を対象とした研究から生まれたもので，女性の場合にはあてはまりにくいとされている。エリクソン自身も，女性の特質として，「内的空間」説を提唱している。女性には自分が選んだ男性の子どもを宿す「内的空間」があり，心から迎える男性を選んだときに女性はアイデンティティを獲得するという。つまり，女性のアイデンティティ形成には，他者との親密な関係が重要であるというのである。その後，女性のアイデンティティ形成と対人関係に関する研究が進められるようになった。

ギリガン（Gilligan, 1982）は，道徳観とアイデンティティの研究を行い，自己のあり方には，分離（他者や世界からの自立を目指す傾向）と愛着（他者と相互に依存したものとして自己をとらえる傾向）という2つの種類があり，女性のアイデンティティ形成には愛着の側面が重要であることを見出している。

また，アイデンティティ地位の性差に関する研究を行ったホジソンとフィッシャー（Hodgson & Fischer, 1979）は，男性は職業・政治・宗教の領域においてアイデンティティが達成されることが多く，女性は婚前性交への態度や性役割の領域で多いことを見出している。これらの研究から，男性では職業や政治などの「個人内領域」が，女性では性役割などの「対人関係領域」がそれぞれ重要であると考えられるようになった。しかしながら，研究が進むにつれ，必ずしもそのような結果になるとは限らず，性差が単純な二分法でとらえられないことがわかってきた。近年では，女性の社会進出がめざましく，職業上の達成など「個人内領域」が女性においても重要視されている。さらに，対人関係という課題は，男女を問わずアイデンティティ形成の重要条件であることもわかってきている。新しい研究の方向としては，「個人内領域」と「対人関係領域」はともに，男女青年のアイデンティティ形成に影響を及ぼすとしており，性差よりもそれぞれの青年が選択したライフスタイルの質の方が大きな影響を及ぼすことを示唆している（大久保，2000）。

4. 集団不適応

就学によって友達との集団生活が中心になる児童期以降では，友だちとうまくやっていくこと，集団に適応することが大きな課題といえる。しかし，環境にうまく適応することができない者が存在し，近年その数は増加の一途である。

[1] 適応障害

個人が外的な環境とうまく適応することができず，さまざまな心身の症状が現われて社会生活に支障をきたす状態を「適応障害」という。誰しも新しい環境に慣れて適応するためには，多少の苦労を強いられ，さまざまな努力や選択をせまられるものである。それがうまくいかなくなると，職業生活では，職場不適応，学校生活では不登校，家庭生活では別居や離婚といった問題に発展する可能性がある。適応障害の症状はさまざまで，頭痛，肩こり，腹痛，不整脈，過呼吸，などの身体症状，摂食障害，睡眠障害，言語障害，などの神経性習癖，不安，焦燥，恐怖，過敏，などの情緒的な症状，および，遅刻，欠勤，

暴力，ギャンブル中毒などの問題行動が挙げられる（内田，2000）。次第に対人関係や社会的機能不全がすすみ，社会生活に深刻な障害が現れるものである。

また，適応障害は，他の原因となる精神障害がないことを前提条件として，以下の基準によって特徴づけられる（アメリカ精神医学会，1994；高橋ら，1995）。

①はっきりとした心理社会的ストレスに対する反応で，3ヶ月以内に発症する。
②ストレスに対する正常で予想されるものよりも過剰な症状。
③社会的または職業（学業）上の機能障害。
④不適応反応はストレスが解消されれば6ヶ月以上は持続しない。

[2] 対人恐怖症・登校拒否

わが国では一般的に「他人と同席する場面で強い不安と緊張を生じ，対人関係から身を引こうとする」対人恐怖症が多くみられ，森田（1919）はこれを，「森田神経質」とよび，「神経質な性格特性を持つ者が，何らかの誘引によって，注意を自己の身体的，精神的変化に向けるようになることで，その感覚がますます鋭敏となり，さらに注意がその方向に固着し，感覚と注意の相互作用が症状を発展させ，固定させる」と説明した。軽いものは，人みしりのような対人不安であるが，本格的な神経症として構造化された対人恐怖は，本来の対人恐怖や人みしりよりも，醜形恐怖，体臭恐怖などの症状を訴え，妄想的な観念や確信に陥っている場合もあり，より重篤な人格障害との関係が問題になる。DSM-Ⅳ（DSM-Ⅳ精神疾患の分類と診断の手引き：American Psychiatric Association, 1994 高橋・大野・染矢訳 1995）では，恐怖症を，広場恐怖，特定の恐怖感，社会恐怖の3つに分けており，対人恐怖は「社会恐怖」に分類される（小此木，1998）。社会恐怖の診断基準が表5-2である。

一方，1960年代以降，中学・高校生段階の子どもたちの不登校（登校拒否）が注目されるようになった。不登校は，「なんらかの心理的，情緒的，身体的，あるいは社会的要因・背景により，児童・生徒が登校しないあるいはしたくてもできない状況にあること（ただし，病気や経済的な理由を除く）」（文部科学省，2001）ととらえられており，スクールカウンセラー等の配置といった対

表 5-2 社会恐怖の診断基準（American Psychiatric Association, 1994 高橋・大野・染矢訳 1995）

A．よく知らない人達の前で他人の注視を浴びるかもしれない社会的状況，または行為をするという状況の，1つまたはそれ以上に対する顕著で持続的な恐怖。その人は，自分が恥をかいたり，恥ずかしい思いをしたりするような形で行動（または不安症状を呈したり）することを恐れる。
　注：子どもの場合は，よく知っている人とは年齢相応の社会関係を持つ能力があるという証拠が存在し，その不安が，大人との交流だけでなく，同年代の子どもとの間でも起こるものでなければならない。
B．恐怖している社会的状況への暴露によって，ほとんど必ず不安反応が誘発され，それは，状況依存性，または状況誘発性のパニック発作の形をとることがある。
　注：子どもの場合は，大声で泣く，かんしゃくを起こす，動作が止まってしまう，またはよく知らない人と交流する状況から遠ざかるという形で，恐怖が表現されることがある。
C．その人は，恐怖が過剰であること，または不合理であることを認識している。
　注：子どもの場合，こうした特徴のない場合もある。
D．恐怖している社会的状況または行為をする状況は回避されているか，またはそうでなければ，強い不安または苦痛を伴い耐え忍ばれている。
E．恐怖している社会的状況または行為をする状況の回避，不安を伴う予期，苦痛のために，その人の正常な毎日の生活習慣，職業上の（学業上の）機能，社会活動，他者との関係が障害されており，またはその恐怖症があるために著しい苦痛を感じている。
F．18歳未満の人の場合，持続期間は少なくとも6か月である。
G．その恐怖または回避は，物質（例：乱用薬物，投薬）や一般身体疾患の直接的な生理学的作用によるものではなく，他の精神疾患（例：広場恐怖を伴う，または伴わないパニック障害，分離不安障害，身体醜形障害，広汎性発達障害，分裂病質パーソナリティ障害）ではうまく説明されない。
H．一般身体疾患または他の精神疾患が存在している場合，基準Aの恐怖はそれに関連がない（例：恐怖は，吃音症，パーキンソン病の震顫，または神経性無食欲症または神経性大食症の異常な食行動を示すことへの恐怖でもない）。

応にもかかわらず，年々増加している。不登校の主な理由としては，「不安など情緒的混乱」，複数の要因が絡んだ「複合」，「無気力」の3つが7割を占め，特に「不安などの情緒的混乱」および「複合」は25％以上と高い。60年代当時は，不登校の中核群はまじめで成績のよい生徒が自尊心を傷つけられる体験をきっかけに不登校になるという「神経症的登校拒否」であり，このような子どもたちは，高い自我理想をもち，現実の自己との葛藤に悩んでいた。近年では，「複合（複合的な理由によりいずれの理由が主であるか決めがたい）」タイプが多く，援助のあり方にも多様性が要求されている。

[3] スチューデント・アパシーと退却神経症

　1970〜1980年代頃になると，大学生の無気力が指摘され，社会に出る年齢

になってもなかなか社会参加のできない青年が問題とされるようになった。特に，自分にとって主要な社会生活の領域（学生ならば学業，社会人であれば定職）からの選択的退却・逃避を一定期間以上にわたって続ける神経症が注目され，笠原（1978）は，これを「退却神経症」と名づけた。以下は退却神経症の特徴である。

①無関心，無気力，無感動，目標・進路の喪失の自覚，アイデンティティの不確かさを訴える。

②防衛機制としては否認が用いられ，不安，焦燥，抑うつ，苦悶，後悔といった苦痛感を伴わないため，自分のもつ問題に対して真剣に悩まず，すすんで援助を求めない。自己の現状に対する深刻な葛藤がなく，その状態から抜け出す努力をしないため，従来の神経症とは趣を異にする。

③対人関係に敏感で，叱られたり拒まれたりするとひどく傷つく。自分が確実に受け入れられる場面以外は避ける傾向がある。

④優劣や勝ち負けへの敏感さがあり，敗北や屈辱が予想される場面を避ける傾向がある。

⑤苦痛な体験は，内面的な葛藤などの症状には結びつかず，無気力，退却などの行動として外に向けて行動化される。

⑥行動面では，副業的な領域では怠慢を示さず，むしろ勤勉ですらある。

⑦背景に，完全主義，脅迫的，自己愛的，回避的パーソナリティ傾向ももつことが多い。

⑧男性に多い。

このような特徴は，現代のひきこもりの青少年にもあてはまるところが多いが，退却神経症の青年は，傷つくことのないアルバイトやクラブ活動，趣味の世界といった副業領域ではいきいきと活動できるのである。また，対人恐怖症や登校拒否では，挫折した後の克服，自我の立て直しが問題であるのに対して，退却神経症の青年は，傷つき挫折する前に，「退却」してしまっていることが特徴的である。

[4] ひきこもり

岡本（2003）は，わが国における「ひきこもり」という臨床的問題がどのよ

うに生じ，変容してきたかについて，上でみたように，1960年代から整理した。そして，1980年代後半から1990年代以降，自宅からほとんどでない，「社会的ひきこもり」の出現が目立ち始めたという。現在，その数は，数十万とも百万ともいわれている。「ひきこもり」は，医学的な診断名ではなく，状態像を示すものであるが，さまざまな社会的な参加の場面が狭まり，自宅以外での生活の場が長期にわたって失われている状態であり，背景によって以下の2つに分類される。

①統合失調症（精神分裂病）やうつ病などの精神病をはじめとする重篤な精神疾患が背景にあり，そのために二次的な「ひきこもり」の状態にある人。

②そのような症状は顕著ではなく，「ひきこもり」そのものが主な特徴である一次的な「ひきこもり」状態にある人。

つまり，「ひきこもり」には，背後に精神疾患が疑われるケースと，明らかな精神疾患がみられないケースとがあり，今日その増加が指摘され社会的に注目されているのは，後者の「社会的ひきこもり」である（岡本，2003）。

厚生労働省（2001）は，①と②を区別して，後者を「社会的ひきこもり」とよび，内因性精神疾患以外で，6ヶ月以上にわたって自宅にひきこもり，学校や仕事などの社会的な活動に参加しない状態が持続しているものと定義している。図5-7は，現代社会にみられる「ひきこもり」の位置づけを示したものである（岡本，2003）。

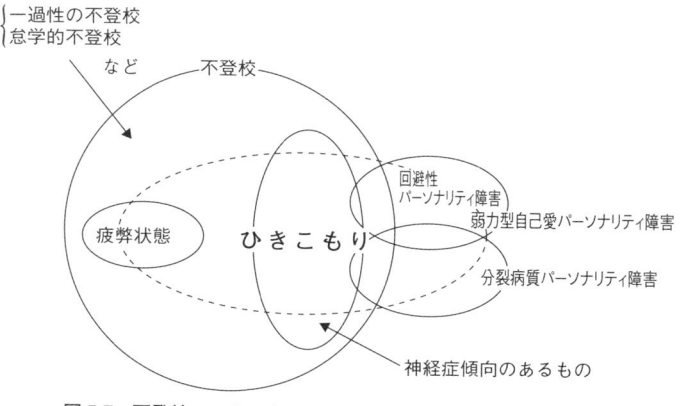

図5-7 不登校・ひきこもりの位置づけ（鍋田，2001；岡本，2003）

退却神経症が社会からの部分的撤退であるならば，今日の「ひきこもり」は全面撤退と位置づけられる。「社会的ひきこもり」は，その状態像も背景にある問題も，非常に多様であるが，その中心的問題や共通してみられる特質やメカニズムを従来の精神医学の中に位置づけて理解しておくことは重要であろう。表5-3は，「ひきこもり」に関する診断概念と精神病理学説（近藤・長谷川，1999）を示したものである。

　また，背景にあるパーソナリティ障害としては，回避性パーソナリティ障害が多いとされており（岡本，2003），表5-4に，その診断基準を示す。

　社会的ひきこもりは，実際の年齢にかかわりなく，思春期心性に深く根ざした問題であると考えられている。斉藤（1998）は，社会的ひきこもりを，人格発達の途上に起こる，自我の発達上の問題であるとしており，思春期独特の葛藤パターンを何年も抱き続けた事例が多いことを指摘している。また田中（1996）は，ひきこもりの青年との心理療法の経験から，ひきこもりはそもそも「人とのかかわりがもてない」という点で，対人恐怖症よりもいっそう重篤な関係性の障害であると述べている。

　では，「ひきこもり」への効果的なかかわりとはどのようなものであろうか。宮下（2003）は，ひきこもり状態にある，あるいはひきこもり状態に陥りつつある青少年に対応する際の基本的な原則（内容）について，以下の7点を提案している。①ひきこもりの受容，②刺激を与えることを避ける，③解決を焦らない，④現象の解決のみに目を奪われない，⑤成長を見守る，⑥専門家との連携，⑦物事を大局的に考える。

表 5-3　「ひきこもり」に関連する診断概念と精神病理学説　(近藤・長谷川，1999)

①スチューデント・アパシー
　大学生の間に見られる神経症性の無気力，無感動状態をいう。しばしば長期にわたり，留年を繰り返すので，キャンパス精神保健上の中核的問題の一つとなっている。
②退却神経症
　自分にとって主要な社会生活部分からの選択的退却，逃避を一定期間以上にわたって続ける神経症。
③逃避型抑うつ
　内因性うつ病の一病像として提唱されている疾患概念。20歳代後半から40歳代の，いわゆるエリートサラリーマンといわれるような立場の男性にみられることが多い。従来のやり方で乗り越えられないような事態に直面すると，あっさりと努力を放棄するような抑制が中心的な症状で，典型的なうつ病にみられるような不安・苦悶は目立たない。(参考:『躁うつ病の精神病理2』弘文堂)
④対人恐怖
　他人と同席する場面で，不当に強い不安と精神的緊張が生じ，そのために他人に軽蔑されるのではないか，他人に不快な感じを与えるのではないか，嫌がられるのではないかと案じ，対人関係から身を引こうとする神経症の一型。
⑤森田神経質
　神経質な性格傾向をもつ者が，なんらかの誘因によって，注意を自己の身体的，あるいは精神的変化に向けるようになる。注意が集中することによって，その感覚がますます鋭敏となり，それとともに，さらに注意がその方に固着する。こうした感覚と注意の相互作用が症状を発展固定させて生じる病的状態をいう。
⑥思春期妄想症
　「自己の身体的異常のために周囲の人々に不快感を与えている」という妄想的確信を抱くことを主症状とする一臨床単位。妄想体験は，「自己の身体的異常が他者に耐え切れない不快感を与える」と同時に，「その不快感のために他者に避けられる（忌避妄想）」という二方向性をもっている。
(以上，③以外『新版精神医学事典』弘文堂より抜粋)

表 5-4　回避性パーソナリティ障害の診断基準
(American Psychiatric Association, 1994 高橋・大野・染矢訳 1995)

社会的制止，不適切感，および否定的評価に対する過敏性の広範な様式で，成人期早期に始まり，種々の状況で明らかになる。以下のうち，4つ（またはそれ以上）で示される。
(1) 批判，否認，または拒絶に対する恐怖のために，重要な対人接触のある職業的活動を避ける。
(2) 好かれていると確信できなければ，人と関係を持ちたいと思わない。
(3) 恥をかかされること，またはばかにされることを恐れるために，親密な関係の中でも遠慮を示す。
(4) 社会的な状況では，批判されること，または拒絶されることに心がとらわれている。
(5) 不適切感のために，新しい対人関係状況で制止が起こる。
(6) 自分は社会的に不適切である，人間として長所がない，または他の人より劣っていると思っている。
(7) 恥ずかしいことになるかもしれないという理由で，個人的な危険をおかすこと，または何か新しい活動に取りかかることに，異常なほど引っ込み思案である。

コラム⑦

相反する気持ちがあっていい

　やっと一言「行きたいのに行けないんだ」と語った高校生男子。「退学したいのに皆はダメだって（言う）」と口を尖らせて語る制服姿の高校生女子。ここは不登校の相談を受ける公的機関の面接室。

　多くの思春期の子どもたち，その親たちと面談するなかで，ときどき共通点がみえることがある。それは，行動面を表す言い方と，気持ちと考えの面を表す言い方の区別をつけていない，または故意に混同させているような話し方ややりとりである。たとえば「行きたくない」は気持ちの表現であり，「行く」とか「休む」という行動の表現とは別物のはずである。ところが「行きたくない」を「行かない」という行動や「行かなくてもいい」という考えを示すものと受け取って「行きたくないなんて言わないで行きなさい」と対応したりする。

　このような現象があることをうかがわせるエピソードを聞いたときは，＜3つの庭＞のたとえ話をしてみる。人は行動，気持ち，考えの3つの庭をもっている。3つの庭は境目があって，かつ行き来ができる。「行きたくない」気持ちをもちながら「行く」こともあれば「休む」こともありなのだ。同時に2種類のあり方は共存しない（「行く」と「休む」を同時に行動できない）のが，行動面の特徴である。それに対して，同時に相反する2種類以上のあり方が共存しても自然だし，時には当然である（「行きたくないなあ」「行きたいなあ」「イヤだな」「でも行ったほうがいいかな」など）のが，気持ちの面や考えの面の特徴である。

　このそれぞれの特徴は，「良い・悪い」ではないことを知り，気持ちと考えは何種類もあって構わないことを知る，つまり，気持ちの庭と考えの庭の風景を眺めてみるのが第1歩である。子どもも大人も，改めて学習してもよい領域だろう。第1歩の次は，人によって歩み方が異なる。

　高校生男子は「大丈夫じゃないかもしれない」気持ちをもちつつ，別室登校を開始した。高校生女子は「退学のこと，自分の中にしたい気持ちとダメの気持ちがあった」と認めた後，登校を開始した。

コラム⑧

高校生と祖父母との関係

　かつて，祖父母から過保護に扱われた孫を揶揄して，「年寄り育ちは三文安い」といわれることがあった。しかし，最近の外国の研究は，孫が祖父母からさまざまな価値を学んでいることを報告している。孫にとって祖父母の存在は特別な意味をもつようである。特に母方の祖母と孫娘の関係は親密であり，母方キンシップ（kinship）ラインの存在が注目されてきた。

　しかし前原ら（2000）は，伝統的に長男家族と同居する祖父母が多いわが国の状況や，「内孫」と「外孫」を区別し「長男の長男」への特別な意味づけがなされる状況を考え，父方のラインを無視するわけにはいかないと問題提起した。沖縄県の高校生を対象に祖父母との日常的な関係を調べた結果，「伝統的文化伝承」（親の幼い時の様子や，先祖の様子，昔の生活の様子，戦争，伝統行事などの語り部としての祖父母），「安全基地」（いつでも優しく受け入れてくれるとか，いるだけで，安心感を与えてくれる，など），「人生観・死生観促進」（老いることの意味について考えさせてくれる，祖先から受け継がれていく家族の意味を考えさせられる，人生を生き抜く強さを実感させてくれる，など）の祖父母役割が特徴的にみられた。

　特徴的な結果として，孫娘は父方祖父母より母方祖母との関係を高く評価すること，孫息子は孫娘より父方祖父との関係を高く評価することが見出された。また，遠方より同居や近くに居住する祖父母は孫にとって安全基地となっていた。孫と祖父母の関係は，日本の高齢社会の行く末を占うものである。

第6章
人生の再吟味（成人前期・中期）

1. 夫婦の関係

　さまざまな夫婦の光景に出会う。たとえば，夫婦の手につながれて子どもの笑い声が響く公園，夫婦の手がつながれその前を子どもが楽しそうに歩く街角，手をつなぎ笑顔で飛行機のタラップを降りてくる子どものいない夫婦がいる。あるいは，手をつなぐこともなくなり関係の解約を考えている夫婦もいる。

　人間は，自然の摂理では一人で産まれて一人で死んでいくのだけれど，受胎から死に至る生涯の生活の時間や，空間を一緒に生きることを求め，夫婦になろうとする。夫婦は，それぞれの喜怒哀楽を表出し，考えを述べ合い，心に響く聴き合いをしながら，心身ともに互いの孤独から出て，そのときどきの二人の魂が交わる出会いへと進み出る。ここでは，夫婦の「出会い」という出来事のあり方について，あらためて問いかけていきたい。

[1]「男は仕事，女は家庭」という考え方の移り変わり

　日本の伝統的な直系家族制では，夫婦関係はあまり重要視されていない。婚姻によって夫婦関係を形成し，育て合い発達するというよりも，先祖の墓や位牌を祭り，家の「あととり」を確保する手段であったといえる。

　その後，家族制度は変遷し，家制度から夫婦家族制度に変わり，自ずと夫婦関係も変化している。そして，「男は仕事，女は家庭」という男女の固定的役割分業が，1970年代頃から最も徹底され，1990年代後半まで，家族生活に関

する役割分担が決められた夫婦関係が形成されてきたといえる。そして，今日，人々の多様な価値観のもと，家族や夫婦のあり様は変貌し，男女の固定的役割分業についての意識は変化してきている。

内閣府「男女共同参画社会に関する世論調査」(2007) によると，「夫は外で働き，妻は家庭を守るべきである」という考え方について，国際比較では図6-1に示したように，日本では男性12.4％，女性8.1％とフィリピンに次いで高く，欧米諸国と比較すると固定的性別役割分担意識は強いといえる。しかしながら，長期的にみると，日本においても1972年では女性の賛成48.8％，男性の賛成52.3％であったが，1992年では女性の賛成19.8％，男性の賛成26.9％となり，その後，図6-2に示したように，2004年では女性の賛成11.0％，男性の賛成14.6％と減少し，反対が上回り50％以上を占める考え方へと変化している。

夫婦関係は，一般的に①制度的，②社会変動などに伴う状況的，③構造・形態・機能的，④相互作用的，⑤発達的な観点からアプローチされることが多いが，1つの観点のみから論じることができるというようには単純でない。複合的に連動しているさまざまな要素を，丁寧に紐解いていく姿勢が重要となる。

久世（1978）は，夫婦関係の特質について次のように述べている。

①夫婦関係は，家庭を基盤とした成熟した男女2人の関係であり，性的・生殖機能と情緒安定の機能を有する。

②夫婦は経済的にはまったく利害が一致しており，子どもや老人の扶養についても共同の責任をもつところの生活共同体である。

③夫婦は家族の中の中心的存在であり，夫婦関係のいかんは家族全体に大きな影響を与える。また家庭は社会とのかかわりの中で存在するので，職場や地域社会の人間関係は夫婦関係に影響する。

④夫婦の人間関係は家族の発達段階とともに力動的に変化し発達する。

しかし，今日の日本は，晩婚化，非婚化，少子化，配偶者間の暴力，離婚の増加，児童虐待の増加などにみられるように，夫や妻や子どもとの幸せを考えることよりも，自分の幸せを考えたい，そのためには，結婚もしたくない，子どもも産みたくない，あるいは育てたくない，離婚もやむをえないなど，夫婦や家族が，自分にとって役立つ関係であるかどうかが優先されているようだ。

1. 夫婦の関係　145

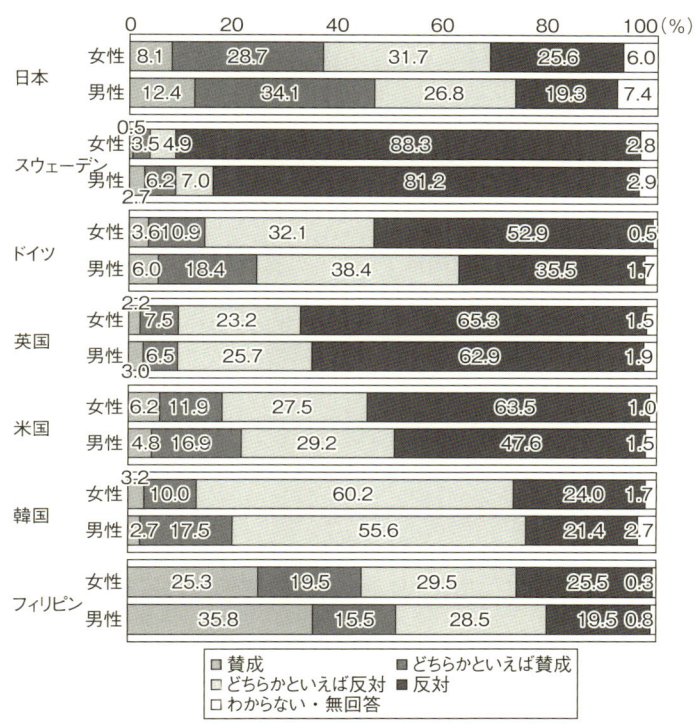

		賛成	どちらかといえば賛成	どちらかといえば反対	反対	わからない・無回答
日本	女性	8.1	28.7	31.7	25.6	6.0
日本	男性	12.4	34.1	26.8	19.3	7.4
スウェーデン	女性	0.5	3.5/4.9	—	88.3	2.8
スウェーデン	男性	2.7	6.2/7.0	—	81.2	2.9
ドイツ	女性	3.6	10.9	32.1	52.9	0.5
ドイツ	男性	6.0	18.4	38.4	35.5	1.7
英国	女性	2.2	7.5	23.2	65.3	1.5
英国	男性	3.0	6.5	25.7	62.9	1.9
米国	女性	6.2	11.9	27.5	63.5	1.0
米国	男性	4.8	16.9	29.2	47.6	1.5
韓国	女性	3.2	10.0	60.2	24.0	1.7
韓国	男性	2.7	17.5	55.6	21.4	2.7
フィリピン	女性	25.3	19.5	29.5	25.5	0.3
フィリピン	男性	35.8	15.5	28.5	19.5	0.8

（備考）内閣府「男女共同参画社会に関する国際比較調査」（平成14年度）より作成。

図6-1 「夫は外で働き，妻は家庭を守るべき」という考え方について（国際比較）

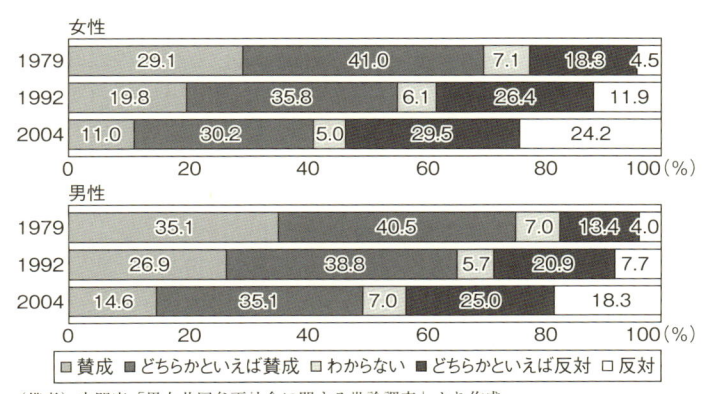

女性

年	賛成	どちらかといえば賛成	わからない	どちらかといえば反対	反対
1979	29.1	41.0	7.1	18.3	4.5
1992	19.8	35.8	6.1	26.4	11.9
2004	11.0	30.2	5.0	29.5	24.2

男性

年	賛成	どちらかといえば賛成	わからない	どちらかといえば反対	反対
1979	35.1	40.5	7.0	13.4	4.0
1992	26.9	38.8	5.7	20.9	7.7
2004	14.6	35.1	7.0	25.0	18.3

（備考）内閣府「男女共同参画社会に関する世論調査」より作成。

図6-2 「夫は外で働き，妻は家庭を守るべき」という考え方について（日本）

言い換えるならば，科学技術が進歩した恩恵の裏に潜む「利便性」が，「義よりも利」を選択する志向性を人の心に棲みつかせているのかもしれない。

［2］夫婦でいることを楽しむ時代の訪れ

　夫婦は『ふうふ』と解釈できる。1988年に財団法人余暇開発センターが，11月22日を「いい（11）ふうふ（22）」の語呂合わせから「いい夫婦の日」と制定している。この日は，「さまざまな視点から夫婦のあり方を見つめなおす」記念日ということらしい。2005年には，定年退職と同時に妻から離婚を告げられる夫を描いたテレビドラマが話題になった。仕事中心の生き方を変え，温かい夫婦関係を取り戻そうとする「日本愛妻家協会」，「全国亭主関白協会」による活動なども報道されている。このような取り組みの中で夫婦でいることを楽しむ必要性が提唱されている。

　1582年に，織田信長は「敦盛」「人生五十年，下天の内をくらぶれば，夢幻のごとくなり」と謡い舞い49歳で生涯の幕を下ろした。この時代から明治の初期まで，人生五十年であった平均寿命は，〈厚生労働省大臣官房統計情報部平成17年簡易生命表〉（厚生統計協会，2007）によると，1955年では男63.60，女67.75，1975年では男71.73，女76.89，1995年では男76.38，女82.85，2005年では男78.53，女85.49となり，日本の平均寿命は，第二次世界大戦後，急激に延び始めた。明らかに，この世に生きている間にあることに関係する期間は長くなり，人の立場や身の上に起こる現象と「出会う」ことは多くなり，その「出会い」は単純ではなくなっている。夫婦関係の始まりである「結婚」と終わりである「離婚」，そして，夫婦関係を継続していく過程は複雑になってきている。

　しかし，男女共同参画社会が進み，一人ひとりの考えが尊重されてきた今日だからこそ，結婚，夫婦，そして，家族のあり方について吟味し，生きることの意味を繰り返し問い発見していく過程，他者の魂と出会い，対峙し，あれこれと迷い，思いをめぐらしながら関係を築いていく過程での「生涯発達」は，より楽しいのではないだろうか。

[3]『ふうふ』の絆は他者と『出会う』という対峙から

　人間の生涯における最も大切なことの一つに人との「出会い」がある。婚姻という「出会い」をした男女は夫婦と呼称されるが，社会的な契約によって成立している関係であるから解約することができる。実際，幸せな夫婦もいれば危機に陥っている夫婦もいる。大切なことは，出会ったという事実を門出に，心身を互いに開きあって一体化した生活現実と対峙し続けていくことである。そのためには，次のようなことが考えられる。

　①夫婦は，これまで1人で生活してきたことから2人になり，子どもを生み育て教える，お互いの親の世話をするなど，さまざまな生活現実を受け入れ，時には変化に適応できる術を一緒に話し合いながら，夫は夫の，妻は妻の生きる姿勢をみつける。

　②夫婦は，お互いに，どのようなことを「のぞみもとめているのか」，夫は妻が，妻は夫が理解できるように説明する。それぞれが「のぞみもとめていること」の理解が得られるように努力しようとする姿勢が大切である。

　③夫婦は，対峙（向かい合って，あるいはにらみ合ったままじっと動かずに）する行為によって，1人の人間としての魂がぶつかり合う「出会い」をする。お互いの感情を表出する際の取り決めとして，夫婦は手をつなぎあって対峙することとする。そうすれば，どのように怒り狂っていても，人の手の「ぬくもり」が伝わる。

　夫婦は，人間の喜怒哀楽を存分にぶつけ合うことができる最も身近で大切な他者であり，夫婦の絆は，「手のぬくもり」と，この他者の時折々の魂が出会う相互浸透行為によってつくられる。

　夫婦関係を考えるとき，重要な概念の一つに「伴侶（一緒に連れ立っていく者）」がある。ここでは，古くて新しい概念として「伴侶性」に注目する。

　アメリカの家族社会学者ブラッド（R. O. Blood Jr. 1921-88）は，デトロイトにおける実証的研究によって，成人に対する愛情的支持機能の一つとして伴侶性（companionship）があることを指摘した。ブラッドは，伴侶性とは，夫婦が買い物などで共に外出したり，趣味や娯楽などを楽しむ共通の友人をもったり，お互いに一日の出来事を話し合ったりすることとしている。

　1955年アメリカのデトロイト調査および1959年日本の東京調査結果に基づ

いて日米の比較研究（Blood, 1967；田村訳 1978）によれば，「日本では家事の分業がはっきりかつ厳格に行われるので，余暇活動を夫婦がともにすることはあまり期待できない。もっと具体的にいえば，日本の分業をかたちづくっている経済的後進性が余暇利用をも縮小し，そのため夫婦がレクリエーションをともにすることが妨げられている」という。さらに，「日本では，一つには語義の問題のためかもしれないが，夫婦の伴侶性が重要なものとは考えられていない。日本語には，夫婦の伴侶性（companionship）にふさわしい言葉が見当たらない。日本には伝統的に伴侶性が存在せず，反対にアメリカでは抜群に重要視されているということが，まさしく伴侶性というものを家族近代化の指標たらしめている」と，田村は説明している。

現在では多くの夫婦が，話し合い，悩み事を相談し合い，美術や映画などを鑑賞したり，子どもがいる夫婦は公園で一緒に遊んだりする。夫婦関係の現状について，総務省青少年対策本部編〈子供と家族に関する国際比較調査報告書〉1994年調査によると（総務庁，1996），夫婦の役割パターンは，日本では夫中心型21.9％，協力型46.9％，妻中心型32.2％，アメリカでは夫中心型57.8％，協力型31.4％，妻中心型10.8％，韓国では夫中心型15.7％，協力型43.5％，妻中心型40.8％で，協力型はアメリカや韓国よりも日本では高く，また，日本では協力型が夫中心，妻中心よりも高くなっており，夫婦で協力する役割パターンとなっている。

また，ライフデザイン白書（第一生命経済研究所，2005）によると，調査を開始した1995年より2005年までの10年間では，夫婦関係に大きな変化はみられない。夫婦関係の現状（あてはまる＋どちらかといえばあてはまる割合）について，「配偶者とよく会話をしている」は，1995年で76.5％，2001年で77.5％，2005年で76.8％，「配偶者とは困ったときに相談しあっている」は1995年で82.1％，2001年で83.2％，2005年で84.8％と，いずれも約80％の高い割合を占めている。

その反面，会話はできているが，「配偶者と余暇や休日を一緒に楽しむことが多い」は，1995年で57.9％，2001年で64.6％，2005年で58.7％と約60％にとどまっている。夫婦の仕事の状況などが影響しているのかもしれない。

しかしながら，1959年の調査から46年経た2005年の調査では，日本の夫

婦は，よく会話し困ったときには相談するなど，苦楽をともにするという日本古来の情緒的次元と，社会の変化に伴って余暇や休日をつくり，一緒に楽しもうとする行動的次元が共存している。ここでは『ふうふ』の磐石な絆をつくろうとする相互作用によって「伴侶性」が成り立っているといえる。

ブラッドは述べている。「最も幸福な夫婦は結婚生活のあらゆる側面において，共同，もしくは共同に近いことをしているのである。よい結婚生活を営むためには，ふたりが必要なのだ。結婚生活は，それが交互にフィードバックするようなシステムになっているときのみ，最もうまくはたらくのである」と（Blood, 1967；田村訳 1978）。

夫と妻は手をつなぎ，どこを見て何を考えているのだろう。お互いに手をつないでいても見ているところ，考えていることは異なっているかもしれない。けれども，手をつなぐ行為によって「ぬくもり」が伝わる。語り合うことによって，見ているところ，考えていることが伝わる。この伝えようとする行為の繰り返しが，積み重ねが，魂が交わり合う相互浸透行為となり，生涯の伴侶として発達し生きることにつながる。

2. 親 役 割

電車に乗ると，4人がけのボックス座席に40歳代に見える夫婦が，向かいの席に3人の兄弟が座っていた。兄弟は察するところ，5歳，7歳，9歳ぐらいに見える。三男が「あやとり」をしている。次男が僕もすると言って紐を取り上げる。長男はにこにこと父親の顔を見ている。父親は○○ちゃんにもと声をかけている。次男が三男に「綾」を「取る」ようにと，両手を差し出す。三男がうまく取れないでいると，長男がとって見せている。

三男は取れないとだだをこねながら，母親の膝に顔をすりすりしている。三男の頭を父親がなでている。にわかにできあがったものではない関係が，5人家族で積み重ねてきたであろう光景が，車内でゆったりと流れている。

ここでは，親は子どもを育て，育った子は親となって子を育て，連綿と続いてきた，そして，これからも続く親役割のあり方について探っていきたい。

[1] 生命を育む「親役割」の始まり

　親になることは，人類という種の保存の過程であり，男女の遺伝子を次の世代に継承することである。種の保存のための生殖過程は，男女両性によって営まれる。女性が産みだす卵子と男性が産みだす精子が出会って，約1週間で受精卵は女性の子宮に着床（受胎）する。この「出会って」というところから新しい生命が始まる。2つの性の交わりによって受胎が起こると，胎内で子どもはすくすくと育ち，妊娠20週を過ぎる頃には胎動を自覚するようになる。

　木綿針の穴ほどの大きさに育った受精卵は，女性の子宮で約40億倍の生命力で発達し育つ。女性は胎児と一つの血液循環を共有し「一つ身でふたつの生命」を孕む。その反面，男性はあくまでも「一つ身でひとつの生命」である。なるほど，子宮で育つ生命は，約280日を経て発達し，女性のおなかは膨らんでくるが，男性のおなかは膨らんでこない。したがって，女性には実感があり，男性には実感がないということになる。

　しかしながら，2つの性の交わりに関連した意識や行動では，生殖性・快楽性・連帯性につながる実感が，男性も女性も同じようにあったはずである。このときの実感を，子どもの生命をつくりだす，遺伝子を伝えていく，「ここから親の役割が始まる」と考えるかどうかである。

　この事実の起点，生命誕生にかかわる微細で精妙な現象に畏敬の念をもち続け，人間と自然の法則で導かれる出来事を丁寧に見据えていくことが，親役割の始まりの自覚において重要となる。

　親役割が受胎の瞬間から始まっていることを，食事をして排泄をするように，ごく当たり前のこととして自然に理解できていたとしたら，性の営みにおいても，人間と人間の絆を深めようとする「連帯性」，男性と女性が親となり子どもを産み育てようとする「生殖性」，生きることを楽しもうとする「快楽性」が身についてくるだろう。

　親と子のはじまりを途絶えさせる人工妊娠中絶や，乳幼児虐待など，生命をいとも簡単に葬ってしまう出来事が増加する傾向にある今日，よりよく生きようとする人間の「智慧」によって，生命を慈しむ社会づくりについて，あらためて問い探る時代を迎えている。

　親役割で大切なことは，「始まりの自覚」と「担う覚悟」を曖昧にしないこ

とである。人間の細胞は約60兆となり，1個1個の細胞の中にあるそれぞれの遺伝子は，地球上に人類が誕生してから今日までの永い歴史を刻み込んでいる。この事実や，誰一人として同じ遺伝子構成でないという事実を，だからこそ，かけがえのない存在であることを，親は人間として，子に教える義務と責任がある。温かい血が流れ，約36.5℃の体温をもつ生命体として，人の心のぬくもりと社会規範を伝える役割がある。そして，教えられた子は親になって子に教える義務と責任がある。

[2] 育て教え伝える「親役割」

　子どもの成長発達について，生理学的に大脳の発達をみると，神経細胞は胎児期にほとんど完成している。産声をあげてから後に分裂して増加することはなく破壊しても再生しない。ところが，体格をつくる細胞は，新生児で約2兆，成人になると約60兆に増加し破壊すれば再生する。簡単にいうと，神経細胞は，一つひとつのつながりを拡大しながら発達する。

　神経細胞の配線されていく状況は，3つに分けて考えられている。第1の段階は，生まれてから3歳頃まで，脳の重さは約400gから約1100gとなる。第2の段階は，4歳頃から7歳頃まで，8歳頃には脳の重さは約1200gとなり成人の約90％に達する。第3段階は，10歳前後で，その後の配線はきわめてゆっくりしていて，20歳前後で完了する。

　20歳前後で完成された成人の脳の重さは約1400gで，3歳頃までに約80％完成されることから，「三つ子の魂百まで」という諺があり，3歳児までの育児が大切という学説もある。ホワイト（1997）は，「人生の最初の3年間」は，人間の一生を支配するほど重要な時期であると述べている。

　「ヒトは教育されて人間になる」といわれることがある。1920年，インドのカルカッタ近くの森で2人の少女が発見され，カマラとアマラと名づけられた。2人は狼とともに生活していたと思われ，年齢は8歳と1歳半と推定された。狼がどのようにして育てていたのか想像がつかないが，2人は生きていた，その後，人間として生活できるように育てられ教えられ，8歳の子どもは9年間，1歳半の子どもは1年間，生きて死んだことは事実である。この事例は，「狼に育てられた子」として紹介され，生理的・言語的・行動的側面が狼に類

似していると報告されている。

　この報告は，人間の成長発達について論じる際によく用いられているが，狼は，この少女たちをなぜ，食べなかったのだろう。何をどのようにして与えていたのだろう。本当に，2人は狼とともに生活していたのだろうか。今日，さまざまな解釈がされてきているが，いずれにしても，人間の親が子を育て教えていなかったことだけは事実である。

　井上（1984）によると，人間発達の基本的原理は次の通りである。人間は生まれつき人間として存在するのではなく，人間の社会，人間の文化の中で，はじめて動物としてのヒトから人間に成長していくのだという事実が第1である。第2は，人間の発達は，誕生時に未熟であるという特質も加わって，その幼い時期ほど可塑性が大きく環境の影響を受けやすいことである。第3に，学習にはそれぞれの学習するべき内容に応じて最もふさわしい時期があり，その時期に適切な学習環境にあることが，人間の発達にとって必須の条件である。

　親役割で大切なことは，子どもの発達に応じて，子どもがもっている力を，掘り起こすことができるように，将来に向かって発展できるように，自他の生命を尊重する人間の在り方の方向づけができるように，「育てる・教える・伝える」ことである。親と子の「触れ合う・見つめ合う・語り合う」という相互浸透行為を積み重ねることによって。

［3］親と子の関係

　親役割を効果的に果すためには，親と子の間に信頼関係が成立していることが重要である。

　実際，親と子はどのような関係を築いているのだろうか。親子の会話の内容について，総務省青少年対策本部編「子供と家族に関する国際比較調査報告書」（1994年調査）によると，日本では，「子供の友達のこと（61.2％）」，「学校や先生のこと（50.6％）」，「日常の生活態度のこと（30.4％）」，「家族のこと（26.9％）」の順となっている。アメリカでは，「家族のこと（79.1％）」，「子供の友達のこと（75.7％）」，「学校や先生のこと（73.1％）」，「日常の生活態度のこと（70.2％）」の順となっている。韓国では，「子供の友達のこと（54.4％）」，「学校や先生のこと（42.3％）」，「勉強や成績のこと（40.8％）」，「家族のこと

(38.4％)」の順となっている。アメリカでは、多様な内容についての会話が多く、「家族のこと」についての会話も約80％を占めているが、日本では約30％と低い。

　さらに、子どもとの関係について、「ライフデザイン白書2006-07」(第一生命経済研究所、2005)によると、「子どもとはよく会話をしている(父親68.5％、母親86.0％)」、「子どもと余暇や休日を一緒に楽しんでいる(父親67.5％、母親89.9％)」、「子どもの相談事はいつも真剣に聞いている(父親68.9％、母親85.1％)」、「子どもに頼りにされている(父親59.0％、母親72.1％)」であった。子どもと会話をして、一緒に楽しんでいる親の光景は浮かぶが、子どもから頼りにされているかどうか、子どものモデルになっているかどうか、その中身の充実については、親役割を担う人を中心としたあらゆる人の課題である。

　親子のコミュニケーションを通して親子間の信頼関係を築き、親はさまざまな出来事について、子どもが何を感じ考え動いているのか、感受性豊かに敏感に察し、その思いを汲み取っていくこと、そして、親の思いや考えを子に伝えることができる。人間は、社会の多様な人間関係の中で、人それぞれの多彩な行動パターンや多様な価値観の中で、揉まれながら生きるのだから、思い通りにならないことは当たり前のことである。自分以外の他者との関係で担うありとあらゆる役割には、必ずといってよいほどの温度差があることをあらかじめ意識し、この段差を、できる限り楽しみ、しなやかに弾んで親役割行動を果たしていくことが大切である。

3. 職業生活

　生涯の時間の中で、職業に携わる時間は長い。そのため、どのような職業を選択するのかということは、個人のパーソナリティや行動様式、態度に影響を及ぼし、さらには、家族の社会的地位、居住場所、家族の生活習慣をも決定していく。したがって、個人の職業生活の変化をたどることは、個人の仕事を通した生き方を学ぶことに他ならない。

[1] 仕事の価値

　仕事は，ある人々にとっては社会的ステイタスや自己価値を確認するための基準となり，他の人々にとっては好奇心を満たし，創造性を刺激し，生きがいを得る場となる。なぜその仕事をするのかという理由は，個人によってさまざまである。リップス（Lips-Wiersma, 2003）は，仕事をもつ人々を対象に面接調査を行い，多様な仕事の価値の中から共通する4つの仕事の意味を見出している；①個人の発達のため（developing self），②他者と一緒になるため（union with others），③自己を表現するため（expressing self），④他の人の役に立つため（serving others）。これらの意味が満たされるとき，個人は仕事場を自己実現の場と感じるようになる。

　一方で仕事は，個人の生活に影響を及ぼし，個人のパーソナリティを規定していくという側面もある（Lang & Lee, 2005）。たとえば，子どもたちを教える立場にいる者は，仕事以外の場においても模範的行動を示すことが社会から期待されるため，その期待に沿った振る舞いをするようになる。また常に新しい専門の知識や技能が求められる仕事についている者は，社会人になっても勉強を続ける。このように仕事は個人の発達に大きな影響を及ぼしている。

[2] 職業選択

　多くの人は成人初期において適切な仕事を選び就職する。何万もある職種の中から，どのようにしてその一つを選び出すのだろうか。

1）個人－環境適合理論

　個人－環境適合理論（Person-Environment Fit Theory）によると，興味や適正といった個人のパーソナリティ特性と職務環境との一致の程度が，職業選択および職業満足を決定する。このうち，最も代表的な理論は，ホーランド（Holland, 1973）の6角モデルである。彼は，米国の高校・大学生を対象に職業の好みを研究し，6タイプの職業に対する興味（パーソナリティ）と，これらに対応する6種類の職業環境が存在すると仮定し，これらの関係を表6-1のように示した。そして彼は，自分のパーソナリティにふさわしい職業を選んだ場合に，最も満足度が高くなると主張した。彼の理論は，普及度が高く影響力の強いモデルであるが，米国のサンプルにおいてはほぼ支持されているもの

表 6-1 個人－環境適合理論 (Holland, 1973；宗方, 2002)

パーソナリティ・タイプ	詳　　細	選択される職業
現実的 realistic	物的対象物を相手に技術的な仕事をすることに興味をもつ	機械工・トラック運転手・建築家
探求的 investigative	自然科学的な事柄に感心を示し，課題志向性で抽象的関係を考えることを楽しむ	科学者・技術者
社会的 social	会話や対人関係スキルが発達しており，社会的スキルを用いて問題解決を行うことが得意	教師・カウンセラー・社会福祉士
慣習的 conventional	法・規則の体系を管理することに関することに興味をもつ	司法・財務・行政事務員
企業的 enterprising	権力やリーダーの地位において経営者・企画や運営などに対する興味をもつ	TV プロデューサー・経営者・証券マン
芸術的 artistic	芸術により自己を表現することを楽しむ	詩人・音楽家・俳優，芸術家

の，それ以外の国の文化や人種的マイノリティ集団では支持されにくいという指摘もある（Rounds & Tracey, 1995）。

2）自己概念発達理論

職業的発達の過程を，自己概念（self-concept）の成熟・発達という点からとらえる考え方を，自己概念発達理論（self-concept developmental theory）とよぶ。この立場に立つ研究者は，職業的発達を自己概念の発達と受容，探索と現実吟味，自己概念の実現（職業的自己実現）へと順次進展すると仮定している（宗方, 2002）。このうちスーパー(Super, 1957) は，職業的成熟（vocational maturity）と職業的自己概念（vocational self-concept）とを理論の中心概念に据え，職業的発達の過程を「成長期」「探索期」「確立期」「維持期」「下降期」の 5 段階に分けている。この中で職業選択とかかわりがもっとも深いのは探索期であり，彼はこの段階をさらに「探索期」（14 ～ 18 歳），「移行期」（18 ～ 21 歳），「コミットのない試行期」（21 ～ 24 歳）の 3 つの副次段階に分割し，各時期の職業的発達課題を次のように説明している。まず探索期では，職業的な好みの結晶化が課題となり，暫定的な職業選択がなされ，空想や討論，アルバイトの中で職業が試みられるようになる。次に移行期では，職業的好みの特定化が課題となり，職業に関連する知識の習得や訓練が行われる。そしてコミットのない試行期では，職業的な好みの履行が課題となり，好みを履行に移

すために計画を立てることや実行することが行われる。

[3] 職業成熟

　シャイン（Schein, 1978）は，エリクソン（Erikson, 1980）の生涯発達段階説をベースに，表6-2に示すような9段階の職業発達段階説を提唱している。特に彼は，職業発達における初期キャリア段階（職業に就いてから5〜10年）の重要性を指摘し，この時期にキャリア・アンカーを形成することが，その後の職業選択やキャリア発達を方向づけると述べている。キャリア・アンカーとは「自己知覚された動機と才能が統合されたもの」と定義されているが，「自分はこういう人間でありたいという内なる声」や「キャリアのよりどころとなる錨」（金井・高橋，2005）ととらえることもできる。実際の職務経験の中で自分がどのような人間であるかイメージを固め，何が好きで何が得意かを発見することによって，形成される概念である。彼はキャリア・アンカーとして，①技術的・専門的能力，②管理的能力，③独創性，④安全または安定，⑤自律性，の5種類を挙げている。職業選択にかかわる多くの理論が就職以前の過程を重視するのに対して，就職後の職務経験を通してその後の方向を選択するというところにシャインの理論の独創性がある。

[4] フリーターとニートの問題
1）フリーターの定義と実態

　フリーターという用語は，1980年代後半，リクルート社のアルバイト情報誌の中で「学校を卒業した後も，自分の生活を楽しむために定職に就かず，アルバイト生活を送る若者たち」を表すフリーアルバイター（自由に働く人）を短縮した造語として登場した（道下，2001）。しかし現在では，その定義は多様である。たとえば，図6-3に示したように，厚生労働省と内閣府では，その定義と人数に大きな違いがみられる（厚生労働省：201万人，内閣府；417万人）。厚生労働省（2005）が「フリーターを選択している人（正社員になりたくない人）」に焦点を当てているのに対して，内閣府（2003）は「フリーターにならざるをえない人（正社員になれない人）」に焦点を当てていることが，違いの主な理由である。

表6-2 シャインの職業発達段階説 (若林, 1988)

発達ステージ	直面する問題	具体的課題
成長 空想 探索 (21歳頃まで)	・職業選択基盤の形成 ・現実的職業吟味 ・教育や訓練を受ける ・勤労習慣の形成	・職業興味の形成 ・自己の職業的能力の自覚 ・職業モデル，職業情報の獲得 ・目標，動機づけの獲得 ・必要教育の達成 ・試行的職業経験（バイトなど）
仕事世界参入 (16-25歳) 基礎訓練	・初職につく ・自己と組織の要求との調整 ・組織メンバーとなる ・現実ショックの克服 ・日常業務への適応 ・仕事メンバーとして受け入れられる	・求職活動，応募，面接の通過 ・仕事と会社の評価 ・現実的選択 ・不安，幻滅感の克服 ・職場の文化や規範の受け入れ ・上役や同僚とうまくやっていく ・組織的社会化への適応 ・服務規定の受け入れ
初期キャリア (30歳頃まで)	・初職での成功 ・昇進のもととなる能力形成 ・組織にとどまるか有利な仕事に移るかの検討	・有能な部下となること ・主体性の回復 ・メンターとの出会い ・転職可能性の吟味 ・成功，失敗に伴う感情の処理
中期キャリア (25-45歳)	・専門性の確立 ・管理職への展望 ・アイデンティティの確立 ・高い責任を引き受ける ・生産的人間となる ・長期キャリア計画の形成	・独立感，有能感の確立 ・職務遂行基準の形成 ・適性再吟味，専門分野の再吟味 ・次段階での選択（転職）検討 ・メンターとの関係強化，自分自身もメンターシップを発揮 ・家族，自己，職業とのバランス
中期キャリア 危機 (35-45歳)	・当初の野心と比較した現状の評価 ・夢と現実の調整 ・将来の見通し拡大，頭打ち，転職 ・仕事の意味の再吟味	・自己のキャリア・アンカーの自覚 ・現状受容か変革かの選択 ・家庭との関係の再構築 ・メンターとしての役割受容
後期キャリア (40歳から 定年まで) 非リーダー として	・メンター役割 ・専門的能力の深化 ・自己の重要性の低下の受容 ・"死木化"の受容	・技術的有能性の確保 ・対人関係能力の獲得 ・若い意欲的管理者との対応 ・年長者としてのリーダー役割の獲得 ・"空の巣"問題への対応
リーダー として	・他者の努力の統合 ・長期的，中核的問題への関与 ・有能な部下の育成 ・広い視野と現実的思考	・自己中心から組織中心の見方へ ・高度な政治的状況への対応力 ・仕事と家庭のバランス ・高い責任と権力の享受
下降と離脱 (定年退職まで)	・権限，責任の減少の受容 ・減退する能力との共存 ・仕事外の生きがいへ	・仕事以外での満足の発見 ・配偶者との関係再構築 ・退職準備
退職	・新生活への適応 ・年長者役割の発見	・自我同一性と自己有用性の維持 ・社会参加の機会の維持 ・能力，経験の活用

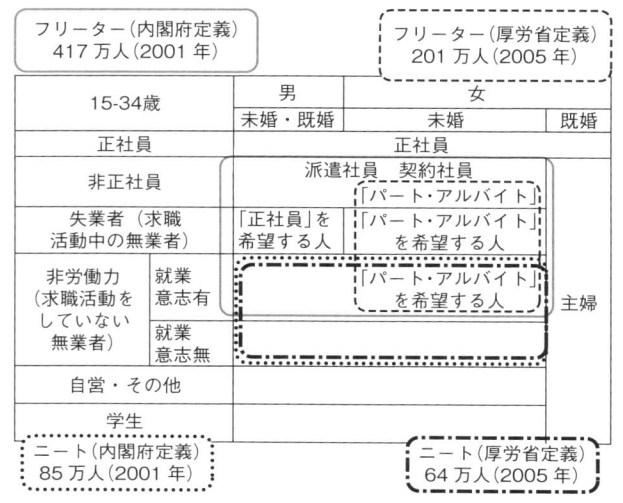

図 6-3 フリーターとニートに関する厚生労働省と内閣府の定義の違い

15-34歳	男	女	
	未婚・既婚	未婚	既婚
正社員	正社員		
非正社員		派遣社員　契約社員	
		パート・アルバイト	
失業者（求職活動中の無業者）	「正社員」を希望する人	「パート・アルバイト」を希望する人	
非労働力（求職活動をしていない無業者）	就業意志有	パート・アルバイト を希望する人	主婦
	就業意志無		
自営・その他			
学生			

- フリーター（内閣府定義）417万人（2001年）
- フリーター（厚労省定義）201万人（2005年）
- ニート（内閣府定義）85万人（2001年）
- ニート（厚労省定義）64万人（2005年）

（厚生労働省，2005 および内閣府，2003 を基に筆者が改変）

　また一言でフリーターといっても，その内容は多様であることが指摘されている。日本労働研究機構（2000）によれば，フリーターとなった契機と当初の意識により，フリーターを表 6-3 のように①夢追求型，②モラトリアム型，③やむをえず型の 3 つに分類することができる。児美川（2005）は，バブル経済崩壊の前後で，フリーターの内容が大きく変化したと述べている。バブルの高揚期では，若者は働き方を選択することが可能な立場にいた。そのため，社会的組織に縛られない"自由な働き方"が，新しいライフスタイルの理想として映り，夢追求型およびモラトリアム型とよばれるフリーターが増加した。しかし，バブル経済の崩壊による長期的な景気後退により，多くの企業は新規の学卒採用を手控え，人材需要を非正規雇用により充当するようになった。そのため正規雇用の間口から構造的に排除された若者たちが，やむをえず型のフリーターになったと解釈される。

　一方で下村（2006）は，フリーターの職業意識には，共通して強い「やりたいこと」志向が示されていると述べている。たとえば，彼らは「やりたいこと」という語句を他の語句に比べて特に頻繁に使い，「やりたい仕事なら正社

表 6-3　フリーターとなった契機と当初の意識に着目した類型
（日本労働研究機構，2000）

類　型	内　容	比率
夢追求型	特定の職業に対する明確な目標をもっていてアルバイトをしている者	27.8%
モラトリアム型	フリーターとなった当初に，明確な職業展望をもっていなかった者	39.2%
やむをえず型	労働市場の悪化や家庭の経済事情，トラブルなどの事情によりフリーターとなった者	33.0%

員でもフリーターでもこだわらない」と答える者が7割を超え，フリーターの「良い／悪い」の基準として「やりたいこと」があるか否かだと答えている（小杉，2002）。しかし，フリーター経験が「やりたいこと」にとって有益であったとは評価しにくいことも指摘されている。堀（2002）は，フリーターが，労働時間に比較して収入が低賃金にとどまっていること，正社員志向は強いものの実際には正社員化は進んでいないことの2つの理由から，フリーターの経験を積んでも職業能力形成が年齢相応に進まないと述べている。彼らを社会に導くためには，「やりたいこと」を職業として選択することも大切だが，一方で「人の役に立つ仕事」「安定した職業生活」を選択することの大切さも教えていく必要があると考えられる。

2）ニートの定義と実態

ニートとは学卒後，通学も就労もせず，職業訓練にも参加していない若者（NEET: Not in Education, Employment or Training）を指すことばが，イギリスから日本に移入された概念である。非就業，非求職，非通学，非家事を特徴としており，2005年の労働白書では64万人（内閣府では85万人）と発表されている（厚生労働省，2005）。

ニートの実態として，第1に最終学歴は高卒者が最も多いものの，失業者の最終学歴と比べると，中卒者および高校中退者の数も2割に達して多いことが挙げられる。この理由として，景気後退で若年労働者の需要が低下している中，中卒者・高校中退者の就職状況はさらに厳しく，彼らは職を探す意欲を持ち続けることが困難となり，進学も就職もあきらめニートになったと解釈されている（玄田・曲沼，2004）。第2の特徴として，ニートは収入源として，家

族・親族の給与・収入を頼りにしている者が7割と多いものの，一人暮らしをしながら親からの仕送りで生活をつないでいるニートも少なくない（4人に1人）ことが挙げられる。これらの特徴より，ニートの生活が厳しいものであることが示唆される。

　では，なぜ彼らは働かないのだろうか。玄田・曲沼（2004）は，第1に求職活動をしてこなかった理由として4割以上のニートが「人づきあいなど会社生活をうまくやっていける自信がないから」と答えていること，第2に求職を過去にしていたが現在はやめてしまった理由として3割以上のニートが「仕事についてうまくやっていける自信がなくなったから」と答えていることから，人間関係を円滑に進めていく自信および仕事への自信が欠けていることが働かない根本の理由と解釈している。さらにニート増加の原因として，①「労働市場説」（不況による就職状況の悪化により，就職活動を繰り返しても採用や内定が得られず，努力を続けられなくなった），②「教育問題説」（努力を続ける者とあきらめた者との二極化が進み，あきらめた者が職業能力への自信も喪失している），③「家庭環境説」（家庭や地域で他者と交流する機会が少なく，コミュニケーション能力が欠如している若者が増えた）が挙げられている（玄田・曲沼, 2004）。しかし，どの仮説も説明力が弱く，決定的な原因は不明なままである。ニートに関しては，原因を一般論で考えるより，一人ひとりの状態を理解し支援することが重要と考えられる。

4. 成人中期の危機と自我同一性の再生

[1] 人生の折り返し

　ユング（C.G. Jung）は，人生を太陽の運行にたとえ，成人中期を人生の正午とよんだ（Schulz & Salthouse, 1999）。人生の正午には，頭の上を照らす太陽の位置が変わり影の向きが逆になるように，人生前期と後期の転換が起こる。発達的に増大・成長する方向から，衰退や下降への方向へ変化する。これまで生きてきた時間と，これから生きていくために残された時間を推し量りながら人生に対する見方を見直す時期となり，自己の内面的欲求および本来の自己の実現が重要な価値をもつようになる。ユングは，このような人生の正午

を，生涯における最も重要な転換期ととらえている。

エリクソン（Erikson, 1982）は，アイデンティティ論の枠組みから，成人中期を再構成の機会としてとらえている。青年期に一度形成されたアイデンティティは，その後他者との関係の経験を通して，自己と他者の視点に気づき，両方を同時に考慮できる方向へ発達する。そして，自己のアイデンティティを他者や社会に結びつけることに関心が移る。これが，エリクソンが提唱する成人前期の課題である「親密性（intimacy）」と成人中期の課題である「世代性（generativity）」である（杉村，1999）。親密性の段階においては，他者と体験を共有したり，お互いの存在を尊重し合うことによって，個人のアイデンティティはより深く豊かなものとなる。親密な関係が生み出す情緒的な相互性は個人の実存的な孤独感を軽減し，その存在に活力を与える（Josselson, 1994）。そして世代性の段階においては，他者の世話をしたり，若い世代に自分の価値観を伝えることによって，個人のアイデンティティはより広くかつ複雑な関係性のなかに位置づけられる。以上のような成人期の課題に取り組むことと並行して，成人中期になると，特有の身体的・心理的・社会的変化によってアイデンティティそのものに大きな転換点が訪れる。青年期以来の自らのアイデンティティを問い直し，人生の後半に向けて再構成するのである（岡本，1985）。生涯にわたるアイデンティティの発達のなかで，青年期におけるアイデンティティの形成と中年期におけるアイデンティティの再構成は最も大きな危機ととらえられている（杉村，1999）。

[2] 中年期の危機（Midlife Crisis）に関する研究

ユングやエリクソンが示したように，成人中期になると人々はさまざまな変化や葛藤に直面する。自己の不完全さや有限性を受容し（Jacques, 1965），残された時間の限界を認識し，同時に人生の目標の再吟味に迫られ（Gould, 1978; Sheehy, 1976），そして新しい生き方を見つけること（Vaillant, 1977; Levinson et al., 1978）が求められるようになる。この現象は「中年期の危機」とよばれており，1970年代以降，数多くの生涯発達研究者の注目を集めてきた。

そのうち，レヴィンソンら（Levinson et al., 1978; Levinson & Levinson,

1996）は，職業・収入・宗教の異なる40人の男性に行った面接，および100人以上の男女の自叙伝，そして45人の女性の面接に基づき，「中年期の危機」を人生における最も重要な転換期であると唱えている。彼らは，「生活構造」という概念を発展させ，個人の発達を生活構造の変化の過程としてとらえている。生活構造とは，個人の包括的な生活パターンを表す概念であり，個人のもつ内的現実（価値・夢・欲求など）および外的現実（仕事・宗教・家族など）を含むものである。レヴィンソンらによれば，人生には生活構造を形成する主要期と，生活構造を再吟味する過渡期が繰り返し訪れる。生活構造を形成する時期には，個人は職業を確保し家族を作り自己目標を達成するように努力する。一方，生活構造を再吟味する過渡期には，これらの意志決定が正しかったのかどうかが吟味され，新たな生活構造が形成される（図6-4参照）。このうち，成人中期（レヴィンソンは「人生半ばの過渡期」とよんでいる）において，個人は若さの喪失と老いを自覚するようになり，必ず訪れる死と向き合い，残された生を渇望するという葛藤を経験する。そして，人生を熟考し，初期の夢が実現していないことを覚え，離婚・再婚・転職・移転を行うようにな

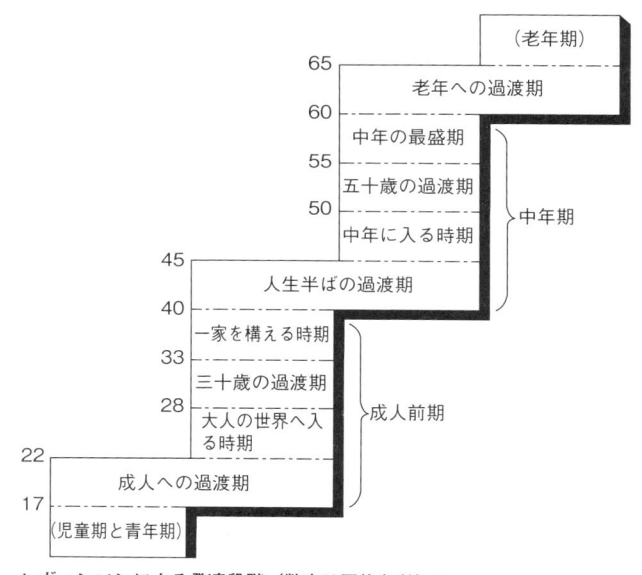

図6-4　レヴィンソンによる発達段階（数字は平均年齢）（Levinson *et al*., 1978 南訳 1980）

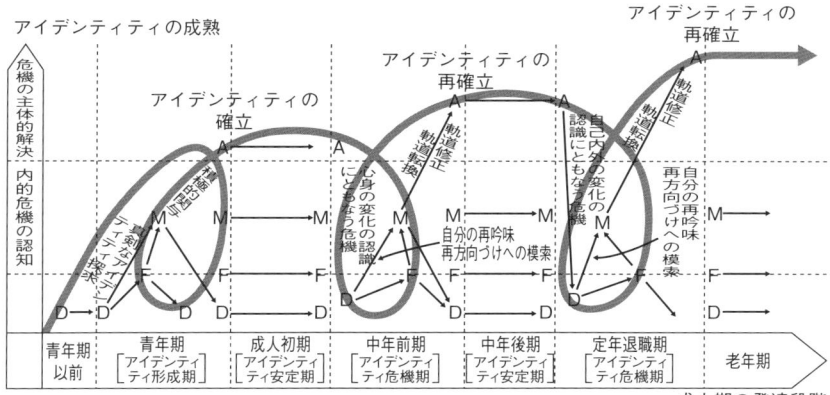

4. 成人中期の危機と自我同一性の再生

図6-5 アイデンティティのらせん式発達モデル（岡本, 2002）

（注）1. A：アイデンティティ達成，M：モラトリアム，F：予定アイデンティティ，D：アイデンティティ拡散
2. アイデンティティ：D ──→ M ──→ A（アイデンティティ達成）
形成プロセス　　　真剣なアイデン　　積極的
　　　　　　　　　ティティ探求　　　関与

アイデンティ：(A) ──→ D ──→ M ──→ A（アイデンティティ再達成）
ティ再体制化　　　心身の変化の認　自分の再吟味・再　軌道修正・
プロセス　　　　　識に伴う危機　　方向づけへの模索　軌道転換

るという。

同様に日本において岡本（2002）は，青年期，中年期，定年退職を迎える時期といった人生の節目では，それまでの自分に関するアイデンティティが揺らぎ，組み換えが行われていくと考えた。そして，このような成人期におけるアイデンティティ発達はらせん状に，すなわち危機期と安定期がらせんのように繰り返される中で展開すると述べた（図6-5参照）。

[3] 中年期の安定性に関する研究

中年期の危機を主張する研究者がいる一方で，そのような現象が誰にでも普遍的に生じるということに批判的立場をとる研究者も多い。

コスタとマックレー（Costa & McCrae, 1980）は，中年の危機に関連する苦悩を測定する尺度を作成し，33-70歳の男性を対象に自己に関する評価を求めた。その結果，中年期において顕著な危機は見出されなかったこと，むしろ，危機を体験する人は，成人期全般を通して個人的危機を感じやすいことを明ら

かにしている。さらに他の多くの研究者により，中年期の危機があるという視点で調べてみても，他の時期と比較して特別に危機的な時期であると結論づけることはできないことが報告されている（Rosenberg *et al.*, 1999）。

それでは，若さの喪失や老いを自覚し，死を予感しながらも，それを危機と感じない人々の心には，どのような仕組みが働いているのだろうか。一つの仮説として，自我の危機的状況に対する耐性や回復力，すなわち自我回復力（ego resilience）が存在するという考え方がある（Klohnen *et al.*, 1996）。同じ中年期にさしかかっていても，自我回復力の高い人は中年期の変化を発達や成長の機会ととらえているのに対して，自我回復力の低い人は中年期の変化を停滞や衰退の時期ととらえていることが，縦断的研究により明らかにされている。さらに中年期の変化を，中年期のどの時点で体験するのか，そしてどのように対処するのかによっても，その意味は大きく異なることが見出されている（Klohnen *et al.*, 1996）。ことばを変えるならば，中年期の危機は，発達のチャンスでもあるということもできるだろう。

5. 家庭生活と職業生活

[1] 二つの世代の狭間で

成人初期から中期にかけて，人は親世代と子世代に挟まれ，両方の世代から同時に経済的・心理的サポートを求められるようになる。必然的に，この世代の生活は，他の二世代と密接にかかわりながら変化していく。板ばさみという意味を込め，「サンドイッチ世代」（sandwich generation）とよばれることもある。

しかし他の二世代との関係は，親・子どもの年齢，親・子どもとの同・別居，親の健康状態，資産などにより異なっており，そこで生じる問題も各世代の年齢とともに変わっていく。たとえば，心身のエネルギーや経済など資源の流れの変化でとらえた場合，「親から子⇒子から親へ」資源の還流が起こる（柏木・平山，2006）。孫世代の年齢が低く養育を必要とする時期には，親世代の資源がその子に投資される。そして孫たちが成人すると，しばらくはどちらも自己資源で生活し，親子間に資源の移動のない対等な時期が続く。しかしや

がて親の高齢化が進むにつれ，資源の流れは逆転し子による親の扶養という形で，今後は子のもつ資源が親に向けられるようになる（柏木・平山, 2006）。このように親子間で資源を循環させる関係は，家族の生活を守るために有効な手段となっていた。しかし，核家族化や少子高齢化という社会の変化の中で，逆にさまざまな問題の原因ともなってきている。

[2] 小さな子どもとのかかわりの中で

小さい子どもを育てている時期は，家庭および仕事役割に加えて子どもの世話・しつけなどの親役割の負担が重く，心身の健康に負の影響を及ぼすのではないかと懸念される。しかし，多重役割と心身の健康の関係を調べた結果によれば，その関係は単純ではないことが示されている。すなわち，多重の役割をもつ母親と，一つしか役割をもたない独身有職女性または専業主婦を比べた場合，前者は後二者に比べ，役割過負荷（多忙さ，疲労感など）は大きいが，生活満足度も高いことが明らかになっている（土肥ら, 1990; 図6-6）。多重役割

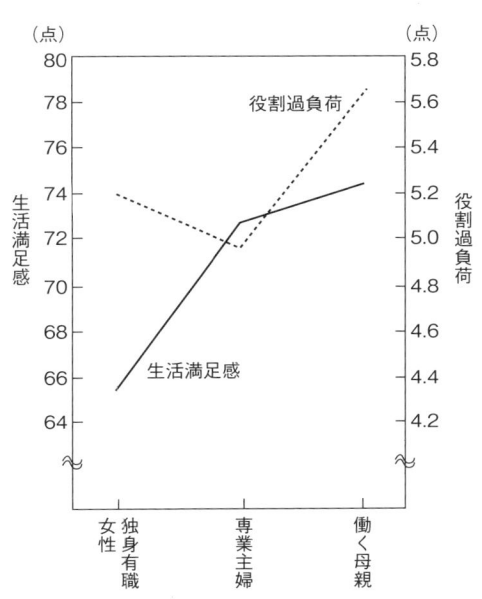

図6-6 女性の多重役割と役割過負荷・生活満足感（土肥ら, 1990）

に関する研究分野においても，多重役割と心身の健康の関係について，不足仮説（scarcity hypothesis）と拡張仮説（enhancement hypothesis）という相反する2つの仮説が提唱されている。不足仮説では，個人の有する時間やエネルギー量が有限であるという前提のもと，異なる複数の役割への従事はエネルギーの消耗をもたらし，葛藤を引き起こすため，心身の健康は損なわれると予測する。一方，拡張仮説は，複数の役割間で資源が補完され，ストレスの緩衝効果が得られるため，多重役割への従事は心身に肯定的な効果をもたらすと予想している（太田，2001）。しかし，どちらの仮説が正しいのかに関しては，一貫した結果は得られておらず，多重役割と心身の健康の関係には多数の要因が影響を与えていることが示唆される。日本の研究ではないが，女性を対象に社会的役割の数とパーソナリティ，心理的健康との関係を調べた縦断的研究の結果によると，成人初期（28歳）に多くの社会的役割に関与した者は，成人中期（43歳）におけるアイデンティティが発達しており，さらにその後（48歳）の世代性および役割の質が高く，それが心理的健康に肯定的影響を与えていることが報告されている（Vandewater *et al.*, 1997）。家庭および仕事役割に加えて，親役割を担うことは，成人に多くの負担を強いるものではあるが，他方で個人の発達を促すことが示唆される。

[3] 成人した子どもとのかかわりの中で

1990年代後半において，「パラサイト・シングル」ということばが流行した。パラサイト・シングルとは，学卒後，就職して自分の収入がありながら親の家に住み続け，優雅な独身生活を送る若者たちについて，社会学者の山田昌弘（1999）が名づけた造語である。経済的余裕のある親に成人した子どもが寄生（パラサイト）することにより，親も空の巣の寂しさから逃れ，子も趣味やレジャーを楽しむ優雅なライフスタイルを維持できることが，パラサイト・シングルの増加の要因と考えられた。

90年以降，未婚者全体の親同居率はほぼ70%で推移しており，特に大きな変化はみられていない。しかし一方で，その実態は優雅な独身生活というイメージからはかけ離れたものと変わってきている。内閣府（2003）は，デフレが若者の生活に与える影響を調べ，親同居未婚者の生活が厳しいものであるこ

表 6-4 親同居未婚者と親非同居未婚者の比較 (内閣府, 2003 より筆者が改変)

	親同居未婚者	親非同居未婚者
[就業状態]		
正社員	64.1% (1991年 79.1%)	75.6% (1991年 84.5%)
パート・アルバイト	17.4% (1991年 6.4%)	13.2% (1991年 6.8%)
無職	9.1% (1991年 4.0%)	4.7% (1991年 2.3%)
[経済状態]		
収入	240 (万円/年)	310 (万円/年)
自由に使えるお金	5.5 (万円/月)	5.5 (万円/月)
[生活状態]		
苦しくなってきた	26.3%	19.2%
苦しくなった理由		
収入の減少	74.9%	65.2%
扶養家族の増加	0.9%	4.3%

とを明らかにしている。親同居未婚者は親非同居未婚者に比べ，収入が低く，正社員の比率が低く，パート・アルバイトの比率が高い。親同居未婚者は，基礎的生活を親に支えてもらっているにもかかわらず，収入が低いため，自由に使えるお金は親非同居未婚者とほぼ同額である。さらに1年前と比較した暮らし向きについて，「苦しくなってきた」と答える者の割合が，親同居未婚者の方が親非同居未婚者より高く，理由として「給与等の定期的な収入が減ったから」と答える者の割合が高い（表6-4参照）。これらの結果から，親同居未婚者はパート・アルバイトや無職の人が多いため，経済の低迷による影響を受けやすく，親と同居しなければ生活できないという実態が反映されていると考えることができる。多くの企業は景気低迷に伴う売り上げの減少を，人件費を削減することで補おうとしている。そして，現在働いている親世代の雇用を削減する代わりに，子世代の採用を抑制し，パート・アルバイトとして採用することで雇用調整を行ってきた。その結果，親世代が子どもと同居する経済的余裕をもつことを可能にしたものの，もう一方で子世代が経済的に親から独立できないという現実をも生み出したともいえよう。

[4] 高齢の親とのかかわりの中で

成人中期になると，高齢の親の扶養や介護の問題に直面するようになる。しかし"必要となれば親の扶養および介護をする責任がある"という「孝行」

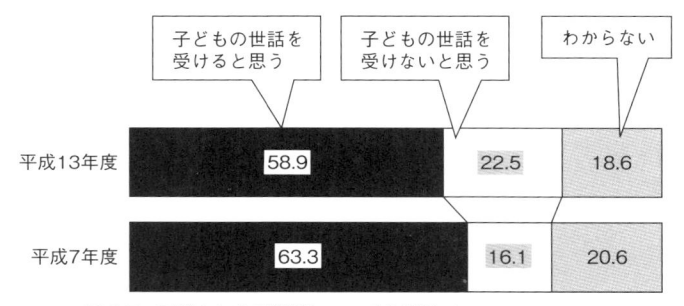

図6-7 子どもからの世話についての意識 (総務庁, 2002より)

	子どもの世話を受けると思う	子どもの世話を受けないと思う	わからない
平成13年度	58.9	22.5	18.6
平成7年度	63.3	16.1	20.6

(Filial piety) の規範は，核家族化および少子高齢化という社会の変化の中で，成し遂げることがますます困難な課題となってきている。

　核家族化と高齢化の進展に伴い，遠く離れて暮らす親が介護を必要としたときに，どのように対応したら良いのかと悩む子世代が増えている。住み慣れた地域で生活したいと考える親の都合と，仕事や子育てのために故郷に戻ることができない子どもの都合を，一致させることは難しい。総務庁（2002）は，平成13年度において60歳以上の男女を対象に，「万が一からだが不自由になって，あなた一人，あるいはあなたと配偶者だけでは日常の生活が難しくなった場合，介護などの世話を子どもから受けると思うか」について尋ねている（図6-7参照）。その結果，「子どもの世話を受けると思う」という回答が最も高い割合を示したが，平成7年度のそれと比較すると，その割合は低下している。逆に「子どもの世話を受けないと思う」という回答の割合が上昇している。このような数値の変化から「子は親を扶養・介護するのが当然」という社会規範が変化していることがうかがえる。

　一方で，過半数にのぼる高齢者が在宅で介護を受けており，その介護の担い手が妻・長男の妻（嫁）・娘など女性に集中しているという傾向もまだまだ強い。大久保・杉山（2000）は，1930年代生まれの女性たち50名を対象に回想法によるライフコース調査を実施し，長期にわたる介護が介護者の人生を空洞化させる危険性があることを指摘している。彼らは，調査協力者の一人で，夫の母親と自分の両親を看取った経験をもつ女性による「……両親の世話をしたことを後悔しているわけではないが，そのために人生の一番いい時期を逃したと感

じることがある」という語りを通して，親に幸せな生活を過ごさせたいという思いと，終わりの見えない介護に貴重な自分の人生を費やされることへの無念さの間で，葛藤する介護者の心を明らかにしている。介護者のもつ「孝行」の気持ちを満足させると同時に，彼らの発達および心身の健康を高めるような介護の方法を見つけることは不可能なのだろうか。最近は，さまざまな介護の形態が提案されてきている。たとえば「がんばらない介護生活を考える会」では，「介護を頑張ることが愛情表現である」という思い込みを捨て，「一人一人の状況や環境に合わせて，社会的なサービスや役に立つ情報を上手に利用しながら，精神的にゆとりのある介護生活を送る」ことの大切さについて社会に提案をしている（がんばらない介護生活を考える会，2005）。また太田（2003）は，「遠距離介護」ということばを用いて，飛行機や新幹線を使い，遠距離を行き来して老親の生活を支えている人々の実態を明らかにし，介護のあり方について問い直すことを提言している。彼女によれば，理想の「遠距離介護」とは，新幹線や飛行機を使いオムツを替えにいくことではなく，親の生活がスムーズに運ぶよう適切なサービスをコーディネートして，一日でも長く今の暮らしを継続できるよう応援することであるという。彼らが提案するように，無理なく長期間続けることが可能な新しい介護形態を模索することが，高齢社会となった日本において今後求められる重要な課題となるといえよう。

コラム⑨

離婚予測指標

「死が二人を分かつまで」と誓いあった結婚でも、「相手に満足できないときは離婚すればよい」と考える人が、男女とも半数を超えた（厚生労働省, 1997）。厚生労働省による人口動態統計（厚生労働省, 2004）によると、離婚率は90年代前半までで0.7～1.6％の間にあったが、2004年には2.1％にまで増加している。他の先進諸国に比べれば、わが国の離婚率は依然として低いものの、他の国々が近年あまり変化していない中で、日本では離婚率の上昇幅が目立って大きいのが特徴である。そして、婚姻期間が長い夫婦の離婚率が増えてきており、いわゆる「熟年離婚」の増加がみられる。

日本の夫婦関係に関する最近の研究は、妻側が配偶者への不満を強く抱き、対等な夫婦関係を求めていることを明らかにしている。夫の世話や家事など家族役割への否定的感情、結婚への不満、高学歴主婦における否定的な生活感情、無職母親層における育児不安の強さ、などが見出された。長寿となった人生において、女性も「自分自身」の生き方に関心をもち、個人化志向を強め（目黒, 1987; 柏木・永久, 1999）、したがって、性別分業の家族のあり方に女性が異議申し立てをすることになったのであろう。

夫婦間に意見の不一致があったとき、コミュニケーションの仕方が重要であるという。ゴットマンは臨床経験から、夫婦間に生じた意見の不一致や不満がどう扱われるかによって離婚になるか否かが予測できるとした（大熊, 1996）。相手への不満や意見の不一致に対する「批判」、「軽蔑」、「防衛」、「石の壁（無視・拒否）」の順で、夫婦関係の破滅につながる可能性が高く、離婚予想指標になると結論している。

日本の夫婦間のコミュニケーション不在・不全が指摘されている（難波, 1999）。平山・柏木（2001）は中年期の夫婦の特徴を明らかにした。夫は威圧（命令口調、すぐ怒る、小馬鹿にした対応など）、無視（いい加減な相槌、うわの空、黙り込むなど）が多く、妻は依存的接近（悩みや迷いを相談、相手の意見に従う、話題の提供、報告など）、共感（親身になって一緒に考える、優しいことばかけなど）が多かった。妻は夫とのコミュニケーション不全を痛感し、結婚満足感を低下させているという。

コラム⑩

育児は育自：親になることによる発達

　子どもの発達に親が影響することは，多くの研究が注目してきた。しかし，生涯発達心理学の視点に立つと，親の側の発達も大きな関心事である。

　親自身は子どもをもち育てることによる変化・成長についてどう考えているだろうか。柏木・若松（1994）は，①小さなことにこだわらない柔軟さと度胸・タフさ，②自分の欲求や立場を抑制し他と協調する態度，③広い多角的な視野，④運命や信仰などの重視や謙虚さ，⑤生きがいと存在感，⑥自分の考えや立場の明確さ・強さなどが，現在，親になる前と比べて変化したと父親も母親も自己評価することを見出した。しかし，母親は父親以上に，親となることでの自己成長を大きく認めており（図1），また，低い学歴の親の方が大きく認めていた。父親を子どもとかかわりが多いか少ないかで比較した研究（柏木，2003参照）によれば，図2に示されるように，子どもとのかかわりの多い父親が親となっての変化を大きく認識していた。

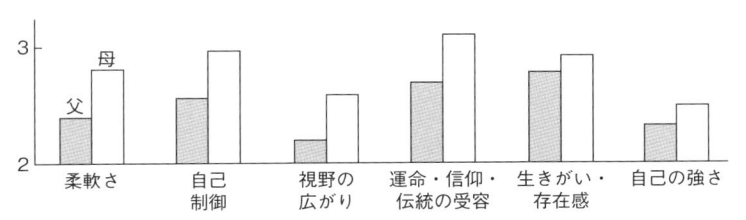

図1　父親と母親の「親となる」ことによる成長・発達（柏木・若松，1994）

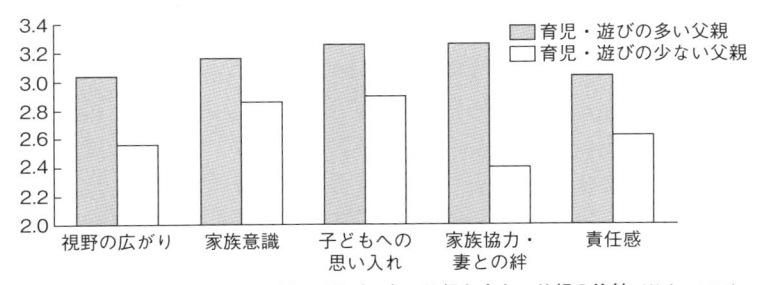

図2　親となっての変化――育児・遊びの多い父親と少ない父親の比較（柏木，2003）

長寿を祝うセレモニー（長寿をあやかる杯を受ける）　沖縄にて

第7章
人生の集大成へ（成人後期）

1. 高齢社会への発展

　日本は現在，急速に高齢化が進行している。日本の高齢化は，社会保障関係費の負担増など，さまざまな問題の原因となっており，高齢化および高齢者に対するイメージは否定的なものが多い。しかし，一方で，自立し活動的に生活する高齢者も増えており，高齢化問題および高齢期という年代を新たな視点から見直す必要が生じている。

[1] 高齢社会日本
1）日本の高齢化の状況

　社会の高齢化を測る尺度としては一般的に「高齢化率」という総人口に対する65歳以上の人口比率が使われる。高齢化率が7％以上14％未満の社会は高齢化社会，14％以上21％未満は高齢社会，21％を超える社会は超高齢社会とよばれる。日本が高齢化社会になったのは1970年，高齢社会の仲間入りをしたのが1994年，そして2007年10月の高齢化率は21.5％であることが明らかとなり，まさに超高齢社会へと突入したのである（内閣府，2008）。

　日本における高齢化の特徴は，高齢化の速度が世界の中で最も速いことである。高齢化は欧米を含む多くの国に共通する現象であるが，高齢化社会から高齢社会になるまでの年数が，EU諸国では1世紀から半世紀の期間を要したのに対して，日本は24年であった（表7-2参照）。急速な変化は対応の遅れの原因となっており「高齢化の進展の速度に比べて国民の意識や社会のシステムの

表7-1 高齢化の現状 (内閣府, 2006)

		平成17年10月1日		
		総数	男	女
人口 (万人)	総人口	12,776	6,234	6,542
	高齢者人口 (65歳以上)	2,560	1,084	1,477
	前期高齢者 (65～74歳)	1,403	655	748
	後期高齢者 (75歳以上)	1,157	429	728
	生産年齢人口 (15～64歳)	8,459	4,250	4,210
	年少人口 (0～14歳)	1,756	901	855
構成比 (%)	高齢者人口 (高齢化率)	20.0	17.4	22.6
	前期高齢者	11.0	10.5	11.4
	後期高齢者	9.1	6.9	11.1
	生産年齢人口	66.2	68.2	64.4
	年少人口	13.7	14.4	13.1

表7-2 高齢化社会から高齢社会になるまでの年数
(内閣府, 2006により筆者が作成)

国	年数
フランス	115
スウェーデン	85
イタリア	59
イギリス	46
ドイツ	40
日本	24

対応は遅れている。早急に対応すべき課題は多岐にわたるが，残されている時間は極めて少ない」[注]という危機感が，高齢化問題をより深刻なものとしている。

2) 高齢化の要因

高齢社会白書（内閣府, 2006）によると，日本に高齢化をもたらした要因として以下の2つが挙げられている。

①平均寿命の伸び

衛生水準や生活水準の向上，医療技術の発達により，死亡率（人口1,000人当りの死亡数）が低下し，わが国の平均寿命は2005年には男性が78.53年，女性は85.49年となった。さらに，65歳時の平均余命が男女とも長くなり（1960年で男性11.62年女性14.10年，2005年で男性18.13年女性23.19年），

注 高齢社会対策基本法（平成7年法律129号）

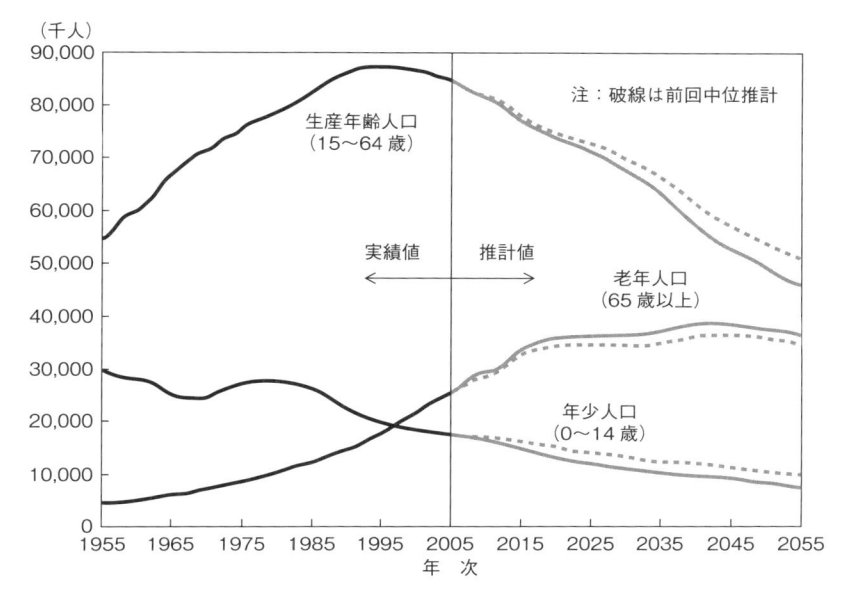

図7-1 年齢3区分別人口の推移：出生中位推計（国立社会保障・人口問題研究所，2006）

65歳以上の死亡率も低下傾向にある（人口1,000人あたり，1950年で71.5人，1980年で47.4人，2004年で33.7人）。

②出生率の低下

近年，合計特殊出生率は，第1次ベビーブーム以降急速に低下し（1956年で2.22，1975年で1.91，2004年で1.29），年少人口の減少が生じている。

このように，高齢者人口が増加する一方で，年少人口が減少したことが，社会の高齢化を急速に進めている原因と考えられている（図7-1参照）。

[2] 高齢化の影響と高齢社会に関するイメージ

1) 高齢化の社会への影響

① 65歳以上の労働力人口の増加

労働力人口は2000年をピークに今後減少する。一方で，65歳以上の労働人口は増加することが推測されている。2005年の労働力人口総数（15歳以上労働力人口）は6,650万人であり，そのうち65歳以上の者は504万人（7.6％）

であった。この労働力人口に占める65歳以上の比率は，1980年の4.9％から増加の一途をたどっており，2015年には9.6％になることが推測されている（内閣府，2006）。

②社会保障給付費の増加

年金・医療・福祉その他を合わせた社会保障給付費は2004年度で85兆6,469億円（国民所得に占める割合は23.72％）であり，1980年の24兆7,736億円（同12.19％）から増加の一途をたどっている。このうち，高齢者関係給付費は60兆6,537億円（社会保障給付費の70.8％）であり，社会保障給付費に占める割合が最も高い（内閣府，2006）。

2）高齢社会に関するイメージ

従来，高齢社会に関するイメージは，認知症や介護を必要とする高齢者が増加する，経済的活力が低下するなど否定的なものが多かった。しかし現在では，65歳以上の平均余命が伸び，元気で活動的な高齢者が増加したことから，「高齢化は社会に否定的影響を与える」と一概にいえなくなってきている。たとえば，内閣府（2004a）が20歳以上の男女（N=3,941）を対象に行った「年

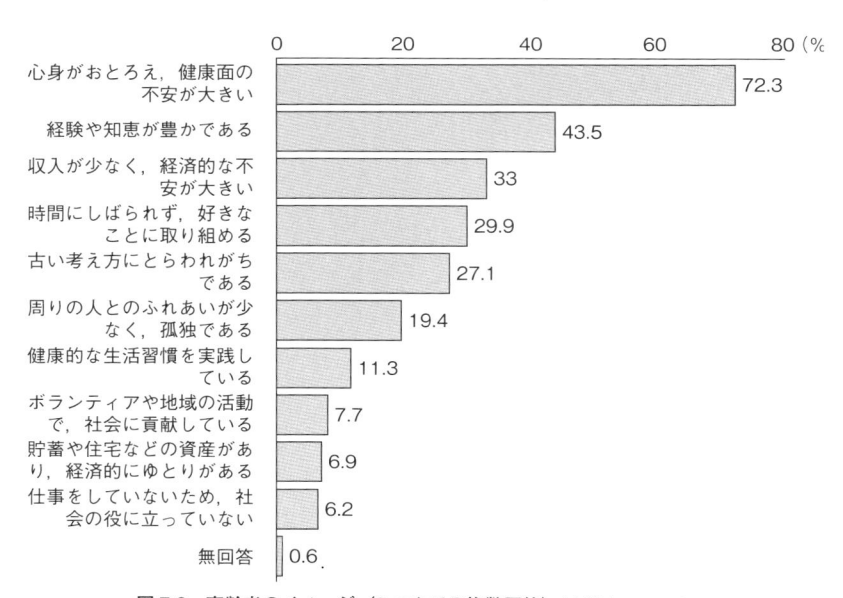

項目	％
心身がおとろえ，健康面の不安が大きい	72.3
経験や知恵が豊かである	43.5
収入が少なく，経済的な不安が大きい	33
時間にしばられず，好きなことに取り組める	29.9
古い考え方にとらわれがちである	27.1
周りの人とのふれあいが少なく，孤独である	19.4
健康的な生活習慣を実践している	11.3
ボランティアや地域の活動で，社会に貢献している	7.7
貯蓄や住宅などの資産があり，経済的にゆとりがある	6.9
仕事をしていないため，社会の役に立っていない	6.2
無回答	0.6

図7-2　高齢者のイメージ（3つまでの複数回答）（内閣府，2004a）

齢・加齢に対する考え方に関する意識調査」によると，高齢社会対策として政府に期待することは，「公平で安定的な公的年金制度を確立する」（54.3％）の次に，「高齢者が働ける機会を確保する」（38.8％）の割合が高かった。また同調査において，「高齢者のイメージ」に関して回答を求めたところ，「心身がおとろえ，健康面での不安が大きい」（72.3％）に次いで「経験や智恵が豊かである」（43.5％）の割合が高く，高齢者のもつ潜在能力をもっと社会で活用することが求められていることが示唆される（図7-2参照）。

[3] 高齢期とは何か
　それでは高齢期とはどのような年代ととらえたらよいだろうか。
1) 高齢期の始まり
　高齢期が何歳から始まるのかということに関しては，さまざまな考え方があるが，一般的に暦年齢で規定することが多い。日本の法律および社会的統計では，主に65歳以上を高齢期として用いている。国際的指標である高齢化率およびWHO（世界保健機関）の統計調査も，65歳以上が基準である。しかし，暦年齢による年齢区分は明確で容易ではあるものの，個人差の大きい高齢者の実態に適した基準とはいいがたい。それでは人々はいつから，高齢期が始まると考えているのだろうか。
　老年学では人が主観的に老いを自覚することを老性自覚とよぶが，老性自覚は成人期の中期から徐々に始まっている。主なきっかけとして，①身体的変化（例「シワや白髪が増えた」，「近くのモノが見え難くなった」），②心理的変化（例「若い人と話が合わなくなった」），③他者評価の変化（例「年寄り扱いをされた」），④家族的・職業的変化（例「初孫の誕生や定年退職」）などの出来事を体験することにより，自分は年をとったと感じ始める。
　しかし，高齢期の始まりは，もっと高い年代と認識されているようである。内閣府（2005）が60歳以上を対象に，何歳から高齢者と思うかという調査をした結果，全体の7割以上の人が「70歳以上」と答えていた（図7-3参照）。さらに年次推移をみるならば，「75歳以上」と答える割合が増加傾向にあり，人々の考える高齢期は，高年齢に移行しつつあることがうかがえる。

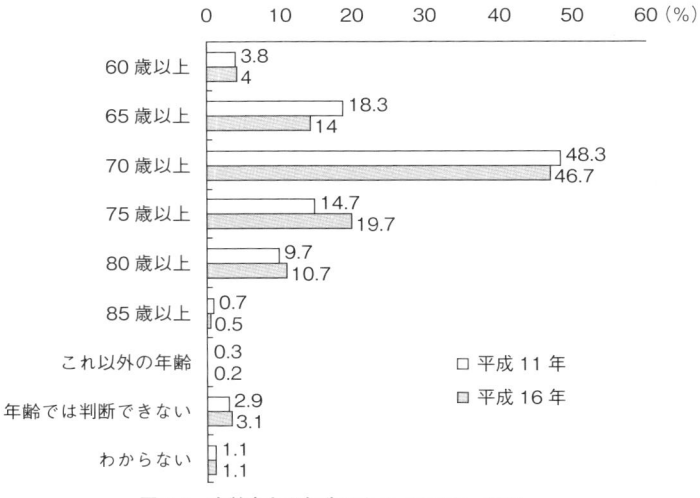

図7-3 高齢者とは何歳からか（内閣府，2005）

2）生涯発達心理学からみた高齢期

　生涯発達心理学の分野では，65歳以上を高齢期と一律に定めることに関して，否定的立場をとる研究者が多い。

①前期高齢期（young-old）と後期高齢期（old-old）

　ニューガーテン（Neugarten, 1979）は21世紀に向けて，人が高齢者になるかどうかの決め手は暦年齢よりもむしろその人のライフスタイルであり，高齢期を前期（65～74歳）と後期（75歳以上）に分けることを提唱した。彼女は，21世紀の高齢世代は，後期は心身の衰えによって特徴づけられる時期であるが，前期は仕事や家族に対する責任から比較的自由であり，健康状態もよく，余暇に対しても興味をもち楽しむというライフスタイルを選ぶことができると予想した。そして21世紀に入り，バルテスとスミス（Baltes & Smith, 2003）により，前期高齢者は，生活満足感が高く，心身ともに潜在能力を維持しており，認知的機能およびwell-beingが高く，高齢期特有の喪失体験に対しても効果的な対処ができること，一方，後期高齢者は，認知的機能や学習能力が著しく低下し，慢性的なストレスが高く，認知症および複数の慢性病に対して脆弱であり，生活の質と尊厳死の間で揺れ動いていることが確認されてい

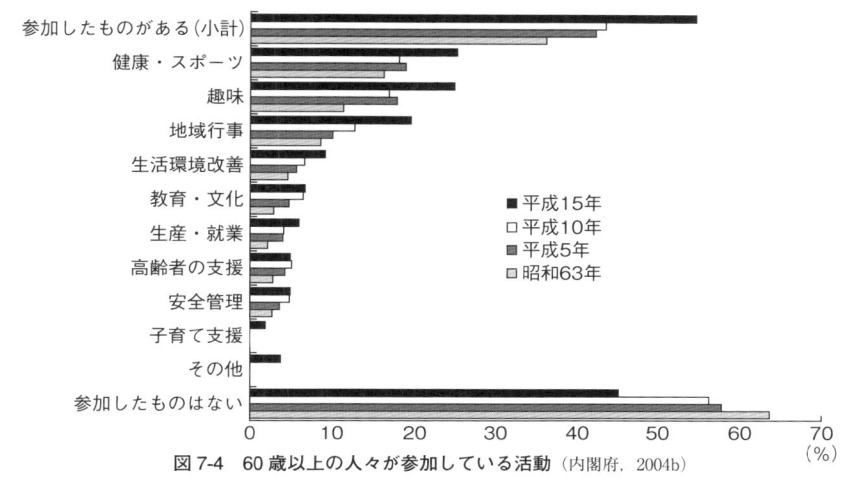

図 7-4 60歳以上の人々が参加している活動（内閣府, 2004b）

注1）昭和63年はグループや団体で自主的に行われている活動が対象
注2）「高齢者の支援」は，平成10年までは「福祉・保健」とされている
注3）「子育て支援」および「その他」の平成10年・平成5年・昭和63年のデータは調査時に選択肢がなかった項目

る。彼らはこれを基に，高齢期は，前期高齢者にとって「良い知らせ」であるが，後期高齢者にとっては「悪い知らせ」であると述べている。

②コンピテンス－社会的要求（Competence-Environmental press）理論

　ロートンら（Lawton & Nahemow, 1973）は，高齢期の適応は，個人の能力（competence）と社会からの要求（environmental press）との関係により規定されると考え，コンピテンス－社会的要求理論を提唱している。たとえば，心身の機能が高く社会の役に立ちたいと思っている高齢者がいても，社会が高齢者の社会参加を望まなければ，彼らの能力は活用されずに埋没してしまう。一方，心身の機能が低下し支援を必要としている高齢者がいても，社会が適切な支援を行わなければ，彼らにとって高齢期の生活は厳しいものとなる。したがって，高齢者の適応を高めるためには，高齢者のもつ能力と高齢者に対する社会の要求が適合することが重要なこととなる。活動能力の高い高齢者には社会参加を呼びかけ，心身の機能が低下した高齢者には支援をすることが，今後の高齢社会に求められることであろう。

　現在，日本では，多数の高齢者が何らかの活動に携わるようになってきた

(図7-4参照)。彼らが，それまで培ってきた知識や経験を生かし，高齢社会の担い手として，生涯にわたり，多様な形態で参加できるような社会を形成することが，今後高齢社会日本に求められよう。

2. 高齢期における変化

　一般的に，年をとることは"衰える"という意味を含む「老い」ということばで表現されてきた。しかし最近は，"成熟"という意味を含む「加齢」（エイジング：aging）ということばが用いられるようになっている。

[1] 身体と感覚機能の変化
1）身体の加齢変化
　歯・骨・筋力の加齢変化は，食事・姿勢・歩行・運動など日常生活動作へ大きな影響を与え，高齢期における生活の質（quality of life）を左右する。
①歯・骨
　高齢になると歯が抜け自分の歯の本数が少なくなる。厚生労働省（2007）が1人平均の歯の本数を調べた結果によれば，成人は本来32本（親不知を含む）の歯をもつが，40歳代で減少を始め，60歳代前半で21.3本，70歳代前半で15.2本，80歳代前半で8.9本であった。歯が抜ける原因は，一般的に歯周組織の老化と言われているが，実際にはむし歯や歯周病などの病気であることが多く，日頃のケアで予防することが可能と考えられている。

　加齢に伴い骨の密度（骨密度）が低下し，骨折を起こしやすくなる。これは，骨の成分であるカルシウムとコラーゲンが消費される一方で，蓄積量が低下するために生じる。骨密度は男女ともに低下するが，特に閉経後の女性において急速に低下しやすい。骨密度の低下が著しく，骨折などの症状が生じた状態を「骨粗しょう症」とよび，男女比では女性が圧倒的に多い。
②筋　　肉
　筋力（ここでは骨格筋が発揮する張力を筋力とする）は，ほぼ30歳代をピークとして暫時低下傾向を示す。その低下の割合は50歳代から著しくなり，80歳代では30歳代の筋力の約30〜40％低下することが知られている。この

筋力低下の要因の一つとして筋量の減少が考えられている。加齢とともに全身筋量は減少するのに対して，全身脂肪量は増加する傾向にあり，少ない筋肉で重い体を支える状態が，姿勢および歩行能力に大きな影響を及ぼす。

③ **生 殖 器**

女性の場合，卵巣機能の低下に伴い，女性ホルモン「エストロジェン」の分泌低下が生じ，月経がなくなる。これを閉経といい，45～50歳に起こりやすい。閉経年齢前後の数年間は，精神不安定・不眠・食欲異常・頭痛・めまい・肩こりなどの自律神経系の失調と考えられる症状が現れることが多く，これは「更年期障害」とよばれている。近年，女性だけでなく「男性更年期障害」についても注意が喚起されるようになってきている。

2）感覚機能の加齢変化

感覚機能の加齢による低下は，日常生活の不自由を生じるだけでなく，知的機能の低下にも関連することが知られており（Baltes & Lindenberger, 1997），高齢期の認知機能に大きな影響を及ぼす。

① **視　　力**

加齢に伴い，透光体（光の通り道にある組織）や視神経が変化し，視力の低下を生じる。角膜の白濁は，視力低下や暗い場所での読書が困難になるという症状を生じ，進行すると白内障の原因となる。さらに，水晶体の弾力性低下および毛様体の筋力低下は，焦点調節機能の衰えを生じ，近方視力（近い物体を視る力）の低下，すなわち老眼に至る。実際には焦点調節機能は5歳をピークとして児童期から徐々に衰退しはじめ，40～50歳代で低下が自覚されるようになり，60歳代になると安定する。瞳孔の広さを調節する筋肉の衰えは，室内の明暗に応じて瞳孔の広さを変化させ光量を調節する機能（明暗順応）の低下を生じる。その他，加齢黄斑変性（網膜の中央部が障害を起こし，視界中央部への視力が低下する症状），緑内障（高い眼圧により視神経に障害が生じ，視界の一部が見えなくなる症状）などにかかりやすくなる。

② **聴　　力**

聴力は，全音域において聞こえが悪くなり，特に2000ヘルツ以上の高周波数の音ほど低下が著しい。さらに性差が認められ，男性は30代前半から，女性は30代後半から衰え始め，男性は女性に比較して衰えが著しい。さらに聴

力の低下が進行すると，生活に支障をきたすようになる。これが老人性難聴であり，両側の耳に同じように高音域の聞こえが悪くなる特徴をもつ。原因として，聴覚機能の低下だけでなく，ことばを理解する中枢機能の低下も影響していると考えられている。

[2] 心理的側面の加齢変化
1) 知的能力の加齢変化
①知　　能

知能は複数の知的能力から構成されており，各知的能力の加齢変化はそれぞれ異なることが予想されてきた（Baltes & Lindenberger, 1997）。シャイエ（Schaie, 1994）は，複数の知的能力（言語的意味・数・語の流暢性・空間的定位・帰納的推理など）の加齢変化について，42年間にわたる縦断調査を行った。そして，横断的データと縦断的データを集め，コホート効果およびサバイバル効果を修正し，各知的能力の加齢変化について検討を行った。その結果，図7-5に示す通り，各知的能力ごとに加齢変化パターンは異なること，概ね30代後半または40代前半まで上昇し続け，急激な低下が見られるようになるのは60代または70代以降であることが明らかにした。さらに彼は，知的能力が教育歴，健康度，環境，パーソナリティおよびそれに関連する要因によって異

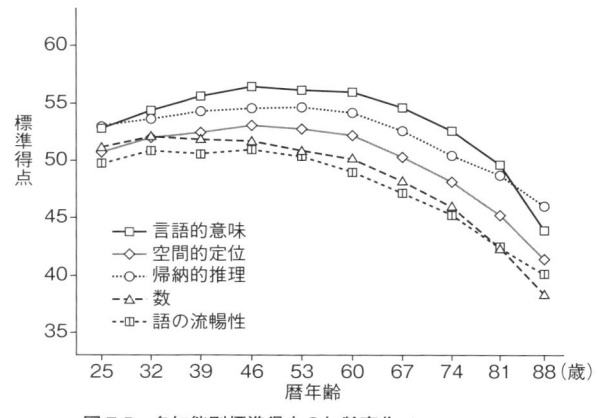

図7-5　各知能別標準得点の加齢変化（Schaie, 1994）

なることも明らかにしている。

　一方，ホーン（Horn, 1982）は知能を大きく流動性知能と結晶性知能の2つに分け，それぞれ加齢変化が異なることを明らかにしている。流動性知能とは，新しいことを学習し新しい環境へ柔軟に適応するための能力であり，生まれつきのものと考えられている。一方，結晶性知能は知識の豊かさや正確さと結びつく能力であり，経験や学習により獲得されると考えられている。カウフマンとホーン（Kaufman & Horn, 1996）は，74～94歳の男女1,500名を対象に，2つの知能を測定した。その結果，流動性知能は成人期を通して少しずつ低下し55歳から急激に低下し始めるものの，結晶性知能は成人期を通して安定しており60歳から穏やかに低下し始めることを明らかにしている。このように，経験と結びつく能力は高齢期まで蓄積されることが示唆されている。

②英　　知

　古い時代から，高齢になると生きるための知恵が備わると考えられてきた。特に，エリクソン（Erikson, 1982）が後期成人期において獲得される徳として「英知（wisdom）」を取り上げてから，加齢と英知の関係に注目が集まってきた。このような「英知」は，「高い知能や知識」を表す概念というより，もっと日常的で実践的な問題解決を目的とした，徳や精神を統合した知的能力ととらえられている（Sternberg & Lubart, 2001）。バルテスら（Baltes & Staudinger, 2000；中西，1995）は，この英知の基準として，a）人生に関する現実に沿った豊富な知識（人間性，対人関係および重要なライフイベントに関する知識），b）豊富な手続き上の知識（助言を与え，対立を収めるための方略に関連する知識），c）生涯にわたる布置状況（生活とその発達的関係の布置状況についての知識），d）相対主義（価値観，目標，優先性の差異についての知識と寛容），e）不確実性の認識とその統御（人生と人生を処理する方法は比較的決定しにくいことや予測しがたいことについての知識）とまとめている。しかし残念ながら，英知に至る高齢者は少数であり，また単に年をとるだけでは英知を獲得できるわけではない。むしろ日常生活の中で多様な経験をすることが，英知の発達を助けると考えられる。

2）パーソナリティの加齢変化

　一般的に，高齢になると人は頑固・自己中心的・内向的性格が強くなるとい

う画一的イメージが強い。しかし最近では、パーソナリティは安定している側面と変化する側面があり、加齢に伴う変化も多様であることが指摘されている（Lachman, 1989）。

①パーソナリティ特性

安定したパーソナリティとして気質または特性が挙げられる。その中でも、以下の5つの特性次元はビッグ・ファイヴ（Big Five）とよばれ、多数の研究者により検討されている概念である。5つの次元とは、経験への開放性（Openness to experience；創造性や好奇心が高い傾向），誠実性（Conscientiousness；規律正しさや努力の高い傾向），外向性（Extraversion；社交性や活動性の高い傾向），調和性（Agreeableness；協調性や思いやりの高い傾向）および神経症的傾向（Neuroticism：不安定で不安や敵対心が高い傾向）であり、この5つの次元によりパーソナリティのほとんどが網羅されていると考えられている。コスタら（Costa et al,. 1986）は、この特性5因子について、35～84歳の男女1万人を対象に測定し、年齢に伴う変化は少ないことを見出している。さらに彼らは横断的データ、縦断的データ、自己報告データ、配偶者による他者評価データを基に、特性5因子は30代以降安定していると述べている（Costa & McCrae, 1988）。しかし、加齢に伴う環境や心身の機能の変化および社会や歴史の状況変化は、間接的に個人の特性に影響することも無視することはできない。今後、さらに検討する必要があるだろう。

②自尊感情の加齢変化

自尊感情は年齢により変化することが報告されている。ロビンスら（Robins et al., 2002）は、インターネットを用いて、9～90歳の300,000人の男女を対象に自尊感情の加齢変化について検討をしている。その結果、自尊感情は児童期から青年期にかけて低下すること、その後成人期を通して上昇し続け60歳代でピークを向かえ、再び70および80歳代にかけて低下することを明らかにしている（図7-6参照）。さらに男性は女性に比べ、生涯を通して高い自尊感情を報告していることも明らかにされている。

心身の機能が低下し、回避できない不幸なライフイベントを体験しながらも、なぜ高齢者の自尊感情は高く維持されているのだろうか。主な理由として、高齢者は理想・目標・基準を、より現実に沿ったものに調整してい るこ

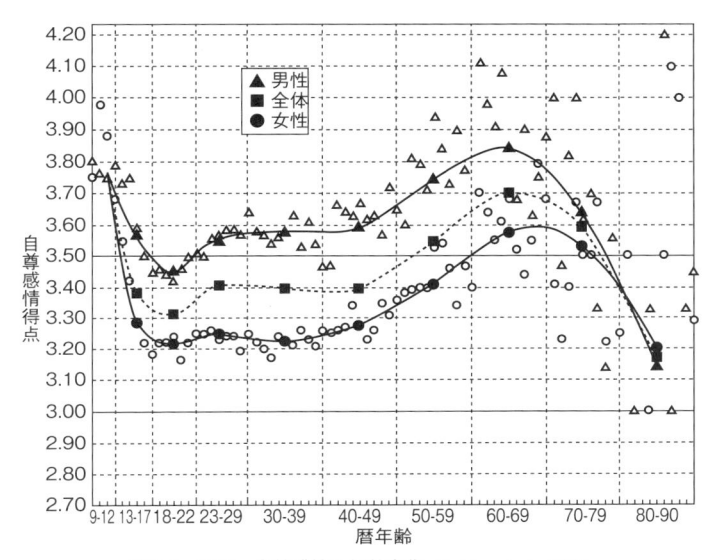

図7-6 性別, 自尊感情の加齢変化 (Robins *et al.*, 2002)

とが示唆されている。リフ（Ryff, 1991）は，前期・中期・後期の成人を対象に理想自己と現実自己について調べ，前期から後期にかけて理想自己得点が低下する一方で，現実自己得点は上昇し，両者のズレが小さくなることを見出している。さらにブランドシュテッターら（Brandtstädter & Rothermund, 2002）は，年齢が高くなるほど理想を追求しようと努力する対処（assimilative coping）が低下するのに対して，現実の自己に合わせて理想自己を調節する対処（accommodative coping）が上昇することを見出し，高齢者が自己概念を調節することで自尊感情を維持していることを示唆した。このような高齢者の対処の傾向も，生きる知恵ということができるのかもしれない。

[3] 生涯発達と加齢変化

加齢に伴い心身の諸機能が徐々に低下していくことは，誰にとっても避けることができない事実である。しかし，すべての加齢変化が病気と診断されるほど悪くなるわけではない。したがって，加齢に伴う変化を，正常加齢（normal aging）と病的加齢（clinical aging）に分けてとらえる必要が指摘さ

れている。ビレンとシュルーツ（Birren & Schroots, 1996）は，加齢変化に関する多数の研究を論評し，加齢を一次加齢と二次加齢に分けることを提唱した。「一次加齢」（primary aging）とは，病気を含まない普遍的な身体の変化であり，正常加齢のことである。たとえば，行動のスピードが遅くなることや，骨密度が低下することがこれに含まれる。「二次加齢」（secondary aging）とは，加齢に伴って発生率は高まるが必ずしも普遍的ではない変化であり，病的加齢のことである。たとえば，骨密度が著しく低下し，骨粗しょう症という病気になることがこれに含まれる。このような二次加齢は，回避可能ととらえられる。さらに一次加齢であっても個人差が大きいことから，若い頃からの運動および生活習慣により変化の速度を調整することができると考えられる。

3. 社会とのかかわりの変化

ここ半世紀で，家族形態は大きく変化し独居老人の増加や高齢者の社会的地位や家族内での役割も変化した。一般に老年期における生理・身体的側面では，免疫力が低下し，加齢に伴い疾病を多く有するようになり，身体や心理機能の低下を認識（老いの認知）するに至る。心理・社会的側面では，配偶者や友人との死別を経験し，職業生活からの引退や社会的役割という多くの喪失を経験する。また，老年期は生理的・身体的機能や能力の個体差が大きい時期である（内田・佐藤，1994）といわれる。このような変化のなか，充実した老年期を過ごすためには，社会とどのようなかかわりをもてばいいのだろうか。ここでは，まず老年期の自我の発達と適応を促進する要因として，エリクソンら（Erikson et al., 1986）の「祖父母的生殖性」，生涯学習，そして，近年その意味が再考されている「生産性」と「引退」を取り上げて，老年期における社会とのかかわりを考える。

[1] 老年期の生き生きとしたかかわりあい，「祖父母的生殖性」

老年期の発達的課題は，自我の統合性と絶望である。エリクソンによれば，老年期の発達課題である統合は，若い世代とかかわり，祖父母的生殖性を発揮

することによって促進されるという。ここでの祖父母的生殖性とは，「親としての生殖性に固有の責任は負わずに，孫たちを導き，愛し，世話し，役に立ってあげることができる」という意味である。孫を世話し，孫の成長を見守ることはこれまでの自分の中年期の発達課題である生殖性を再評価し，受け入れることにつながるというのである。これまでの国内外の研究では，祖父母の役割やスタイルに伝統的な性役割に基づいた性差があり，多くの祖父母がその役割に楽しみ，喜び，満足を感じている一方で，親代りとしての役割を担っている祖父母は不快感や失望を示したことも報告されている（Neugarten & Weinstein, 1964）。さらに祖父母の役割をとることにより，若い気分を経験でき次世代へと生命が引き継がれていく感覚や，孫を通して，成しえなかったことを何か達成できるのではないかという期待や充実感を得ていた。国内でも，文化や社会的スキルを孫世代に伝えること，つまり世代継承という機能を担っている高齢者は，心理的ウェルビーイングが高いことが報告されている（Inatani et al., 2005）。

[2] 生涯学習

　高齢者の学習意欲は高く，年々地域の生涯学習センターや市民大学などで学ぶ高齢者が増えている（文部省，1990）このような生涯学習の場は社会との交流を促進する場として機能している。さらに学習への動機づけは，老年期を意欲的にさせ健康や活動性を高めることが，国内外で報告されている。

　生涯学習が高齢者の充実した生活を支え，社会との重要な接点になっている国としてスウェーデンの例がある。スウェーデンは学習サークルが世界で最も活発であるといわれ，政府統計によると30万以上のサークルが存在し，成人の半数以上に当たる270万人が参加する生涯学習大国である。日本よりも独居世帯や高齢夫婦世帯は多く，高齢者の52％は単独で暮らしている。スウェーデンの高齢者の余暇活動をみると（SCB, 2000），読書44％，友人・知人訪問25％，親戚を訪問19％，園芸・庭仕事23％，学習サークル10％，協会参加活動18％，教会参加活動9％となっている。また，コミュニティ活動も活発であり，労働組合，キリスト教団体や禁酒運動団体など，メンバーとのコミュニケーションを促進し，一般市民のニーズを汲み取るルートとして機能してい

る。このような草の根レベルの民主主義的な学習運動が，コミュニティに根ざしたスウェーデンの福祉制度を支え，高齢者が活動性を維持することに寄与している。

今後はさらに国内でも，生涯学習の場の拡大が予想されるが，高齢者向けの生涯学習のジャンルを増やしたり，高齢者がアクセスしやすい場所の確保などが課題となっている（山田，2001）。

[3] 老年期における生産性と引退

近年，高齢期を「衰退」や「喪失」で特徴づけるよりも，老化の過程への幸福な適応を意味する"successful aging"（Baltes and Baltes,1990）として位置づけることの必要性が叫ばれてきた。また，"productive aging"が，新たな老年学の方向づけの概念として提唱されている（Rowe & Kahn, 1987）が，「高齢になっても，健康で自立し，生産的に社会に貢献するという考え方」は，欧米やわが国で受け入れられ，高齢者政策や医療福祉サービスの中で取り入れられてきた。その一方で，80歳以上の老年後期高齢者の増加に伴い，疾病を有し介護を受ける高齢者が増加している中で，「自立とは身体的な自立を意味するだけではなく，個人の目標や生きる志向性を活かしていく精神的な自立を含めるもの」になった。"生産性"とは，社会の中で収入を伴う経済活動だけを意味するのでなく，ボランティア活動や家事，地域活動など非経済的活動も，社会への貢献であり生産活動としてみなされている。前原と稲谷（1999）は，この「生産性」と心理的幸福感，高齢者の認知するコンピテンスとの関連について，沖縄県の高齢者を対象に検討した結果，健康で無理のない小売業を営むというように，地域や家庭で役割を喪失しないで，自分自身がなお役に立つ存在であることを認識し，それが老年期のウェルビーイングに寄与することを見出している。高齢者自身が今の自分にあった役割の中で，それまで培ったコンピテンスを活かし，コミュニティで活動することによって，自己価値を高めることは，自我の統合を促進することにもつながるであろう。

老年期において，仕事からの引退が労働役割の喪失という否定的意味をもつとしても，同時にそれが社会的責務としての労働役割からの解放という肯定的な意味をもつことも先行研究から示唆されている（杉澤ら，1997）。さらに，

老年期での完全引退は精神的健康に影響力をもたないことが示されている（中里ら，2000）。

ところで，エリクソンら（1986）は，老年期における「引退」の意味について，以下のように述べている。「老年期には，急ぐことや張り詰めていることから自分を解き放つことが義務となる。（中略）日々の活動に常時携わることから意図的に身を引くというこのタイプの「引退」は，自ら選んだ引退である。しかし，このようなスタンスは，生き生きとしたかかわり合い（vital involvement）の欠如を必ずしも意味するものではない。しかしながら，引退や隠遁が人生や他者への侮蔑に動機づけられている場合には，そのような心の平穏や超越が体験されることは起こりにくい」。

つまり，不適応に至らない引退とは，退職，引退するまでの心の準備と備えがあり，自らが退職という節目を積極的に受容して，仕事からの退職やそれまでの社会的活動から退いた場合であると考えられる。一方，エリクソンのいう強制された引退とは，リストラや病気など志半ばで，満足や到達感が得られずに引退のときを迎えたり，自己の存在価値をそれまでの仕事や労働などの社会的役割に依存している場合であると考えられ，このような強制された引退では，その後の生活への不適応が予測されるのである。

4. 人生の統合と絶望の狭間で

ここでは，老年後期から超高齢期の身体的，心理的社会的変化とその対処について概観したうえで，最後のステージを生きる人々の発達課題について言及する。70歳代の老年前期頃までは，比較的健康を維持することが可能であり，活動性は高く，慢性疾患を抱えていても自立した生活を営んでいる高齢者は多い。しかし老年後期に入るとそれまで保っていたバランスを危うくする出来事が連続して起こる。老年期後期からは，社会・家庭内役割の喪失に加え，病気の慢性化と病気回復の遅延が起こり，心理的には，死への不安，孤独感，喪失感からくる焦りや悲嘆，葛藤を経験するといわれる（角尾・草野，2000）。特に，エリクソンの理論から終末期である，第9段階の特徴と心理的適応に関連する要因を取り上げる。最後に終末期の心理的ウェルビーイングと心理支援につい

て述べる。

[1] 老年期の心理社会的葛藤
1）自我の統合と絶望

　エリクソンら（Erikson & Erikson, 1997；村瀬・近藤訳 2001）は，老年期の発達課題として，自我の「統合」と「絶望」を，それら心理社会的葛藤を経験して得られる強さとして「英知」を挙げた。彼らによれば，老年期以降は失調要素が侵勢となるが，統合とはそれまでの人生に関する回想的な評価を含んでいる。さまざまな好機を逃したとして後悔するのではなく，よく生きた自分の人生を受け容れられるかどうかが，その人の経験する嫌悪や絶望の程度を決定するという。一方，絶望とは「すでに時間はない，今や人生をやり直そうとするにはそれは短すぎる，統合への別の道を訊ねるには短すぎる」という感情を表現している。

　生涯にわたる再統合の過程では，かつては苦しい経験であった出来事や環境が，年月を経るうちにライフサイクル全体の一部分として新しい意味をもつようになってくるのであり，時が経つにつれて外傷的な出来事を大局的にみるようになった事例が報告されている（Erikson et al., 1986；朝長・朝長訳 1990）。

　一方，第9段階（終末期）における絶望は，それまでの絶望とはやや趣を異にする。身体的機能はさらに虚弱になり，活動性は必然的に低下し，それらは精神機能にまで影響を及ぼす。意欲があっても，時間感覚が変化し，それまで培った勤勉性や自主性，自律性はうまく機能しなくなるという。この時期は終末低下とよばれている。

2）老年期の「拒否」と「侮蔑」

　エリクソンら（1997）によれば，老年期の最も著しい悪性傾向は，「明らかな衰弱の徴候の受容の，真っ向からの拒否」という態度である。たとえば，「適切な医療的療法的介入を妨げ，診療施設や介護制度を通して得られる援助をも妨げる」頑固さや拒否，さらに，「助けてくれるかもしれない他人の手を自分のそばから遠ざけ，孤立をもたらす」侮蔑について言及している。

　このステージで経験する衰弱に伴う依存への恐怖は，「遺棄に対する人生最初の根源的な恐怖」と結びついたものであるというが，エリクソンは，生きて

きた人生から引き出された信頼と信念によって，また世話をして責任をもってくれる人たちの支えによってのみ，この恐怖に対抗できると述べている。

実際の家族介護においても，虚弱や病気で介護を受ける側となったときには，アンビバレントな心理がみられる。一番身近な人へ頼りたいが頼れない葛藤が起こり，そのために世話をしてくれる嫁や配偶者などを責めたり怒りをぶつけたりする。その一方で，急に泣いて相手に詫び，手を合わせて謝るというように裏腹な感情表出がみられる。ケアする側は混乱し怒りをぶつけられたことに悲嘆するが，このように依存と自律・主導の感覚を揺れ動く自我の狭間で高齢者もまた苦悩している。

3)「英知」の臨床への応用

エリクソンの理論では，第8,9段階の最終ステージでは，乳幼児期ですでに経験した力，すなわち「希望」が必要とされる。乳幼児期では，タッチングとケアされることによってはじめて，生きる見通しを獲得する。「英知」とは「見て覚える力の中に宿るとともに，聴いて覚える力の中に宿り」また，統合は「触覚（tact），触れ合うこと（contact），触れること（touch）を要する」のである。

それゆえ，社会生活から引きこもった老人が，マッサージを受けることによってリフレッシュし落着きをもたらすことができるという。その上で，肩をさする，手を握る等の人間関係のための接触が終末期の高齢者にとって重要であり，それが健康維持のための接触であっても，「尊敬に満ちた人間味溢れる配慮を持って行うことにより，患者の心の中に，からだを拭かれる物，運搬される物として扱われるのではなく，人間として扱われているという感じを残す」と述べている。

国内外のケアの現場では，すでにタッチングを含めた，高齢者の心理的ニーズを尊重したかかわりが導入されている。まず，エリクソンの心理社会的発達課題やマズローの心理的ニーズをベースとした心理支援に，バリデーション法がある（Feil, 1989）。フェイルは，認知症の心理的・身体的特徴を理解し，実際的な言語的・非言語的交流を促進する方法を開発した。また，スウェーデンの認知症ケアの中では，タクティール（触れるという意味）法という，高齢者に触れることによって，感情を穏やかに導くリラクセーションが施行されている。

[2] 終末期の心理的ウェルビーイングと終末期の心理支援

　1998年，WHOにおいて初めて，"Spiritual well-being"の概念が提示された。精神的健康や適応と関連する個人要因としてスピリチュアルな要因の検討も行われている。地域の高齢者1840名を対象に6年間追ったオランダの縦断研究では，教会に定期的に行っている高齢者の抑うつ度が低いことが見出されており（Braam et al., 2004），また沖縄の伝統的な祭祀行事がメンタルヘルスと関連することも報告されている（石津ら，2004）。

　このスピリチュアルやスピリチュアリティの概念や定義は，医療や看護領域で用いられる場合，宗教的な意味と同意語ではないとされ，病気や困難な危機状態にある人への存在の意味やそのあり様を示しているとされる（竹田・太湯，2006）。

　また，竹田と太湯（2006）は，日本人高齢者のスピリチュアリティ概念構造について，「生きる意味・目的」「死と死にゆくことへの態度」「自己超越」「他者との調和」「よりどころ」「自然との融和」の要因を見出している（図7-7）。

　さらにロートン（Lawton, 2001）による高齢者のQOLモデルでは，終末期には「死の潜在的スキーマ」が「顕在化する死のスキーマ」を規定し，それが健康関連のQOLや高齢者の人生評価に影響を及ぼすことを示唆した（図7-8）。このモデルから顕在化する死への不安や孤独感を受けとめケアすることは，終末期にある高齢者の人生評価を肯定的に促進し，個人の健康状態やQOLを高めることに寄与しうると考えられる。

　しかしながら，死への態度とは個別性の高いものであり，終末低下にあるクライエントを心理面から支えることは容易ではない。フランスで初めてできた緩和ケアのチームで働く臨床心理士であるエヌゼル（Hennezel, 1995）は，病気の進行を前にして何もできない無力さや，死を取り巻く苦悩，そしてはかり知れない孤独と，「分かち合うことができないほど深い絶望の存在」について語っている。しかし，その上で，「それでも比類のない人間の濃密な時を知ったような気がする。比類のない喜びと優しさを経験する」と述べている。

　このように，終末期における心理支援とは，生老病死を包括したかかわりが必要であり，支援する側の死生観が問われることになる。人生最後のステージにいる高齢者に寄り添うことによって，そばに寄り添い支援する側もまた精神

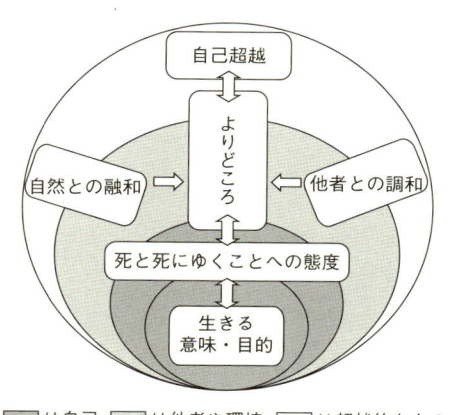

4. 人生の統合と絶望の狭間で　193

図 7-7　高齢者のスピリチュアリティの概念構造 (竹田・太湯, 2006)

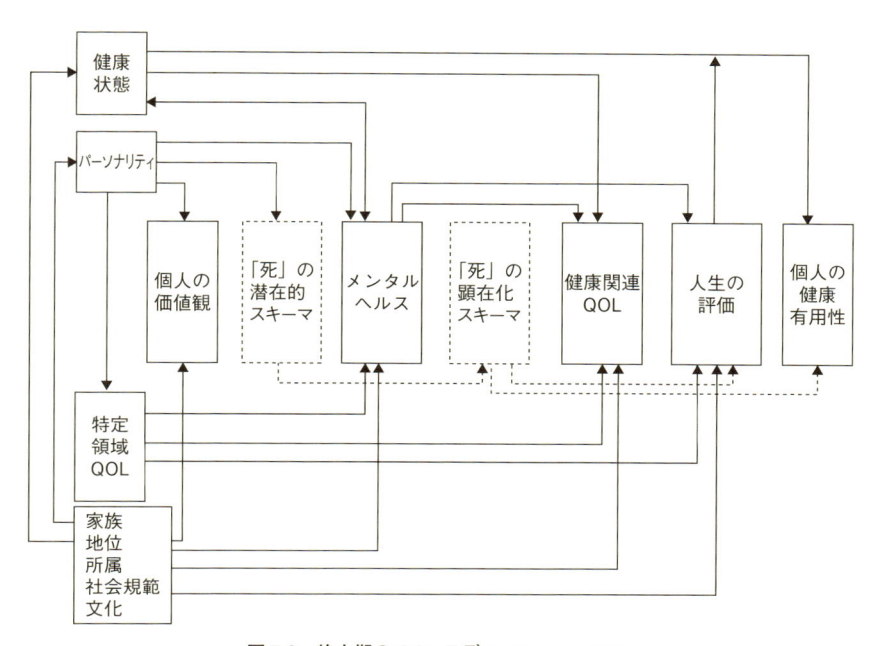

図 7-8　終末期の QOL モデル (Lawton, 2001)

的恩恵を受けることができるのであろう。

5. 高齢期における問題

[1] 高齢期における認知機能低下の影響

　身体機能や認知機能は，さまざまな欲求を充足させて自立した生活を実現するための重要な資源である。しかしながら，高齢期になると，加齢や病気などによって身体機能や認知機能が低下していく。したがって，これらの機能低下の時期をいかに遅らせることができるかということが，残された人生の欲求充足や自立度に深く関係してくる。人生の目標や生きがいを実現させていく上で，身体機能や認知機能を維持していくことは，高齢期の重要な発達課題なのである。

　高齢期に発症する病気の中でも，認知機能の低下を引き起こす認知症は，近年特に問題となっている病気である。認知症は，脳卒中，筋骨格系疾患と並んで，高齢者が要介護状態に陥る3大原因疾患の一つであり，介護保険サービスを利用する人の半数は認知症を患っているといわれる。認知症になると自立した日常生活を送ることが困難になり，人生の目標や生きがいを実現していく上での大きな障害となる。一方で，近年のさまざまな疫学的研究の結果から，認知症の発症には環境的因子も大きくかかわっていることが指摘されてきており，生活習慣によって発症の時期を遅らせたり，抑制することができるのではないかという可能性がみえてきた。したがって，高齢期では，いかに自分の生活習慣をコントロールし，望ましい健康行動を定着させることができるかということが，認知症発症のリスクを低減し，生活の質を高めることにつながると考えられる。以下では，高齢期における問題として認知症を取り上げ，その現状と認知症発症にかかわる危険因子について述べる。

[2] 認知症とはどのような病気か

　在宅高齢者の認知症の有病率については調査地域によって数値にばらつきがあるが，東京都の調査（東京都福祉局高齢福祉部計画課，1996）では，65歳以上の高齢者の4.1％が認知症であると推定されている。年齢別にみると，65

歳から74歳では1〜2％程度だが，75歳を超えると急激に増え，80歳から84歳では約8％，85歳以上では約20％というふうに，年齢が上がるほど有病率が高くなる。

認知症の診断基準として最も多く使われているDSM-IV-TR（American Psychiatric Association, 2000 高橋・大野・染矢訳 2002）には，認知症のタイプによって別々の診断基準が記述されているが，表7-3には共通の基準を示した。抽象思考の障害，判断の障害，失行，失認，失語，実行機能障害などの認知障害は認知症の本質的な症状であり，中核症状とよばれている。また，妄想，幻覚，不安，焦燥，せん妄，睡眠障害，多弁，多動，依存，異食，過食，徘徊，不潔，暴力，暴言など，必ずしも認知障害とはいえない行動的な障害を周辺症状とよんでいる。

認知症を引き起こす病気はさまざまであるが，アルツハイマー病が最も多く，次に多いのが脳血管障害による認知症である。認知症の60％を占めるといわれるアルツハイマー型認知症では，神経細胞の脱落やアミロイド斑，神経原線維変化が大脳皮質に広範にみられる。アミロイドβタンパクの沈着は発症の数十年前から起こる。主な症状は記憶障害であるが，言語機能や視空間機能も障害されている場合が多い。また，時間の見当識，注意機能，計画を立てたり段取りをつけたり抽象化する実行機能が障害される。アルツハイマー型認知症の薬物療法としてはアセチルコリンエステラーゼ阻害剤が使われ，認知機能

表7-3　DSM-IV-TRによる認知症の診断基準（American Psychiatric Association, 高橋・大野・染矢訳 2002）

A　以下の2項目からなる複数の認知障害が認められる。
（1）記憶障害（新しい情報を学習したり，かつて学習した情報を想起する能力の障害）
（2）以下のうち1つあるいは複数の認知障害が認められる。
　（a）失語（言語障害）
　（b）失行（運動機能は損なわれていないにもかかわらず，動作を遂行することができない）
　（c）失認（感覚機能は損なわれていないにもかかわらず，対象を認識あるいは同定することができない）
　（d）実行機能（計画を立てる，組織立てる，順序立てる，抽象化する）の障害
B　上記のA（1），A（2）の記憶障害，認知障害により社会生活上あるいは職業上明らかに支障をきたしており，以前の機能水準から著しく低下している。
C　上記の記憶障害，認知障害はせん妄の経過中にのみ起こるものではない。

や意欲の改善の効果が期待できるが，あくまでも一時的に症状の進行を遅らせるためのものである。脳血管性認知症は，脳の血管の障害によって二次的に神経細胞が障害されるために起こる認知症で，15％程度を占めている。症状は，血管障害を起こした脳の部位によって異なる。たとえば，記憶障害は深刻であるが，計算力の障害はないということがある。怒りっぽくなるなど人格の変化をきたすこともある。脳血管性認知症の治療法としては，脳血管障害の再発を防ぐ手段として，高血圧，糖尿病などのコントロール，抗血小板凝集薬や抗凝固薬が用いられる。

[3] 認知症発症の危険因子

認知症の発症を防ぐためには，あるいは発症の時期を遅らせるためには，認知症発症の危険因子を減らすことが重要である。ここでは，認知症の大部分を占めているアルツハイマー型認知症の発症の危険因子について述べる。近年のさまざまな疫学的研究の結果から，アルツハイマー型認知症の発症には，遺伝的要因だけではなく，運動習慣や食習慣，知的活動習慣，対人接触などの環境的因子も大きくかかわっている可能性が指摘されてきている。

1）運動習慣

運動習慣がアルツハイマー型認知症の発症に及ぼす影響を検討した疫学的研究がいくつか報告されている。たとえば，4,615名の高齢者を5年間追跡した研究では，運動習慣がない者のアルツハイマー型認知症の発症の危険度を1としたとき，高い運動水準（普通の歩行速度を超える強度の運動を週3回以上）で運動している人の危険度は0.5であった（Laurin et al., 2001）。また，1日の歩行距離とアルツハイマー型認知症の発症との関係を検討した研究では，1日あたりの歩行距離が0.25マイル未満と2マイル以上の対比では，相対的危険度が2.21であった（Abbott et al., 2004）。有酸素運動が脳の血流を増し，高血圧や高脂血症のレベルを下げる効果があるため，そのことが認知症発症の抑制に関係しているのかもしれない。

2）食 習 慣

食事の面でアルツハイマー病発症との関係が注目されているのは，不飽和脂肪酸（DHA，EPAなど）と抗酸化作用をもつ食品である。

不飽和脂肪酸は魚に多く含まれている。たとえば，1日あたり3.0グラム以下しか魚を食べていない群のアルツハイマー病発症の相対的危険度を1とした場合に，1日あたり18.5グラム以上食べている群の相対的危険度は0.3であった（Kalmijn et al., 1997）。また，1日1回魚を食べる群のアルツハイマー病発症の危険度を1とすると，ほとんど食べない群の危険度は5.29であったという報告もある（Barberger-Gateau et al., 2002）。

野菜や果物に含まれるビタミンC，ビタミンE，βカロテンは抗酸化作用をもっている。たとえば，ビタミンEの摂取量が多い者は少ない者に比べて，アルツハイマー型認知症の発症危険度が3割であったという報告がある（Morris et al., 2002）。

同じく抗酸化作用をもつポリフェノールが含まれたワインについても，興味深い報告がいくつかある。たとえば，ワインの摂取量が中程度（ワイングラス1日3〜4杯, 250〜500ml）の群では，ワインを飲まない群のアルツハイマー病発症の危険度を1とした場合の相対的危険度が0.28になるという結果が報告されている（Orgogozo et al., 1997）。また，ワインを飲まない人に比べて週1回以上飲む人は発症の危険度が0.49であるという報告もある（Lindsay et al., 2002）。

3）知的活動習慣

知的活動習慣がアルツハイマー病発症の抑制に関係しているという報告もいくつかある。4〜5年にわたる追跡研究では，テレビ・ラジオを視聴する，新聞・本・雑誌を読む，トランプ・チェスなどのゲームをする，博物館に行くなど，7つの行動の頻度（5段階評価）とアルツハイマー病の発症の関係が検討された（Wilson et al., 2002）。その結果から，頻度の平均得点が1点上がるごとに，アルツハイマー病の発症の相対的危険度が33％低下することが示された。また，文章を読むこと，チェスなどのゲーム，楽器の演奏，ダンスをすることが，認知症やアルツハイマー病の危険度を低めていた（Verghese et al., 2003）。

4）対人接触

対人接触，いわゆる社会的ネットワークとアルツハイマー病の発症との関係についてもいくつかの興味深い研究結果が報告されている。たとえば，75歳以上の健康な高齢者1,203名を3年間追跡した研究（Fratiglioni et al., 2000）に

よれば，社会的ネットワークが充分な群，すなわち，①家族と同居し，②子どもと毎日から毎週満足する接触をもち，③親族または友人と毎日から毎週満足する接触をもつ，という3つの条件を満たす群の1,000人当たりの認知症の発症率は19人であった。それに対して，3つの条件をいずれも満たしていない，すなわち，①独り暮らし，②子どもがいない，③近しい関係をもつ者がいない，という社会的ネットワークが乏しい群は，1,000人当たりの認知症の発症率が156.9人であった。

[4] 認知症予防のメカニズム

近年，これらの認知症発症にかかわる危険因子を減らすことによって，認知症の発症を遅らせることができるのではないかという可能性がみえてきた。日常的に運動をしたり野菜や魚，ワインを摂取したりすることで脳の生理的状態を良好に保ち，知的活動や対人接触の頻度を高めることによって脳の神経ネットワークが強化でき，認知症の発症を遅らせることができるということである。

認知機能を頻繁に使うことがアルツハイマー病の発症にどのように影響するのかについては，少なくとも2つのメカニズムを考えることができる。1つは，認知機能を刺激することが，アルツハイマー病の発症にかかわるアミロイドβタンパクの蓄積スピードを遅らせるということである。ラザロフら（Lazarov et al., 2005）による実験では，遊具が豊富で刺激豊かな環境で飼育したマウスは，遊具のない環境で飼育したマウスに比べてアミロイドβタンパクの沈着量が少なく，アミロイドβタンパクを分解する酵素が多く生成されることも明らかにされている。もう1つのメカニズムは，認知貯蓄仮説（cognitive reserve hypothesis）で説明される。認知機能を支える生理的資源を貯蓄しておき，アルツハイマー病の病理的影響によって起こる損失を貯蓄した分で補うという考えである。認知機能を頻繁に使うことによって神経ネットワークの機能が強化され，アルツハイマー病の病理的影響を受けにくい条件を作り出しているのかもしれない。

[5] 高齢期における目標設定の意義

認知症発症の危険因子の研究成果から，高齢期において認知機能を維持して

認知症の発症のリスクを低減するためには，生活習慣をコントロールする努力が有効であることが示唆される。しかし，高齢期においてより重要なことは，むしろ生活の中に目標や生きがいがもてるかどうかということではないだろうか。生活習慣をコントロールして身体機能や認知機能を維持することは，さまざまな欲求を充足させて自立した生活を実現させていくための手段であって，身体機能や認知機能を維持することそのものが人生の目的ではないのだ。たとえば，ある70歳の男性は山登りが趣味で，年に1度3,000メートル級の登山に挑戦することを目標にしていて，その目標を達成するために毎日ウォーキングや筋力トレーニングを実践しているかもしれない。また，ある80歳の女性は離れて暮らす孫の成長を楽しみにしていて，孫とメールのやりとりをするためにパソコン教室に通って新しい課題に挑戦することもあるだろう。つまり，人生の目標や生きがいが，身体機能や認知機能を活発に使う生活を必然的に生み出し，それらの機能の低下を防ぐという結果につながるのであろう。

コラム⑪

祖母支援規範と祖母役割に関する韓国と日本の比較

　孫は祖母を支援すべきだという規範や祖母が孫に対して担う役割には，国や文化による違いがあるのだろうか。

　前原・竹村（Maehara & Takemura, 2007）は，194組のソウル在住の孫と祖母および97組の東京在住の孫と祖母を対象として，祖母支援規範と祖母役割について，比較研究を行った。祖母支援規範とは，祖母が支援を必要とするときは孫が支援すべきだという規範のことである。祖母役割とは，祖母が孫に対して担う役割のことであり，「伝承的役割」（戦争や国の歴史，昔の生活の様子について孫に話すなど），「しつけ的役割」（家族や親戚と仲良くするように孫に教えるなど），「安全基地的役割」（孫の悩みを聞いてやったり，安全基地として機能するなど），「家事的役割」（親代わりに世話をするなど）がある。調査の結果，①ソウルでは祖母が支援を期待するほど孫も期待に応えようとしていること，一方東京では孫が支援すべきだと考えているほどには祖母は支援を期待していないこと，②孫，祖母ともに，ソウル在住者の方が東京在住者より「しつけ的祖母役割」に高い評価をしていること，③孫，祖母ともに，ソウルではしつけ的役割を高く評価するほど祖母支援規範が高いこと，一方東京では祖母役割と祖母支援規範の間に関連がみられないことが明らかとなった。唯一の例外は，東京在住の孫において，自分の祖母が「安全基地役割」を担ってくれていると思うほど祖母支援規範が高かったことである。このようなソウルと東京の違いは，祖母－孫関係に関する儒教思想がいまだに強く残る韓国と，儒教思想が薄れつつある日本の文化の違いを反映していると解釈された。

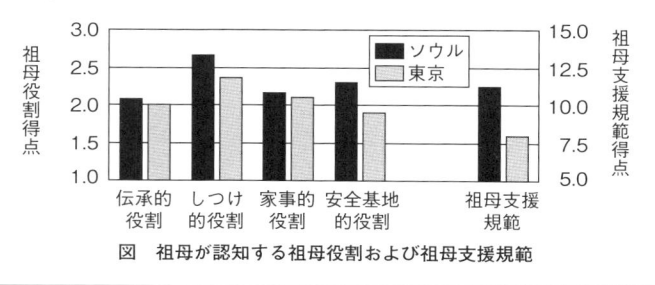

図　祖母が認知する祖母役割および祖母支援規範

コラム⑫

認知症という生き方／小澤勲による提言

　一般的に認知症は「本人は何もわからず幸せだが，介護の負担を担う周りは地獄である」というイメージが強い。さらに認知症に対する対応は，医療が中心で，介護の重要性は無視されてきた。

　それに対して小澤（2003）は，認知症を患う人はその人なりの一貫した世界に住んでおり，彼らの世界を理解することで，介護の目標が明確となり症状を軽減できると提唱している。認知症は脳の機能障害であるが，その症状は誰にでも現れる中核症状（記憶障害など）と，人によって現れ方が異なる周辺症状（幻覚妄想など）に分かれる。彼によれば，中核症状は脳障害から直接的に生み出されるが，周辺症状は中核症状に心理的，社会的あるいは生物学的要因が加わって二次的に生成される。したがって，認知症を患う本人の生き方および周りがどのように対応するかにより，周辺症状は激しく現れたり，逆に目立たなかったりする。「認知症を病む人たちの多くは徐々に『できないこと』が増えていくのだが，一方でそのことを漠然とではあれ感じ取る能力は保持されている。自分が人に迷惑をかけていることも，自分が周囲からどのように見られ扱われているかということも，彼らは敏感に感じとっている（小澤，2005）」。そして不安や不自由を乗り越えようと右往左往し，混乱や困惑を生じた結果，妄想や徘徊などの周辺症状が現れる。たとえば，「もの盗られ妄想」は，「自分が置いたことを忘れたわけではない」と思い込みたい，その人特有の事情があると考えると理解しやすい。この症状を示す高齢者の多くは，面倒見の良い人々であるが，それだけに面倒を見られる側に身を置くことは受け入れがたい面をもつ。依存したいのだが，依存することを潔しとしない。ここから身近な人に対して，「私のモノを隠して！」という攻撃性が生起する。だから，彼らが窮地に陥ったときには，手を差し伸べ，不安を鎮め「できること」を増やし，あまりに大きくなったギャップを埋めるための支援が必要であると小澤は提言する。

　小澤は現在，手術では治らない肺がんを患っているが，それを冷静に受け止めているという。長年認知症を病む人々と一緒に暮らすことで，人が老い，病み，命の限りを迎えることを，ごく自然なこととして受け止めるようになったからだと彼は述べる。彼が言うように，認知症という生き方を通して，われわれは多くのものを学ぶことができるのかもしれない。

引用文献

◆序　章◆

Baltes, P. B. & Staudinger, U. M.　2000　Wisdom: A metaheuristic (pragmatic) to orchestrate mind and virtue toward excellence. *American Psychologist*, **55**, 122-136.

Baltes, P. B.　1987　Theoretical propositions of life-span developmental psychology: On the dynamics between growth and decline. *Developmental Psychology*, **23**, 611-626.（東　洋・柏木惠子・高橋惠子監訳　1993　生涯発達の心理学　2巻　新曜社　pp.123-204.）

Brandtstädter, J. & Rothermund, K.　2002　The life-course dynamics of goal pursuit and goal adjustment: A two-process framework. *Developmental Review*, **22**, 117-150.

Heckhausen, J. & Schulz, R.　1995　A life-span theory of control. *Psychological Review*, **102**, 284-304.

古澤賴雄　2002　現代社会における発達支援　長崎　勤・古澤賴雄・藤田継道（編著）臨床発達心理学概論：発達支援の理論と実際　シリーズ／臨床発達心理学①　ミネルヴァ書房

前原武子　1996　生涯発達心理学：人間のしなやかさ　ナカニシヤ出版

中村義行　2005　発達支援　大石史博・西川隆蔵・中村義行（編）発達臨床心理学ハンドブック　ナカニシヤ出版　pp.165-176.

岡本夏木　1993　子ども理解の視点と方法　岡本夏木（編）新児童心理学講座　17巻　金子書房

Rothbaum, F., Weisz, J. R., & Snyder, S. S.　1982　Changing the world and changing the self: A two-process model of perceived control. *Journal of Personality and Social Psychology*, **42**, 5-37.

下山晴彦　2001　発達臨床心理学の発想　下山晴彦・丹野義彦（編）講座臨床心理学5　発達臨床心理学　東京大学出版会　pp.3-15.

Seligman, M. E. P.　1975　*Helplessness: On depression, development, and death.* NY: Freeman.

Sroufe, L. A.　1997　Psychopathology as an outcome of development. *Development and Psychopathology*, **9**, 251-268.

WHO　1980　International Classification of Impairments, Disabilities and Handicaps.

WHO　2001　International Classification of Functioning, Disability and Health.

◆第1章◆

Antonucci, T. C. & Jackson, J. S.　1990　The role of reciprocity in social support. In B. R. Sarason, I. G. Sarason, & G. R. Pierce (Eds.), *Social support: An interaction view.* NY: Willy & Sons.

Baltes, P. B.　1987　Theoretical propositions of life-span developmental psychology.

Developmental Psychology, **23**, 611-626.（東　洋・柏木惠子・高橋惠子編集・監訳　1993　生涯発達の心理学　第1巻　新曜社　pp.173-204.）

Bandura, A.　1965　Influence of models' reinforcement contingencies on the acquisition of imitative responses. *Journal of Personality and Social Psychology*, **1**, 589-595.

Clarke-Stewart, K. A.　1973　Interactions between mothers and their young children: Characteristics and consequences. *Monographs of the Society for Research in Child Development*, **38**(153), 1-109.

Cohen, S. & Wills, T. A.　1985　Stress, social support, and the buffering hypothesis. *Psychological Bulletin*, **98**, 310-357.

Erikson, E. H., Erikson, J. M., & Kivnick, H. Q.　1986　*Vital involvements in old age*. NY: Norton.（朝長正徳・朝長梨枝訳　1990　老年期　みすず書房　pp.31-44.）

Erikson, E. H. & Erikson, J. M.　1997　*The life cycle completed*. NY: W.W. Norton.（村瀬孝雄・近藤邦夫訳　2001　ライフサイクル，その完結＜増補版＞　みすず書房　pp.164-182.）

Evans, R. I.　1967　*Dialogue with Erik Erikson*. NY: Harper & Row.（岡堂哲雄・中園正身訳　1981　エリクソンは語る─アイデンティティの心理学─　新曜社　pp.15-19.）

Gray, S. W. & Klaus, R. A.　1970　The early training project: A seventh-year report. *Child Development*, **41**, 909-924.

Havighurst, R.　1953　*Human development and education*. NY: Longmans.（荘司雅子監訳　1995　人間の発達課題と教育　玉川大学出版部）

Hurlock, E. B.　1964　*Child development*（4th ed.）NY: McGraw-Hill.（小林芳郎・相田貞夫・加賀秀夫訳　1971　児童の発達心理学　誠信書房）

Kagan, J. & Moss, H.　1962　*Birth to maturity*. NY: Willey.

柏木惠子・藤永　保（監）　2002　臨床発達心理学概論 1, 2, 3　ミネルヴァ書房

Kliegl, R., Smith, J., & Baltes, P. B.　1989　Testing-the-limits and the study of adult age differences in cognitive plasticity of a mnemonic skill. *Developmental Psychology*, **25**, 247-256.

Lazarus, R. S. & Folkman, S.　1984　*Stress, appraisal, and coping*. NY: Springer.（本明　寛・春木　豊・織田正美訳　1991　ストレスの心理学：認知的評価と対処の研究　実務教育出版）

長崎　勤　2002　発達を支援するとは　長崎　勤・古澤頼雄・藤田継道（編著）　臨床発達心理学概論　発達支援の理論と実際　ミネルヴァ書房

Newman, B. M. & Newman, P. R.　1984　*Development through life*. Richard D. Irwin.（福富護訳　1988　新版生涯発達心理学　エリクソンによる人間の一生とその可能性　川島書店）

西平　直　1993　エリクソンの人間学　東京大学出版会

Piaget, J.　1948　*La naissance de l'intelligence chez l'enfant*（2nd ed.）Paris: Delachaux & Niestlé.（谷村　覚・浜田寿美男訳　1978　知能の誕生　ミネルヴァ書房）

Singh, J. A.　1942　The wolf-children of midnapore. In J. A. Singh & R. M. Zingg. *Wolf-children and feral man*. Harper & Brothers.（中野善達・清水知子訳　1977　狼に育てられた子─カマラとアマラの養育日記（野生児の記録）　福村出版）

Tornstam, L.　2005　*Gerotranscendence : A developmental theory of positive aging*. Springer

Publishing Company.
White, R. 1959 Motivation reconsidered: The concept of competence. *Psychological Review*, **66**, 297-333.

◆第2章◆

Ainsworth, M. D. S. 1973 The development of infant-mother attachment. In B. M. Caldwell & H. N. Ricciuti (Eds.), *Review of child development research* (Vol.3.) Chicago: University of Chicago Press.

Ainsworth, M. D. S., Blehar, M. C., Waters, E., & Wall, S. 1978 *Patterns of attachment: A psychological study of the strange situation*. Hillsdale, N J: Erlbaum.

母子衛生研究会（編）　厚生労働省雇用均等・児童家庭局母子保健課（監修）　2002　乳幼児身体発育値　平成12年乳幼児身体発育調査報告書　母子保健事業団

Bowlby, J. 1969 *Attachment and loss* (Vol.1.) *Attachment*. NY: Basic Books.（黒田実郎・大羽 蓁・岡田洋子訳　1976　母子関係の理論1―愛着行動　岩崎学術出版社）

Cassidy, J. 1994 Emotion regulation:Influences of attachment relationships. In N. A. Fox (Ed.), The development of emotion regulation. Monographs of the Society for Research. *Child Development*, **59**, 228-249.

Condon, W. S. & Sander, L. W. 1974 Neonate movement is synchronized with adult speech: Interactional participation and language acquisition. *Science*, **183**, 99-101.

DeCasper, A. J. & Fifer, W. P. 1980 Of human bonding: Newborns prefer their mothers' voices. *Science*, **208**, 1174-1176.

DeCasper, A. J. & Spence, M. J. 1986 Prenatal maternal speech influences newborns' perception of speech sounds. *Infant Behavior and Development*, **9**, 133-150.

Elkind, D., Koegler, R., & Go, E. 1964 Studies in perceptual development: II. Part-whole perception. *Child Development*, **35**, 81-90.

Fantz, R. L. 1961 The origin of form perception. *Scientific American*, **204**, 66-72.

Gibson, E. J. & Walk, R. D. 1960 The 'visual cliff'. *Scientific American*, **202**, 64-71.

Halverson, H. M. 1932 A further study of grasping. *Joural of General Psychology*, **7**, 34-64.

秦野悦子　2006　乳幼児健診から保育の場への連携　本郷一夫・長崎　勤（編）　特別支援教育における臨床発達心理学的アプローチ　pp.166-172.

市川奈緒子　2005　発達障害児とその家族へのサポート　田中千穂子・栗原はるみ・市川奈緒子（編）　発達障害の心理臨床　有斐閣　pp.98-106.

Jonson, M. H. & Morton, J. 1991 *Biology and cognitive development: The case of face recognition*. Basil Blackwell.

Kagan, J., Reznick, S., Clarke, C., & Snidman, N. 1984 Behavioral Inhibition to the Unfamiliar. *Child Development*, **55**, 2212-2225.

Kagan, J., Reznick, S., & Snidman, N. 1987 The physiology and psychology of behavioral ingibition in children. *Child Development*, **58**, 1459-1473.

Lamb, M. E. 1980 The development of parent-infant attachments in the first two years of life. In F. A. Pedersen (Ed.), *The father-infant relationship*. Praeger.

Main, M. & Weston, D. R. 1981 The quality of the toddler's relationship to mother and to father: Related to conflict behavior and the readiness to establish new relationships.

Child Development, **52**, 932-940.

正高信男　1995　ヒトはなぜ子育てに悩むのか　講談社

三沢直子　2001　新版お母さんのカウンセリング・ルーム　"家庭で子育て"から"地域・社会での子育て"へ　ひとなる書房

三宅和夫　1990　子どもの個性―生後2年間を中心に　東京大学出版会

Salapatek, P. 1975 Pattern perception in early infancy. L. B. Cohen & P. Salapatek (Eds.), *Infant perception: From sensation to cognition* (Vol.1.) NY: Academic Press. pp.133-248.

Salapatek, P. & Kessen, W. 1966 Visual scanning of triangles by the human newborn. *Journal of Experimental Child Psychology*, **3**, 155-167.

Sameroff, A. J. & Chandler, M. J. 1975 Reproductive risk and the continuum of caretaking causality. In F. D. Horowits *et al.* (Eds.), *Review of child development research* (Vol.4.) University of Chicago Press.

佐々木正美　2001　続子どもへのまなざし　福音館書店　pp.154-160.

Scammon, R. E. 1930 The measurement of the body in childhood. In J. A. Harris, C. M. Jackson, D. G. Paterson, & R. E. Scammon, *The measurement of man*. Minn: University of Minnesota Press.

下條信輔　1983　乳児の視力発達　基礎心理学研究，**2**, 56-67.

白佐俊憲（編）　1982　保育・教育のための心理学図説資料　川島書店

Sroufe, L. A. 1985 Attachment classification from the perspective of infant-caregiver relationships and infant temperament. *Child Development*, **56**, 1-14.

菅原ますみ・北村俊則・戸田まり・島　悟・佐藤達哉・向井隆代　1990　子どもの問題行動の発達：Externalizingな問題傾向に関する生後11年間の縦断研究から　発達心理学研究，**10**, 32-45.

高橋惠子　1983　対人関係　三宅和夫ほか（編）　波多野・依田児童心理学ハンドブック　金子書房

高野清純・林　邦雄（編著）　1975　図説児童心理学事典　学苑社

Thomas, A. & Ches, S. 1980 *The dynamics of psychological development*. NY: Brunner / Mazel.（林　雅次監訳　1981　子供の気質と心理的発達　星和書店）

◆第3章◆

阿部和彦　1997　子どもの心と問題行動　日本評論社

東　洋　1994　日本人のしつけと教育：発達の日米比較にもとづいて　東京大学出版会

Bandura, A. & Mischel, W. 1965 Modification of self-imposed delay of regard through exposure to live and symbolic models. *Journal of Personality and Social Psychology*, **2**, 698-705.

Benesse教育開発センター　2006　第3回　幼児のアンケート報告書・国内調査　ベネッセコーポレーション

陳　省仁　1999　「寄養」から見た現代中国社会の家族と子育て　東　洋・柏木惠子（編）　激動する社会と家族I：社会と家族の心理学　ミネルヴァ書房

深谷昌志　2007　子どもたちの遊びの変遷　教育と医学，**3**(645), 54-60.

Havighurst, R. J. 1953 *Human development and education*. NY: Longmans & Green.（荘司雅子訳　1958　人間の発達課題と教育：幼年期より老年期まで　牧書店）

原　ひろ子　1980　ヘアー・インディアンとその世界　平凡社
飯田順三　2006　習癖異常とは　こころの科学，**130**，14-16.
生地　新　2002　習癖障害　新保育士養成講座編纂委員会（編）　新保育士養成講座第4章精神保健　全国社会福祉協議会　pp.123-127.
岩坂英巳　2006　抜毛症（トリコチロマニア）　こころの科学，**130**，79-85.
加知ひろ子　2000　発達・学習・教育臨床の心理学　pp.22-42.
金子一史　2006　指しゃぶり・爪かみ・性器いじり　こころの科学，**130**，68-72.
金生由紀子　2003　チックとは何か　日本トゥレット（チック）協会（編）　子育てと健康シリーズ18　大月書店　pp.10-26.
柏木惠子　2003　家族心理学：社会変動・発達・ジェンターの視点　東京大学出版会
川島隆太　2006　NHK 知るを楽しむ　この人この世界2006年2-3月　脳を鍛える　日本放送出版協会
厚生労働省　2000　保育所保育指針
Leizer, J. L. & Rogers, R. W.　1974　Effects of method of discipline, timing of punishment, and timing of test on resistance to temptation. *Child Development*, **45**, 790-793.
Лурия, А. Р.　1957　О генезисе произвольных движений. *Вопросы психологии*, **6**, 3-19.（松野　豊・関口　昇訳　1969　随意運動の発生　松野　豊・関口　昇訳　言語と精神発達　明治図書　pp.137-171.）
Mischel, H. N. & Mischel, W.　1983　The development of children's knowledge of self-control strategies. *Child Development*, **54**, 603-619.
Mischel, W. & Ebbesen, E.　1970　Attention in delay of gratification. *Journal of Personality and Social Psychology*, **16**, 329-337.
Mischel, W. & Shoda, Y.　1988　The nature of adolescent competencies predicted by preschool delay of gratification. *Journal of Personality and Social Psychology*, **54**, 687-696.
宮本美沙子・国枝加代子・山梨益代・東　洋　1965　子どものひとりごと　教育心理学研究，**13**，206-212.
宮脇　大・松島章晃　2006　習癖異常の予後　こころの科学，**130**，29-33.
文部科学省　2001　幼児教育の振興に関する調査研究協力者会合報告
文部省　1998　幼稚園教育要領
文部省　1998　小学校学習指導要領
森　楙　1992　遊びの原理に立つ教育　黎明書房
村野井　均　1994　基本的生活リズムの問題　高野清純（監修）　事例 発達臨床心理学辞典　福村出版
中村千絵　2006　思いや考えを言葉で表す　初等教育資料　文部科学省　pp.78-84.
日本小児保健協会　2001　平成12年度 幼児健康度調査報告書　日本小児保健協会
日本体育・学校健康センター　2000　児童生徒の食生活等実態調査結果　日本体育・学校健康センター
岡本夏木　1985　ことばと発達　岩波書店
Piaget, J.　1923　*Le langage et la pensée chez l'enfant*. Paris: Delachaux et Niestlé.（大野　茂訳　1954　児童の自己中心性　臨床児童心理学Ⅰ　同文書院）
斉藤こずゑ　1989　遊びが培うもの　無藤　隆・柴崎正行（編）　保育学講座19：児童心理学　ミネルヴァ書房　pp.200-234.

柴崎正行　2007　これからの幼稚園教育の方向性について　初等教育資料4月号　文部科学省　pp.82-88.
Skinner, B. F.　1948　*Walden two.* London: Macmillan.（宇津木　保・うつきただし訳　1983　ウォールデン・ツー：森の生活：心理学的ユートピア　誠信書房）
高橋　巌　1976　幼児の語彙習得に関する言語学的研究：語彙増加の実態調査　教育心理学年報, **15**, 97.
氏家達夫　1980　誘惑に対する抵抗に及ぼす統制方略の効果の発達的検討　教育心理学研究, **28**, 284-292.
Выготский, Л. С.　1934　Мышление и речь. Москва: Соцэкгиз.（柴田義松訳　1962　思考と言語　上・下　明治図書）

◆第4章◆

Ames, C. & Archer, J.　1987　Mother's belief about the role of ability and effort in school learning. *Journal of Educational Psychology*, **79**, 409-414.
Ames, C. & Archer, J.　1988　Achievement goals in the classroom: Students' learning stratergies and motivation proceses. *Journal of Educational Psychology*, **80**, 260-267.
東　洋　1994　子どものしつけと文化　東京大学出版会
東　洋・柏木惠子・ヘス, R. D.　1981　母親の態度・行動と子どもの知的発達　東京大学出版会
Bandura, A.　1977　Self-efficacy: Toward a unifying theory of behavioral change. *Psychological Review*, **84**, 191-215.
Bandura, A.　1995　*Self-efficacy in changing societies.* Cambridge University Press.（本明　寛・野口京子監訳　本明　寛・野口京子・春木　豊・山本多喜司訳　1997　激動社会の中の自己効力　金子書房）
Bloom, B. S.　1964　*Stability and change in human characteristics.* NY: Wiley.
deCharms, R.　1968　*Personal causation: The internal affective determinants of behavior.* NY: Academic Press.
Deci, E. L. & Ryan, R. M.　2002　*Handbook of self-determination research.* Rochester, NY: The University of Rochester Press.
Dweck, C. S. & Legget, E. L.　1988　A social-cognitive approach to motivation and personality. *Psychological Review*, **95**, 256-273.
Festinger, L.　1954　A theory of social comparison processes. *Human Relations*, **7**, 117-140.
深谷昌志　1996　変わりつつある父親像　牧野カツコ・中野由美子・柏木惠子（編）　子どもの発達と父親の役割　ミネルヴァ書房
福富　護　1997　思春期が人生の中で持つ意味　児童心理, 2月号臨時増刊, 3-12
橋本俊顕　2002　ADHD　小枝達也（編）　ADHD, LD, HFPDD, 軽度MR児保健指導マニュアル　診断と治療社　pp.8-15.
平山智子　2001　中学生の精神的健康とその父親の家庭関与との関連：父母評定の一致度からの検討　発達心理学研究, **12**, 99-109.
Hoffman, M. L.　1977　Moral internalization: Current theory and research. In L. Berkowitz (Ed.), *Advances in experimental social psychology* (Vol.10.) NY: Academic Press.
本郷一夫・長崎　勤（編）　2006　特別支援教育における臨床発達心理学的アプローチ

別冊発達，**28**．

Honzik, M. P., MacFarland, J.W., & Allen, L. 1948 The stability of mental test performance between 2 and 18 years. *Journal of Experimental Education*, **17**, 309-324.

保坂　亨　1998　児童期・思春期の発達　下山晴彦（編）　教育心理学Ⅱ　発達と臨床援助の心理学　東京大学出版会　pp.103-152.

井上健治　1984　友だちができない子　岩波書店

伊藤英夫　2006　広汎性発達障害　本郷一夫・長崎　勤（編）　2006　特別支援教育における臨床発達心理学的アプローチ　別冊発達，**28**，98-106.

Kagan, J., Rosman, B., Day, D., Albert, J., & Philips, W. 1964 Information processing in the child: The significance of analytic and reflective attitudes. *Psychological Monographs*, **78**（1,Whole No.578）．

Kashiwagi, K., Azuma, H., Miyake, K., Nagano, S., Hess, R. D., & Holloway, S. D. 1984 Japan-U.S. comparative study on early maternal influences upon cognitive development: A follow-up study. *Japanese Psychological Research*, **26**, 82-92.

川原誠司　2000　帰属集団としての同性友人集団　近藤邦夫・西林克彦・村瀬嘉代子・三浦香苗（編）　教員養成のためのテキストシリーズ４　児童期の課題と支援　新曜社　pp.44-49.

金城育子　2002　友人関係の発達　前原武子（編）　生徒支援の教育心理学　北大路書房　pp.33-34

小枝達也（編）　2002　ADHD，LD，HFPDD，軽度MR児保健指導マニュアル　診断と治療社

小嶋秀夫　1991　児童心理学への招待　サイエンス社

Labinowicz, E. 1980 *The Piaget primer : Thinking, learning, teaching*. MA: Addison-Wesley.

文部省　1999　学習障害児に対する指導について（報告）　学習障害及びこれに類似する学習上の困難を有する児童生徒の指導方法に関する調査研究協力者会議

Multon, K. D., Brown, S. D., & Lent, R. W. 1991 Relation of self-efficacy beliefs to academic outcomes: A meta-analytic investigation. *Journal of Counseling Psychology*, **18**, 30-38.

牟田悦子（編）　2005　LD・ADHDの理解と支援―学校での心理臨床活動と軽度発達障害―　有斐閣

Newman, B. M. & Newman, P. R. 1984 *Development through life: A psychosocial approach* (3rd ed.) Dorsey.（福富　護訳　1988　新版生涯発達心理学　エリクソンによる人間の一生とその可能性　川島書店）

野呂　正　1983　思考の発達　野呂　正（編著）　幼児心理学　朝倉書店

Piaget, J. & Inhelder, B. 1966 *La psychologie de l'enfant*. Paris: Press niversitaires de France.（波多野完治・須賀哲夫・周郷　博訳　1969　新しい児童心理学　白水社）

Sigel, I. E. & Cocking, R. R. 1977 *Cognitive development from childhood to adolescence: A constructivist perspective*. NY: Holt, Rinehart and Winston.（子安増生訳　1983　認知の発達―乳幼児から青年期まで―　サイエンス社）

Stevenson, H. & Stigler, J. 1992 *The learning gap*. The Summit Press.（北村晴朗・木村進監訳　1993　小学生の学力をめぐる国際比較研究　金子書房）

杉山登志郎　2002　HFPDD　小枝達也（編）　ADHD, LD, HFPDD, 軽度 MR 児保健指導マニュアル　診断と治療社　pp.22-26.
高野清純・林　邦雄　1975　新訂児童心理学　明治図書
田中千穂子・栗原はるみ・市川奈穂子　2005　発達障害の心理臨床　有斐閣
田中熊次郎　1975　新訂児童心理学　明治図書
Wentzel, K. K. 1991 Social competence at school: Relation between social responsibility and academic achievement. *Review of Educational Research*, **61**, 1-24.
White, R. 1959 Motivation reconsidered: The concept of competence. *Psychological Review*, **66**, 297-333.
全国 LD 会（編）　2006　LD・ADHD・高機能自閉症とは？　全国 LD 親の会

◆第5章◆

秋山三左子　2000　性同一性　村瀬嘉代子・三浦香苗・近藤邦夫・西林克彦（編）　教員養成のためのテキストシリーズ5　青年期の課題と支援　新曜社　pp.48-53.
アメリカ精神医学会（American Psychiatric Association）　1994　Diagnostic and Statistical manual of mental disorders: DSM-IV. American Psychiatric Association.（高橋三郎・大野　裕・染矢俊幸訳　1995　DSM-IV 精神疾患の分類と診断の手引　医学書院）
荒木紀幸　1990　ジレンマ資料による道徳授業改革―コールバーグ理論からの提案―　明治図書
Blos, P. 1962 *On adolescene: A psychoanalytic interpretation*. Free Press.（野沢栄司訳　1971　青年期の精神医学　誠信書房）
DeLisi, R. & Staudt, J. 1980 Individual differences in college students' performance on formal operations task. *Journal of Applied Developmental Psychology*, **16**, 121-131.
Erikson, E. H. 1959 *Identity and the life cycle*. NY: International Universities Press.（小此木啓吾訳編　1973　自我同一性　誠信書房）
Gilligan, C. 1982 *In a different voice: Psychologocal theory and women's development*. cambrige, MA: Harvard University Press.（岩男寿美子監訳　1986　もう一つの声―男女の道徳観の違いと女性のアイデンティティ―　川島書店）
Gillis, J. R. 1981 *Youth and history: Tradition and change in European age relations, 1770-present*. NY: Academic Press.（北本正章訳　1985　＜若者＞の社会史：ヨーロッパにおける家族と年齢集団の変貌　新曜社）
Hodgson, J. W. & Fischer, J. L. 1979 Sex differences in identity and intimacy development in college youth. *Journal of Youth and Adolescence*, **8**, 37-50.
笠原　嘉　1978　退却神経症という新しいカテゴリーの提唱　中井久夫・山中康裕（編）　思春期の病理と治療　岩崎学術出版社　pp.287-319.
笠井孝久　2000　「中学生という時期」「高校生という時期」　村瀬嘉代子・三浦香苗・近藤邦夫・西林克彦（編）　教員養成のためのテキストシリーズ5　青年期の課題と支援　新曜社　pp.2-13.
柏木惠子　2002　現代社会の諸問題をとらえる視点　長崎　勤・古澤頼雄・藤田継道（編著）　臨床発達心理学概論　発達支援の理論と実際　ミネルヴァ書房　pp.78-88.
King, P. M. 1986 Formal reasoning in adults: A review and critique. In R. Mines & K. Kitchener (Eds.), *Adult Cognitive Development*. NY: Praeger. pp.1-21.

King, P. M., Wood, P. K., & Mines, R. A. 1990 Critical thinking among college and graduate students. *Review of Higher Education*, **13**, 167-186.
Kitchener, K. S. & King, P. M. 1981 Reflective judgment: Concepts of justification and their relationship to age and education. *Journal of Applied Developmental Psychology*, **2**, 89-116.
Kohlberg, L. 1971 From is to ought. In T. Mischel (Ed.), *Cognitive development and epistemorogy*. NY: Academic Press. pp.151-235.
厚生労働省 2001 「ひきこもり」対応ガイドライン
近藤直司・長谷川俊雄 (編著) 1999 引きこもりの理解と援助 萌文社
前原武子・金城育子・稲谷ふみ枝 2000 続柄の違う祖父母と孫の関係 教育心理学研究, **48**, 120-127.
Mahler, M. S., Pine, F., & Bergman, A. 1975 *The psychological birth of the human infant: Symbiosis and individuation*. Basic Books.（高橋雅士・織田正美・浜田 紀訳 1981 乳幼児の心理的誕生 黎明書房）
Marcia, J. E. 1966 Development and validation of ego-identity status. *Journal of Personality and Social Psychology*, **3**, 551-558.
松田公彦・広瀬春次 1982 青年における自己像と自我同一性 教育心理学研究, **30**, 157-161.
宮下一博 2003 「ひきこもり」に対応する際の原則 岡本祐子・宮下一博 (編著) シリーズ・荒れる青少年の心 ひきこもる青少年の心 北大路書房 pp.72-77.
森田正馬 1919 神経質および神経衰弱の療法 高良武久 (編) 1974 森田正馬全集 第1巻 白揚社 pp.279-457.
文部科学省 2001 生徒指導上の現状と文部省の施策について
文部科学省 2003 不登校の現状に関する認識 〈http://www.mext.go.jp/a_menu/shotou/futoukou/main.htm〉
鍋田恭考 2001 ひきこもりの心理 松原達哉 (編)「不登校・ひきこもり」指導の手引き 教職研修, 7月号増刊 (教育開発研究所), 170-182.
日本性教育協会編 2001 『「若者の性」白書—第5回青少年の性行動全国調査報告』小学館 〈http://www.jase.or.jp/jigyo/youth.html〉
西平直喜 1973 青年心理学 共立出版
落合良行・伊藤祐子・齊藤誠一 1993 自分の性をどのように引き受けていくか 落合良行・伊藤祐子・齊藤誠一 ベーシック現代心理学4 青年の心理学 有斐閣
岡本祐子 2003 第1章第1節「ひきこもり」の定義 第2節「ひきこもり」のメカニズム 岡本祐子・宮下一博 (編著) シリーズ・荒れる青少年の心 ひきこもる青少年の心 北大路書房 pp.2-13.
小此木啓吾 1998 神経症 小此木啓吾・深津千賀子・大野 裕 (編) 心の臨床家のための精神医学ハンドブック 創元社 pp.159-173.
大久保純一郎 2000 青年期の発達と心の問題 藤村邦博・大久保純一郎・箱井英寿 (編著) 青年期以降の発達心理学 自分らしく生き，老いるために 北大路書房 pp.41-55.
Pascarella, E. T. & Terenzini, P. T. 1991 *How college affects students: Findings and insights from twenty years of research*. San Francisco, CA: Jossey-Bass.

Perry, W. G. 1999 *Forms of ethical and intellectual development in the college years: A scheme*. San Francisco: Jossey-Bass Publishers.

Petersen, A. C. 1987 The nature of biological-psychosocial interactions : The sample case of early adolescence. In R. M. Lerner & T. T. Foch (Eds.), *Biological-psychosocial interactions in early adolescence*. Lowrencce Erlbaum Associata. pp.35-61.

Ross, R. J. 1973 Some empirical parameters of formal thinking. *Journal of Youth and Adolescence*, **2**, 167-177.

斉藤　環　1998　社会的引きこもり―終わらない思春期―　PHP 研究所

島袋恒男　1996　自分らしく生きる　前原武子（編）　生涯発達―人間のしなやかさ―　ナカニシヤ出版　pp.40-55.

砂田良一　1979　自己像との関係からみた自我同一性　教育心理学研究，**27**，215-220.

高野久美子　2000　性的成熟の開始　近藤邦夫・村瀬嘉代子・三浦香苗（編）　教員養成のためのテキストシリーズ 4　児童期の課題と支援　新曜社　pp.50-55.

高野久美子　2000　甘えと独立のはざまで　近藤邦夫・村瀬嘉代子・三浦香苗（編）　教員養成のためのテキストシリーズ 4　児童期の課題と支援　新曜社　pp.56-61.

田中千穂子　1996　ひきこもり―「対話する関係」を取り戻すために―　サイエンス社

内田照彦　2000　適応障害の理解と対応　内田照彦・増田公男（編著）　2000　要説　発達・学習・教育臨床の心理学　北大路書房　pp.191-204.

鑪　幹八郎　1984　アイデンティティ理論との対話　鑪　幹八郎・山本　力・宮下一博（編）　アイデンティティ研究の展望 I　ナカニシヤ出版

鑪　幹八郎　1990　アイデンティティの心理　講談社

Watson, W. 1984 A study of the Piagetian cognitive development of science and humanities college students from the freshman to the senior year. *Dissertation Abstract International*, **45A**, 484.

山本多喜司・ワップナー , S.（編）　1992　人生移行の発達心理学　北大路書房

◆第 6 章◆

Blood, R. O. 1967 *Love match and arranged marriage: A Tokyo-Detroit comparsion*. NY: Free Press.（田村健二監訳　1978　現代の結婚―日米の比較―　培風館　p.148, 282.）

Costa, P. T., Jr. & McCrae, R. R. 1980 Still stable after all these years: Personality as a key to some issues in adulthood and old age. In P. B. Baltes & O.G. Brim, Jr. (Eds.), *Life span development and behavior* (Vol.3.) NY: Academic Press.

第一生命経済研究所（編）　2005　2006-07 ライフデザイン白書　第一生命経済研究所　pp.61-63, 71-74.

土肥伊都子・広沢俊宗・田中国夫　1990　多重名役割従事に関する研究：性役割従事タイプ，達成感と男性性，女性性の効果　社会心理学研究，**5**, 137-145.

Erikson, E. H. 1980 *Identity and the life cycle*. NY: Norton.

Erikson, E. H. 1982 *The life cycle completed: A review*. NY: Norton.

がんばらない介護生活を考える会　2005　がんばらないで家庭介護：介護する側，される側にやさしいケア　法研

玄田有史・曲沼美恵　2004　ニート：フリーターでもなく失業者でもなく　幻冬舎

Gould, R. L.　1978　*Transformation*. NY: Simon & Schuster.
平山順子・柏木惠子　2001　中年期夫婦のコミュニケーション態度：夫と妻は異なるのか？　発達心理学研究，**12**, 216-227.
Holland, J. L.　1973　*Making vocational choice: A theory of careers*. Englewood Cliffs, NJ: Prentice-Hall.
堀　有喜衣　2002　なぜ「フリーター」ではマズイのか　*JIL@Work*, **10**, 18-21.
井上健治　1984　子どもにとって親とは何か　（東京大学公開講座，親と子）　東京大学出版会
Jacques, E.　1965　Death and the mid-life crisis. *International Journal of Psychoanalysis*, **46**, 502-514.
Josselson, R. L.　1994　Identity and relatedness in the life cycle. In H. A. Bosma, T. L. G. Graafsma, H. D. Grotevant, & D. J. de Levita（Eds.）, *Identity and development: An interdisciplinary approach*. Thousand Oaks, CA: Sage. pp.81-102.
金井壽宏・高橋俊介　2005　キャリアの常識の嘘　朝日新聞社
柏木惠子　2003　家族心理学：社会変動・発達・ジェンダーの視点　東京大学出版会
柏木惠子・平山順子　2006　老年期の親と中年期の子ども　柏木惠子・大野祥子・平山順子（著）　家族心理学への招待：今，日本の家族は？家族の未来は？　ミネルヴァ書房　pp.171-176.
柏木惠子・永久ひさ子　1999　女性における子どもの価値：今，なぜ子を産むか　教育心理学研究，**47**, 170-179.
柏木惠子・若松素子　1994　「親となる」ことによる人格発達：生涯発達的視点から親を研究する試み　発達心理学研究，**5**, 72-83.
Klohnen, E. C., Vanderwater, E. A., & Young, A.　1996　Negotiating the middle years: Ego-resiliency and successful midlife adjustment in women. *Psychology and Aging*, **11**, 431-442.
児美川孝一郎　2005　フリーターとニートとは誰か：つくられるイメージと社会的視点の封印　佐藤洋作・平塚眞樹木（編）　ニート・フリーターと学力　明石出版　pp.60-80.
小杉礼子（編著）　2002　自由の代償：フリーター　現代若者の就業意識と行動　日本労働研究機構
厚生労働省　2004　人口動態統計の年間推移　厚生労働省ホームページ
厚生労働省　2005　厚生労働白書　平成17年版　ぎょうせい
厚生省　1997　厚生白書　平成09年版　厚生問題研究会
厚生統計協会　2006　国民衛生の動向，**53**(9), 61, 65.
厚生労働省大臣官房統計情報部　第3回21世紀出生児縦断調査　〈http://www.mhlw.go.jp/toukei/saikin/hw/syusseiji/03/index.html〉
久世妙子　1978　夫婦関係の心理　岡堂哲雄（編）　家族心理学　有斐閣　p.30.
Lang, J. C. & Lee, C. H.　2005　Identity accumulation, others' acceptance, job-search self-efficacy, and stress. *Journal of Organizational Behavior*, **26**, 293-312.
Levinson, D. J. & Levinson, J. D.　1996　*The seasons of a woman's life*. NY: Alfred A. knopf.
Levinson, D. J., Darrow, C., Kline, E., Levinson, M., & McKee, B.　1978　*The seasons of a man's life*. NY: Alfred A. Knopf.（南　博訳　1980　人生の四季　講談社）

Lips-Wiersma, M.S.　2003　Making conscious choices in doing research on workplace spirituality: Utilizing the holistic development model to articulate values, assumptions and dogmas of the knower. *Journal of Organizational Change Management*, **16**, 406-425.

目黒依子　1987　個人化する家族　草書房

道下裕史　2001　エグゼクティブフリーター：現実をおそれない自分らしい生き方　ワニブックス

宗方比佐子　2002　職業の選択　宗方比佐子・渡辺直登（編著）　キャリア発達の心理学：仕事・組織・生涯発達　川島書店　pp.13-29.

内閣府　2007　平成19年度版男女共同参画白書　pp.9-10.

内閣府　2003　デフレと生活：若年フリーターの現在（いま）　国民生活白書　平成15年度版　ぎょうせい

難波淳子　1999　中年期の日本人夫婦のコミュニケーションの特徴についての一考察：事例の分析を通して　岡山大学大学院文化科学研究科紀要, **8**, 252-236.

日本労働研究機構（編）　2000　フリーターの意識と実態：97人へのヒアリング結果より　日本労働研究機構

岡本祐子　1985　中年期の自我同一性に関する研究　教育心理学研究, **33**, 295-306.

岡本祐子（編）　2002　アイデンティティ生涯発達論の射程　ミネルヴァ書房

大久保孝治・杉山圭子　2000　サンドイッチ世代の困難　藤崎宏子（編）　親と子：交錯するライフコース　ミネルヴァ書房　pp.211-233.

大熊保彦　1996　ゴットマンの離婚予測指標　日本家族心理学会（編）　21世紀の家族像　家族心理学年報, **14**, 145-161.

太田差恵子　2003　遠距離介護　岩波ブックレット No.610　岩波書店

太田さつき　2001　多重役割が心理的 well-being に及ぼす効果についての検討：大学生を対象として　青山学院大学部紀要, **43**, 163-175.

Rosenberg, S. D., Rosenberg, H. J., & Farrell, M. P.　1999　Midlife crisis revisited. In S. L. Willis & J. D. Reid (Eds.), *Life in the middle: Psychological and social development in middle age*. San Diego, CA: Academic Press.

Rounds, J. & Tracey, T. J.　1996　Cross-cultural structural equivalence of RIASEC models and measures. *Journal of Counseling Psychology*, **43**, 310-329.

Schein, E. H.　1978　*Career dynamics: Matching individual and organizational needs*. Reading, MA: Addison-Wesley.

Schulz, R., & Salthouse, T.　1999　*Adult development and aging : Myths and emerging realities* (3rd ed.) Upper Saddle River, NJ: Prentice Hall.

Sheehy, G.　1976　*Passage: Predictable crises of adult life*. NY: E. P. Dutton.

下村英雄　2006　調査研究からみたフリーター：フリーターの働き方と職業意識　教育と医学, **54**, 32-44.

総務庁　1996　子供と家族に関する国際比較調査報告書　総務庁青少年対策本部　pp.29-51, 211-217.

総務庁　2002　平成13年度高齢者の経済生活に関する意識調査結果　総務庁長官官房老人対策室

杉村和美　1999　現代女性の青年期から中年期までのアイデンティティ発達　岡本祐子（編）　女性の生涯発達とアイデンティティ：個としての発達・かかわりの中での成

熟　北大路書房　pp.55-86.
Super, D. E.　1957　*The psychology of careers*. NY: Harper & Row.
Vaillant, G. E.　1977　*Adaptation to life*. Boston: Little Brown.
Vandewater, E. A., Ostrove, J. M., & Stewart, A. J.　1997　Predicting women's well-being in midlife: The importance of personality development and social role involvements. *Journal of Personality and Social Psyhcology*, **72**, 1147-1160.
若林　満　1988　組織内キャリア発達とその環境　若林　満・松原敏浩（編）　組織心理学　福村出版　pp.230-247.
White, B. L.　1995　*The new first three years of life*. New York: Simon & Schuter.（吉岡晶子訳　1997　ホワイト博士の育児書　くもん出版）
山田昌弘　1999　パラサイト・シングルの時代　筑摩書房

◆第 7 章◆
Abbott, R. D., White, L. R., Ross, G. W., Masaki, K. H., Curb, J. D., & Petrovitch, H.　2004　Walking and dementia in physically capable elderly men. *Journal of American Medical Association*, **292**, 1447-1453.
American Psychiatric Association　2000　*Quick reference to the diagnostic criteria from DSM-IV-TR*. American Psychiatric Association.（高橋三郎・大野　裕・染矢俊幸訳　2002　DSM-IV-TR 精神疾患の分類と診断の手引　医学書院）
Baltes, P. B. & Baltes, M. M.　1990　*Successful aging : Perspectives from the behavioral sciences*. NY: Cambridge University Press.
Baltes, P. B. & Lindenberger, U.　1997　Emergence of a powerful connection between sensory and cognitive functions across the adult life span: A new window to the study of cognitive aging? *Psychology and Aging*, **12**, 12-21.
Baltes, P. B. & Smith, J.　2003　New frontiers in the future of aging: From successful aging of the young old to the dilemmas of the fourth age. *Gerontology*, **49**, 123-135.
Baltes, P. B. & Staudinger, U. M.　2000　Wisdom: A meta-heuristic（pragmatic）to orchestrate mind and virtue toward excellence. *American Psychologist*, **55**, 122-135.
Barberger-Gateau, P., Letenneur, L., Deschamps, V., Peres, K., Dartigues, J. F., & Renaud, S.　2002　Fish, meat, and risk of dementia: Cohort study. *British Medical Journal*, **325**, 932-933.
Birren, J. E. & Schroots, J. F.　1996　History, concepts, and theory in the psychology of aging. In J. E. Birren & K. W. Schaie（Eds.）, *Handbook of the psychology of aging*（4th ed.）San Diego: Academic Press. pp.3-23.
Braam, A. W., Hein, E., Deeg, D. J., Twisk, J. W., Beekman, A. T., & Van Tilburg, W.　2004　Religious involvement and 6-year course of depressive symptoms in older Dutch citizens: Results from the longitudinal aging study Amsterdam. *Journal of Aging and Health*, **16**(4), 467-489.
Brandtstädter, J. & Rothermund, K.　2002　The life-course dynamics of goal pursuit and goal adjustment: A two-process framework. *Developmetal Review*, **22**, 117-150.
Costa, P. T. Jr. & McCrae, R. R.　1988　Personality in adulthood: A six-year longitudinal study of self-reports and spouse ratings on the NEO personality inventory. *Journal of*

Personality and Social Psychology, **54**, 853-863.
Costa, P. T. Jr., McCrae, R. R., Zonderman, A. B., Barbano, H. E., Lebowitz, B., & Larson, D. M. 1986 Cross-sectional studies of personality in a national sample: II. Stability in neurotisism, extraversion, and openness. *Psychology and Aging*, **1**, 144-149.
Erikson, E. H. & Erikson, J. M. 1997 *The life cycle completed*. NY: W. W. Norton.（村瀬孝雄・近藤邦夫訳　2001　ライフサイクル，その完結〈増補版〉　みすず書房）
Erikson, E. H., Erikson, J. M., & Kivnick, H. Q. 1986 *Vital involvements in old age*. NY: Norton.（朝長正徳・朝長梨枝訳　1990　老年期　みすず書房　pp.31-44.）
Feil, N. 1989 Validation: An empathetic approach to the care of dementia. *Clinical Gerontologist*, **8**, 89-94.
Fratiglioni, L., Wang, H. X., Ericsson, K., Maytan, M., & Winblad, B. 2000 Influence of social network on occurrence of dementia: A community-based longitudinal study. *Lancet*, **355**, 1315-1319.
Hēnnezel, M. D. 1995 *La mort intime*. Robert Laffort, S. A., Paris.（西岡美登利訳　1997　死にゆく人たちと共にいて　白水社）
Horn, J. L. 1982 The aging of human abilities. In B. B. Wolman（Ed.）, *Handbook of developmental psychology*. Englewood Cliffs, NJ: Prentice-Hall. pp.847-870.
Inatani, F., Maehara, T., & Tsuda, A. 2005 Japanese grandparenthood and psychological well-being. *Hellenic Journal of Psychology*, **2**, 199-224.
石津　宏・豊里竹彦・太田光紀・森山浩司・大城和久・與古田孝夫・津田　彰・矢島潤平・喩　峰・吉田　延　2004　沖縄県久高島の高齢者の健康状態と関連要因に関する心身医学的研究―神事（"祭り"）と唾液中免疫関連物質等の変化を指標として―　日本心身医学，**44**(9), 672-671.
角尾美果・草野篤子　2000　高齢者をめぐるストレスと世代間交流のすすめ　老年精神医学雑誌，**11**(12), 1372-1379.
Kalmijn, S., Launer, L. J., Ott, A., Witteman, J. C., Hofman, A., & Breteler, M. M. 1997 Dietary fats intake and the risk of incident dementia in the Rotterdam study. *Annals of Neurology*, **42**, 776-782.
Kaufman, A. S. & Horn, J. L. 1996 Age changes on tests of fluid and crystallized ability for women and men on the Kaufman Adolescent and Adult Intelligence Test（KAIT）at ages 17-94 years. *Archives of Clinical Neuropsychology*, **11**, 97-121.
国立社会保障・人口問題研究所　2006　日本の将来推計人口：平成18年12月推計　厚生統計協会
厚生労働省　2007　平成17年歯科疾患実態調査結果について　厚生労働省ホームページ〈http://www.mhlw.go.jp/topics/2007/01/dl/tp0129-1g.html〉（2007年1月19日）
Lachman, M. E. 1989 Personality and aging at the crossroads: Beyond stability versus change. In K. W. Schaie & C. Schooler（Eds.）, *Social structure and aging: Psychological process*. Hillsdale, NJ: Erlbaum.
Laurin, D., Verreault, R., Lindsay, J., MacPherson, K., & Rockwood, K. 2001 Physical activity and risk of cognitive impairment and dementia in elderly persons. *Archives of Neurology*, **58**, 498-504.
Lawton, P. 2001 Quality of life and the end of life. In J. E. Birren & K. W. Schaie（Eds.）,

Handbook of the psychology of aging (5th ed.) San Diego: Academic Press. pp.592-616.
Lawton, M. P. & Nahemow, L. 1973 Ecology of the aging process. In C. Eisdorfer & M. P. Lawton (Eds.), *The psychology of adult development and aging*. Washington, DC: American Psychological Association. pp.619-674.
Lazarov, O., Robinson, J., Tang, Y. P., Hairston, I. S., Korade-Mirnics, Z., Lee, V. M., Hersh, L. B., Sapolsky, R. M., Mirnics, K., & Sisodia, S. S. 2005 Environmental enrichment reduces A beta levels and amyloid deposition in transgenic mice. *Cell*, **120**, 701-713.
Lindsay, J., Laurin, D., Verreault, R., Hebert, R., Helliwell, B., Hill, G. B., & McDowell, I. 2002 Risk factors for Alzheimer's disease: A prospective analysis from the Canadian study of health and aging. *American Journal of Epidemiology*, **156**, 445-453.
前原武子・稲谷ふみ枝 1999 マチヤグワーの高齢者―小売業を営む高齢者の心理的幸福感 琉球大学教育学部紀要, **55**, 275-278.
Maehara, T. & Takemura, A. 2007 The norms of filial piety and grandmother roles as perceived by grandmothers and their grandchildren in Japan and South Korea. *International Journal of Behavioral Development*, **31**, 585-593.
文部省 1990 民間教育事業における学習内容 社会教育調査
Morris, M. C., Evans, D. A., Bienias, J. L., Tangney, C. C., Bennett, D. A., Aggarwal, N., Wilson, R. S., & Scherr, P. A. 2002 Dietary intake of antioxidant nutrients and the risk of incident Alzheimer disease in a biracial community study. *Journal of American Medical Association*, **287**, 3230-3237.
内閣府 2004a 平成15年 年齢・加齢に対する考え方に関する意識調査結果 内閣府政策統括官（共生社会政策担当）
内閣府 2004b 平成16年 高齢者の地域社会への参加に関する意識調査結果 総務庁長官官房高齢社会対策室
内閣府 2005 平成16年 高齢者の日常生活に関する意識調査結果 内閣府政策統括官（共生社会政策担当）
内閣府 2006 高齢社会白書：平成18年版 ぎょうせい
内閣府 2008 高齢社会白書：平成20年版 ぎょうせい
中西信男 1995 英智の心理 ナカニシヤ出版
中里克治・下仲順子・河合千恵子・石原 治・権藤恭之・稲垣宏樹 2000 中高年期における職業生活からの完全な引退と失業への心理的適応プロセス 老年社会科学, **22**(1), 37-45.
Neugarten, B. L. 1979 Time, age, and the life cycle. *American Journal of Psychiatry*, **136**, 887-894.
Neugarten, B. L. & Weinstein, K. K. 1964 The changing American grandparent. *Journal of Marriage and the Family*, **26**, 199-204.
Orgogozo, J. M., Dartigues, J. F., Lafont, S., Letenneur, L., Commenges, D., Salamon, R., Renaud, S., & Breteler, M. B. 1997 Wine consumption and dementia in the elderly: A prospective community study in the Bordeaux area. *Revue Neurologique*, **153**, 185-192.
小澤 勲 2003 痴呆を生きるということ 岩波書店
小澤 勲 2005 認知症とは何か 岩波書店
Robins, R. W., Trzesniewski, K. H., Tracy, J. L., Gosling, S. D., & Potter, J. 2002 Global

self-esteem across the life span. *Psychology and Aging*, **17**, 423-434.
Rowe, J. W. & Kahn R. L.　1987　Human aging: Usual and successful. *Science*, **237**, 143-149.
Ryff, C. D.　1991　Possible selves in adulthood and old age: A tale of shifting horizons. *Psychology and Aging*, **6**, 286-295.
SCB　2000　高齢者の余暇活動　スウェーデン中央統計局
Schaie, K. W.　1994　The course of adult intellectual development. *American Psychologist*, **49**, 304-313.
Sternberg, R. J. & Lubart, T. I.　2001　Wisdom and creativity. In J. E. Birren & K. W. Schaie (Eds.), *Handbook of the psychology of aging* (5th ed.) San Diego, CA: Academic Press. pp.500-522.
杉澤あつ子・杉澤秀博・中谷陽明・柴田　博　1997　老年期における職業からの引退が精神的健康と社会的健康におよぼす影響　日本公衆衛生誌．**44**(2), 123-130.
竹田恵子・太湯好子　2006　日本人高齢者のスピリチャリティ概念構造の検討　川崎医療福祉学会誌．**16**(1), 53-66.
東京都福祉局高齢福祉部計画課　1996　平成7年度高齢者の生活実態及び健康に関する調査―専門調査結果報告書―
内田さえ・佐藤昭夫　1994　老年期におけるストレスの生理　老年精神医学．**5**(11), 1301-1310.
Verghese, J., Lipton, R. B., Katz, M. J., Hall, C. B., Derby, C. A., Kuslansky, G., Ambrose, A. F., Sliwinski, M., & Buschke, H.　2003　Leisure activities and the risk of dementia in the elderly. *The New England Journal of Medicine*, **348**, 2508-2516.
Wilson, R. S., Mendes De Leon, C. F., Barnes, L. L., Schneider, J. A., Bienias, J. L., Evans, D. A., & Bennett, D. A.　2002　Participation in cognitively stimulating activities and risk of incident Alzheimer disease. *Journal of American Medical Association*, **287**(6), 742-748.
山田一隆　2001　高齢者の社会参加からみた地域社会における生涯学習団体の現状と課題　政策科学．**8**(2), 151-168.

事項索引

あ
アイデンティティ　25, 130-132
　　――地位　132
　　――の再構成　161
悪性傾向　22
悪性の発達　22
アセスメント　57
遊び能力　77
遊びの形態　77
アルツハイマー型認知症　195
育児の仕方　87
1語文　68
一次的加齢　186
引退　188
英知（wisdom）　183, 190
横断的方法　30

か
学業成績　102
学習障害　115
拡張仮説　166
学力　100
可塑性　16
危機　132
気質　52
帰属意識　91
基本的生活習慣　63
ギャング・グループ（gang-group）　89
形式的操作期　125
傾倒　133
結果期待　110
結晶性知能　183
原始反射　39
後期高齢期　178
孝行　167
広汎性発達障害　112
効力期待　110
高齢化率　173
国際障害分類　9
国際生活機能分類　9
個人-環境適合理論　154
ごっこ遊び　79
コンピテンス　33
　　――-社会的要求理論　179

さ
漸成（Epigenesis）　21
サンドイッチ世代　164
ジェンダー・バイアス　121
自我回復力　164
自己
　　――概念発達理論　155
　　――決定理論　107
　　――効力　111
　　――成長　171
　　――中心性　96
仕事の価値　154
しつけ　118
　　――の仕方　87
実験的方法　28
失調傾向　21
自分くずし　131
自分づくり　131
社会的愛着　47
集団遊び　79
縦断的研究　30

習癖　*80*
終末期の QOL　*193*
熟慮‐衝動型認知スタイル　*103*
準拠集団　*91*
生涯学習　*187*
生涯発達心理学　*7*
職業発達段階説　*156*
所属感　*91*
事例研究法　*29*
ジレンマ　*127*
人生の正午　*160*
心理社会的発達　*21*
ストレンジ・シチュエーション　*48*
スピリチュアリティ概念　*192*
Spiritual well-being　*192*
生活構造　*162*
生活弁証法曲線　*131*
生産性　*188*
生殖性　*26*
性的成熟　*120*
性的被害　*122*
前期高齢期　*178*
相関的方法　*28*
ソーシャル・サポート　*34*
祖父母的生殖性　*186*

た
退却神経症　*136*
対人恐怖症　*135*
男女の固定的役割分業　*143*
知能　*101*
　　──固定理論　*109*
　　──漸増理論　*109*
チャム・グループ（chum-group）　*90*
注意欠陥／多動性障害　*113*
中年期の危機　*161*
超高齢期　*189*
適応障害　*134*
動機づけ　*107*
統合　*190*

同調（syntonic）　*21*
　　──傾向　*21*
道徳性の発達　*118,126*

な
内言　*69*
内的空間　*133*
仲間関係　*91*
喃語　*67*
ニート　*159*
二次的加齢　*186*
二次的統制　*11*
乳幼児健康診査　*56*
認識論　*128*
認知症　*194*
認知貯蓄仮説　*198*
脳血管性認知症　*196*

は
発育曲線　*37*
発達
　　──加速現象　*120*
　　──課題　*18*
　　──支援　*12,32*
　　──段階　*18*
　　──臨床　*11*
母親語　*45*
パラサイト・シングル　*166*
バリデーション法　*191*
反省的判断面接　*129*
ピア・グループ　*90*
ひきこもり　*137*
ビッグ・ファイヴ（Big Five）　*184*
非標準の要因　*20*
標準年齢的要因　*20*
標準歴史的要因　*20*
夫婦関係　*170*
夫婦の伴侶性　*148*
夫婦は『ふうふ』　*146*
不足仮説　*167*

フリーター　*156*
保育所　*62*
保存　*97*

ま
満足遅延　*73*
物の永続性　*96*
模倣　*86*

や
友人関係　*93*

誘惑への抵抗　*72*
養育態度　*105*
幼稚園と小学校の連携　*80*

ら
離婚予測指標　*170*
流動性知能　*183*
臨床発達心理学　*32*
老性自覚　*177*
老年的超越　*27*

人名索引

A
Abbot, R. D.　*196*
阿部和彦　*82,83*
Ainworth, M. D. S.　*47,48,50*
秋山三左子　*119,120,122*
Ames, C.　*110*
Antonucci, T. C.　*36*
荒木紀幸　*127*
Archer, J.　*110*
東　洋　*8,87,105,106*

B
Baltes, M. M.　*190*
Baltes, P. B.　*7,8,11,12,15,17,20,178,*
　　181-183,188
Bandura, A.　*28,75,110,111*
Barberger-Gateau, P.　*199*
Birren, J. E.　*186*
Blood, R. O.　*147-149*
Bloom, B. S.　*101*

Blos, P.　*130*
Bowlby, J.　*48,51*
Braam, A. W.　*192*
Brandtstädter, J.　*12,185*

C
Cassidy, J.　*54*
Chandler, M. J.　*55*
Ches, S.　*52*
陳　省仁　*87*
Clarke-Stewart, K. A.　*29*
Cocking, R. R.　*99*
Cohen, S.　*35*
Condon, W. S.　*44*
Costa, P. T. Jr.　*163,184*

D
DeCasper, A. J.　*45*
deCharms, R.　*108*
Deci, E. I.　*107*

DeLisi, R.　　126
土肥伊都子　　165
Dweck, C. S.　　109

E

Ebbesen, E.　　74
Elkind, D.　　46
Erikson, E. H.　　18,19,21-23,25,27,46,
　　131,133,156,161,183,186,190,191
Erikson, J. M.　　21,22,25,27,186,190
Evans, R. I.　　23

F

Fantz, R. L.　　42
Feil, N.　　191
Festinger, L.　　94
Fifer, W. P.　　45
Fischer, J. L.　　134
Folkman, S.　　34
Fratiglioni, L.　　197
Freud, S.　　16
藤永　保　　32
深谷昌志　　76,117
福富　護　　19,92,118
古澤賴雄　　12
太湯好子　　192,193

G

玄田有史　　159,160
Gibson, E. J.　　43
Gilligan, C.　　133
Gillis, J. R.　　129
Go, E.　　44
ゴットマン　　170
Gould, R. L.　　161
Gray, S. W.　　30,31

H

Halverson, H. M.　　40,41
原　ひろ子　　87

長谷川俊雄　　139,140
橋本俊顕　　113,114
秦野悦子　　58
Havighurst, R.　　18,19
Havighurst, R. J.　　63
林　邦雄　　41,90
Heckhausen, J.　　12
Hēnnezel, M. D.　　192
平山順子　　164,170
平山智子　　117
広瀬春次　　133
Hodgeson, J. W.　　134
Hoffman, M. L.　　118
Holland, J. R.　　154,155
Honzik, M. P.　　101,102
堀　有喜衣　　159
Horn, J. L.　　183
保坂　亨　　89,92,93
Hurlock, E. B.　　15,90

I

市川奈緒子　　58,59
飯田順三　　81
稲谷ふみ枝　　188
Inherder, B.　　99
石津　宏　　192
伊藤英夫　　113

J

Jackson, J. S.　　36
Jacues, E.　　161
Johnson, M. H.　　43
Josselson, R. K.　　161
Jung, C. G.　　160,161

K

加知ひろ子　　79
Kagan, J.　　16,52-54,103
Kahn, R. L.　　188
Kalmijn, S.　　197

金井壽宏	*156*	Legget, E. L.	*109*
金生由紀子	*84*	Leizer, J. L.	*72,73*
笠原　嘉	*137*	Levinson, D. J.	*161,162*
笠井孝久	*122,123*	Levinson, J. D.	*161*
柏木惠子	*8,32,87,104,105,123,124,165,*	Lindenberger, U.	*181,182*
	170,171	Lindsay, J.	*197*
Kaufman, A. S.	*183*	Lips-Wiersma, M. S.	*154*
川原誠司	*91*	Lubart, T. T.	*183*
川島隆太	*65*	Luria, A. R.	*70,71*
Kessen, W.	*42*		
King, P. M.	*126,128,129*	**M**	
金城育子	*89,95*	前原武子	*7,142,188*
Kirk, S. A.	*115*	Maehara, T.	*200*
北本正章	*129*	曲沼美恵	*159,160*
Kitchener, K. S.	*128,129*	Mahler, M. S.	*130*
Klaus, R. A.	*30,31*	Main, M.	*51*
Kliegl, R.	*18*	Marcia, J. E.	*132*
Klohnen, E. C.	*164*	正高信男	*45,46*
Koegler, R.	*44*	Maslow, A. H.	*191*
Kohlberg, L.	*126-128*	松田公彦	*133*
小嶋秀夫	*103,104*	松野　豊	*71*
児美川孝一郎	*158*	松島章晃	*83*
近藤邦夫	*22*	McCrae, R. R.	*163,184*
近藤直司	*139,140*	目黒依子	*170*
小杉礼子	*159*	道下裕史	*156*
Kunkel, F.	*131*	南　博	*162*
草野篤子	*189*	Mischel, H. N.	*75*
久世妙子	*144*	Mischel, W.	*73-75*
		三宅和夫	*55*
L		宮本美沙子	*70*
Labinowicz, E.	*98*	宮下一博	*139*
Lachman, M. E.	*184*	宮脇　大	*83*
Lamb, M. E.	*51*	森　楙	*77*
Lang, J. C.	*154*	森田正馬	*135*
Laurin, D.	*196*	Morris, M. C.	*197*
Lawton, M. P.	*179*	Morton, J.	*43*
Lawton, P.	*192,193*	Moss, H.	*16*
Lazarov, O.	*198*	Multon, K. D.	*111*
Lazarus, R. S.	*34*	宗方比佐子	*155*
Lee, C. H.	*154*	村野井　均	*63*

村瀬孝雄　　*22*
牟田悦子　　*115*

N

鍋田恭孝　　*138*
永久ひさ子　　*170*
長崎　勤　　*32,33*
Nahemow, L.　　*179*
中村千絵　　*77*
中村義行　　*10,12*
中西信男　　*183*
中里克治　　*189*
中園正身　　*23*
難波淳子　　*160*
Neugarten, B. L.　　*178,187*
Newman, B. M.　　*18,19,118*
Newman, P. R.　　*18,19,118*
西平直喜　　*131,132*
西平　直　　*21*
野呂　正　　*97*

O

落合良行　　*121*
岡堂哲雄　　*23*
岡本夏木　　*10,69*
岡本祐子　　*137-139,161,163*
小此木啓吾　　*135*
大久保純一郎　　*134*
大久保孝治　　*168*
大野　裕　　*135,136,140,195*
Orgogozo, J. M.　　*197*
太田差恵子　　*169*
太田さつき　　*166*
小澤　勲　　*201*

P

Pascarella, E. T.　　*126*
Perry, W. G.　　*128*
Petersen, A. C.　　*120*
Piaget, J.　　*29,34,69,70,95,96,99,125,126*

R

Robins, R. W.　　*184*
Rogers, R. W.　　*72,73*
Rosenberg, S. D.　　*164*
Ross, R. J.　　*125,126*
Rothbaum, F.　　*11*
Rothermund, K.　　*12,185*
Rounds, J.　　*155*
Rowe, J. W.　　*188*
Ryan, R. M.　　*107*
Ryff, C. D.　　*187*

S

斉藤こずゑ　　*76*
斉藤　環　　*140*
Salapatek, P.　　*42*
Salthouse　　*160*
Sameroff, A. J.　　*55*
Sander, L. W.　　*44*
佐々木正美　　*60*
佐藤昭夫　　*188*
Scammon, R. E.　　*37,38*
Schein, E. H.　　*156,157*
Schroots, J. F.　　*186*
Schulz, R.　　*160*
関口　昇　　*71*
Seligman, M. E. P.　　*11*
Shaie, K. W.　　*184*
Sheey, G.　　*161*
柴崎正行　　*77*
島袋恒男　　*133*
下村英雄　　*158*
下山晴彦　　*13*
Shoda, Y.　　*73*
Shulz, R.　　*12*
Sigel, I. E.　　*99*
Singh, J. A.　　*16*
Skinner, B. F.　　*74*
Smith, J.　　*18,180*
染矢俊幸　　*135,136,140,195*

Spence, M. J.　*45*
Sroufe, L. A.　*11,54*
Staudinger, U. M.　*12,183*
Staudt, J.　*126*
Sternberg, R. J.　*183*
Stevenson, H.　*102*
Stigler, J.　*102*
菅原ますみ　*53*
杉澤あつ子　*188*
杉澤秀博　*190*
杉山圭子　*170*
杉山登志郎　*112*
砂田良一　*133*
Super, D. E.　*155*

T
高橋　巌　*68*
高橋惠子　*8,51*
高橋三郎　*135,136,140,197*
高橋俊介　*156*
高野久美子　*122,131*
高野清純　*41,90*
竹田恵子　*192,193*
Takemura, A.　*200*
田村健二　*148,149*
田中千穂子　*139*
田中熊次郎　*93*
鑪　幹八郎　*132*
Terenzini, P. T.　*126*
Tomas, A.　*52,53*
Tornstam, L.　*27*

Tracey, T. L.　*155*
角尾美果　*189*

U
内田さえ　*186*
内田照彦　*135*
氏家達夫　*73*

V
Vaillant, G. E.　*161*
Vanderwater, E. A.　*166*
Verghese, J.　*197*
Vygotsky, L. S.　*69,70*

W
若林　満　*157*
若松素子　*171*
Walk, R. D.　*43*
Wapner, S.　*130*
Watson, W.　*126*
Weinstein, K. K.　*187*
Wentzel, K. K.　*110*
Weston, D. R.　*51*
White, B. L.　*151*
White, R.　*33,108*
Wills, T. A.　*35*

Y
山田一隆　*188*
山田昌弘　*166*
山本多喜司　*130*

[著者一覧]（五十音順，＊は編者）

稲谷ふみ枝（いなたに・ふみえ）
鹿児島大学名誉教授
担当：1-2，7-3，7-4

宇良千秋（うら・ちあき）
東京都健康長寿医療センター研究所自立促進と介護予防チーム
担当：7-5

金武育子（きん・いくこ）
Office 育子代表
担当：4-1，5-1，5-3，5-4

高橋典子（たかはし・のりこ）
仙台 TA 研修センター
担当：コラム 7

竹村明子（たけむら・あきこ）
仁愛大学人間学部教授
担当：序章，6-3，6-4，6-5，7-1，7-2，コラム 11・12

平田幹夫（ひらた・みきお）
琉球大学教育学部附属教育実践総合センター教授
担当：3-4

廣瀬 等（ひろせ・ひとし）
琉球大学教育学部教授
担当：4-2

廣瀬真喜子（ひろせ・まきこ）
沖縄女子短期大学児童教育学科教授
担当：2-1，2-2，3-1，3-2

前原武子（まえはら・たけこ）＊
琉球大学名誉教授
担 当：1-1，1-3，1-4，2-3，2-4，3-3，4-3，4-4，コラム 1〜6・8〜10

松村惠子（まつむら・けいこ）
関西看護医療大学看護学部教授
担当：6-1，6-2

道田泰司（みちた・やすし）
琉球大学教育学部教授
担当：5-2

宮城元子（みやぎ・もとこ）
専門学校非常勤講師
担当：2-5，3-5，4-5

発達支援のための生涯発達心理学

| 2008 年 3 月 30 日 | 初版第 1 刷発行 |
| 2022 年 10 月 30 日 | 初版第 9 刷発行 |

定価はカヴァーに表示してあります

編 者　前原武子
発行者　中西　良
発行所　株式会社ナカニシヤ出版
〒606-8161　京都市左京区一乗寺木ノ本町15番地
Telephone 075-723-0111
Facsimile 075-723-0095
Website http://www.nakanishiya.co.jp/
Email iihon-ippai@nakanishiya.co.jp
郵便振替　01030-0-13128

装幀＝白沢　正／印刷・製本＝ファインワークス
Printed in Japan.
Copyright © 2008 by T. Maehara
ISBN978-4-7795-0202-6

◎本書のコピー，スキャン，デジタル化等の無断複製は著作権法上での例外を除き禁じられています．本書を代行業者等の第三者に依頼してスキャンやデジタル化することは，たとえ個人や家庭内での利用であっても著作権法上認められておりません．